Martin Gaedt
**4-TAGE-WOCHE**

Bibliografische Information der Deutschen Nationalbibliothek: Die Deutsche Nationalbibliothek verzeichnet diese Publikation in der Deutschen Nationalbibliografie; detaillierte bibliografische Daten sind im Internet über http://dnb.dnb.de abrufbar.

© 2023 Martin Gaedt | www.martingaedt.de
Das Werk einschließlich aller Inhalte ist urheberrechtlich geschützt.

Alle Rechte vorbehalten. Nachdruck oder Reproduktion (auch auszugsweise) in irgendeiner Form (Druck, Fotokopie oder anderes Verfahren) sowie die Einspeicherung, Verarbeitung, Vervielfältigung und Verbreitung mithilfe elektronischer Systeme jeglicher Art, gesamt oder auszugsweise, ist ohne ausdrückliche schriftliche Genehmigung des Autors untersagt.
Alle Übersetzungsrechte vorbehalten.

Die Benutzung dieses Buches und die Umsetzung der darin enthaltenen Informationen erfolgt ausdrücklich auf eigenes Risiko. Rechts- und Schadenersatzansprüche sind ausgeschlossen. Das Werk inklusive aller Inhalte wurde unter größter Sorgfalt erarbeitet. Der Autor übernimmt keine Haftung für die Aktualität, Richtigkeit und Vollständigkeit der Inhalte des Buches. Es kann keine juristische Verantwortung sowie Haftung in irgendeiner Form für fehlerhafte Angaben und daraus entstandene Folgen von dem Autor übernommen werden.

Gestaltung: Martin Zech | www.martinzech.de
Textberatung und Lektorat: Dr. Bettina Burchardt | www.bettina-burchardt.de
Autorenfoto: Viktor Strasse | www.viktorstrasse.de
Verlagslabel: Provotainment GmbH
Druck und Distribution im Auftrag des Autors:
tredition GmbH, Abteilung Impressumservice, An der Strusbek 10, 22926 Ahrensburg

ISBN 978-3-347-88727-5 (Paperback)
ISBN 978-3-347-88729-9 (Hardcover)
ISBN 978-3-347-88730-5 (e-Book)

**MARTIN GAEDT**

# 4 TAGE WOCHE

**Mehr Gesundheit, Freizeit und Lebensqualität**

**Mehr Produktivität, Umsatz und Bewerbungen**

Widmung **7**

Vorwort **8**

Diese 151 Unternehmen mit einer
4-Tage-Woche findest du im Buch **11**

## 1.
## MENSCHEN – ES GEHT UM UNS! 18

Lust auf was Neues? **23**

Liebst du deinen Beruf etwa nicht? **25**

5.000 Jahre faul und undiszipliniert **29**

Bitte mehr Zeit statt mehr Gehalt **33**

Was uns wirklich glücklich macht **36**

Vertrauen verspielt mit Bullshit **38**

## 2.
## FREIZEIT – FAMILIE, FREUNDE, EHRENAMT 41

Wünsche für die freie Zeit **43**

Kurztrip, Pferd und Hausbau **46**

Mehr Geschlechter-Gerechtigkeit **51**

Demokratie braucht freie Zeiten **55**

Unverschämt oder provokant? **57**

## 3.
## GESUNDHEIT – AUSBRENNEN ODER AUFBLÜHEN? 61

Schlaf gegen Burnout **63**

Weniger ist mehr **66**

Messbar weniger Krankheitstage **69**

Weniger Stress – weniger Fehler **71**

Mentale Gesundheit vor Gewinn **73**

## 4.
## ARBEITSZEITEN – AUSWAHL AUS GROSSER VIELFALT 77

Die Macht von 100 Jahren Tradition **78**

Die Cocktailbar der Arbeitszeiten **80**

Montag, Mittwoch, Freitag frei? **83**

Wie viel Arbeitszeit darf's sein? **86**

Mehr Freiräume als du denkst **96**

## 5.
## GEHALT – BLEIBT GLEICH. DEAL! 102

## 6.
## LEISTUNGSFÄHIGKEIT – MENSCH & MASCHINE 106

Jeder Muskel wächst in Ruhe **110**

Training beim Doing **113**

Technik für mehr Leistung **116**

Sensationelle Fähigkeiten **119**

Zeit für das Wesentliche **121**

Streichen von Vergleichen **125**

## 7.
## NACHHALTIGKEIT – ARBEIT SCHÜTZT KLIMA 129

Zeitwohlstand statt CO$_2$ **131**

Eigentlich liegt es auf der Hand **132**

Vom Wünschen & Wollen **135**

Freizeit für Klimaschutz **139**

Wertvolles Wirtschaften **140**

Sustainable Natives **144**

## 8.
## ORGANISATION – KLUGE PROZESSE ETABLIEREN 149

Alte Zöpfe moderner Menschen **150**

Steuerberatung ändert das Spiel **154**

Erfolgsfaktor bestehendes Team **158**

Entscheidung für Investitionen **162**

Ineffizienter Handwerker-Freitag **167**

Kunden schätzen gute Leistung **170**

## 9.
## SPIELREGELN – BRECHEN UND ERSETZEN 174

Sprengkraft durch Veränderung **176**

Locker bleiben, nicht lockerlassen **180**

Führung als Dienstleistung **183**

Gut für Kunden + Team + Firma **186**

Ein Spiel, bei dem jeder gewinnt **191**

## 10.
## EXPERIMENTE – ERLEBEN MIT EMOTIONEN 194

Die W.O.R.K.-Experience **196**

Geht nicht = geht NOCH nicht **200**

Überzeugungskraft der Testläufe **204**

Island, Irland, UK, Belgien, Spanien **209**

Entscheidung: wer, wie und wann? **212**

Zahlen messen + Meinungsumfragen **215**

## 11.
## RECRUITING – NEUER FACHKRÄFTE-REICHTUM 221

Bewerbungen prasseln auf uns ein **223**

Superstar Die Malerin Hansen **225**

Handwerk stirbt NICHT aus! **228**

Strahlen für die Öffentlichkeit **231**

Gekommen, um zu bleiben **234**

Unternehmenskultur ist Trumpf **237**

Fachkräftereichtum ist möglich **240**

## 12.
## ERTRAG – KRISENSICHER AUFGESTELLT 245

Positive Bilanz mit weniger Arbeitszeit **246**

Mehr Wir-Gefühl, mehr Umsatz **249**

Gewinne – „Das geht sich aus!" **251**

Gewinne in weniger Arbeitszeit **253**

Sechsstellige Kostenersparnis **256**

## 13.
## TATKRAFT –
## EINFACH MACHEN! 258

In 15 Minuten vorbereitet **259**

Zukunft? Definitiv JA! **261**

1, 2, 3 – Plan umgesetzt **263**

Türöffner Kommunikation **268**

Wann entscheidest du dich? **271**

## 14.
## ERFOLGSMAGNET –
## 13 LECKERE ZUTATEN 275

Geschäftskultur up to date **278**

Entspann dich! **282**

Nachwort – Das Dreamteam **284**

Keynotes und Workshops **287**

Weitere Bücher des Autors **288**

Quellen **289**

# WIDMUNG

Dieses Buch widme ich allen Menschen in Firmen, die zu den 97,3 % der Unternehmen gehören, die 1 bis 49 Mitarbeiterinnen und Mitarbeiter beschäftigen.

Die breite Masse der insgesamt 3,37 Millionen Firmen wird oft nicht gesehen. In den Medien wird fast ausschließlich über große Firmen berichtet.

> Nur 2,7 % der Firmen beschäftigen mehr als 50 Menschen!
>
> Nur 0,09 % der Unternehmen haben mehr als 1.000 Beschäftigte!

Diese Zahlen gelten für Deutschland.
Sie sind in Österreich und der Schweiz sehr ähnlich.

Die Praxisbeispiele in diesem Buch stammen daher überwiegend aus kleinen und mittleren Handwerksbetrieben, Schreinereien, Malerbetrieben, Elektro-, Sanitär- und Heizungsbetrieben sowie aus Handel, Logistik, Produktion und Dienstleistungen – wie zum Beispiel Pflege, Hotellerie, Steuerberatung Softwareentwicklung, Digitalagenturen und Unternehmensberatungen.

Auch einige große Unternehmen und Organisationen mit mehr als 100 Beschäftigten kommen zu Wort, darunter ein Unternehmen aus der Baubranche, eine Stadtverwaltung, ein Autohaus, Hotels sowie produzierende Unternehmen aus der industriellen Messtechnik und der Holzindustrie.

Danke für alle inspirierenden Gespräche!

# VORWORT

Arbeiten in einer 4-Tage-Woche bei vollem Lohn nimmt Fahrt auf. Täglich kommen neue Betriebe in Deutschland, Österreich und in der Schweiz dazu. Du findest sie auf Instagram, LinkedIn, TikTok und anderen Plattformen mit dem Hashtag #4tagewoche. Besonders Handwerksbetriebe sind dort sehr aktiv.

Im Mittelpunkt dieses Buchs stehen Menschen und Praxisbeispiele, schnelle Entscheidungen und spannende Experimente, aktive Veränderungen und krisenfeste, mutige Betriebe.

> Wie häufig laden deine Apps neue Versionen herunter?
> Wie oft werden Apps und Software-Tools weiterentwickelt?
> Und wie oft aktualisieren Unternehmen ihr Geschäftsmodell?

Aktualisiere mit dem Buch zuerst dein Wissen über neue, erfolgreiche Arbeitszeitmodelle, und „lade dir dann die Version herunter", die zu dir passt. Ich zeige dir Zutaten und Rezepte, mit denen du direkt mit der Umsetzung starten kannst.

> Passt die Arbeitszeit an 4 Tagen zu allen Branchen?
> Es gibt genug Beispiele, daher: Ja!

> Werden alle Unternehmen die 4-Tage-Woche umsetzen?
> Freie Entscheidung, daher: Nein!

> Wird die reduzierte Arbeitszeit ein Megatrend?
> Die Berichte sind überzeugend, daher: Ja!

Eine Debatte über Alternativen zur 5-Tage-Woche ist längst in vollem Gange. Dabei geht es immer um Menschen, um uns und unsere Wünsche, Bedürfnisse und Erwartungen, wie wir arbeiten wollen.

Der Wunsch nach mehr Freizeit widerspricht nicht dem vollen Einsatz beim Arbeiten und auch nicht der Loyalität zum Arbeitgeber. Wer den Job liebt, kann auch Familie, Freunde und Hobbys lieben.

Tausende Betriebe lösen mit der 4-Tage-Woche bereits weit verbreitete Probleme wie Fluktuation, einen hohen Krankenstand und Fachkräftemangel. In allen Gesprächen, die ich mit Führungskräften und Teammitgliedern zu der 3-Tage-Freizeit führe, kommen wir auf diesen Dreiklang:

> Gut für die Mitarbeiterinnen und Mitarbeiter
> Gut für die Kundinnen und Kunden
> Gut fürs Unternehmen

So entstehen attraktive Unternehmenskulturen. Menschen können wählen, zu welchen Konditionen sie arbeiten wollen. Es ist das alte Spiel von Angebot und Nachfrage. Firmen laden zur Mitarbeit ein.

Ob das Angebot attraktiv ist, entscheiden andere. Wer keine Angestellten findet, jammert bitte nicht über Fachkräftemangel, sondern ändert das eigene Angebot. Die 4-Tage-Woche bei vollem Lohn geht in allen Branchen!

„Aber was passiert in einer Rezession mit diesen Betrieben? Kehren sie dann alle wieder zur 5-Tage-Woche zurück?" Das werde ich häufig gefragt. Ich halte die Betriebe, die ich kennengelernt habe, für sehr krisensicher. Ihr Business wurde komplett durchgecheckt, alle Abläufe verbessert und auf den neuesten Stand gebracht. Sie haben das aktuellste Update erhalten. Die Einführung der neuen Arbeitszeiten passiert nie isoliert, sondern führt zu weiteren Veränderungen, damit es gut läuft.

Starte mit dem Kapitel, das dich am meisten interessiert. Du kannst zum Beispiel zuerst Kapitel 2 „Freizeit" oder Kapitel 11 „Recruiting" lesen und dann Kapitel 7 „Nachhaltigkeit", oder du steigst im Kapitel 3 „Gesundheit" ein. Alles gehört zusammen, und doch steht jedes Kapitel für sich.

Du kannst dir auch auf der Übersicht aller 151 Unternehmen einen Betrieb auswählen - zum Beispiel in deiner Nähe. Über die Seitenzahlen findest du direkt zu dieser Firma. Überall kannst du in das Thema der 4-Tage-Woche einsteigen.

Mit den konkreten Beispielen und Argumenten bist du gut vorbereitet für deine Entscheidung, ob du bei der 5-Tage-Woche bleibst oder zur 4-Tage-Woche wechseln wirst.

Alle Themen werden durch Interviews und Zitate von Menschen veranschaulicht, die die 3-Tage-Freizeit bereits praktizieren. Ich freue mich auf vielfältige Debatten. Herzlichen Dank allen, die mit mir über ihre Erfahrungen gesprochen haben. Die Bereitschaft, Erfahrungen zu teilen, ist groß.

Februar 2023
Martin Gaedt

# DIESE 151 UNTERNEHMEN MIT EINER 4-TAGE-WOCHE FINDEST DU IM BUCH

**Deutschland**

*Name, Ort, Seitenzahl im Buch*

1. 25hours Hotel, Hamburg, 90, 233
2. 25hours Hotel, Köln, 58, 70, 81, 82, 90
3. Adito Software, Geisenhausen, 208
4. Alfred Keller Sanitär, Überlingen, 88, 171, 230, 231, 256
5. aflexio, Karlsruhe, 26, 27, 171, 224, 253 bis 255
6. Anthojo-Gruppe, Raubling, 47, 48, 88
7. Artwork Hairdresser, Augsburg, 84, 92, 152, 246, 247
8. Autohaus Markötter, Bielefeld, 159
9. Awin AG, Berlin, 209, 249
10. Baubiologe Silvio Stolpe, Elsenfeld, 260
11. Bauelemente Meier, Flossenbürg, 70, 85
12. Bauspenglerei Windisch, Straubing, 42
13. beko Group, Monheim, 170
14. Bernd Ritter Hair & Fashion, Löhne, 131, 152
15. betterplace lab gGmbH, Berlin, 93
16. BFT Verpackungen, Berlin, 84, 90, 224, 225, 261
17. bhatti.pro Steuerberatung, Kiel, 71 bis 73, 92, 224
18. Billbee GmbH, Twistetal, 96, 204, 205
19. Billig GmbH Trocknung, Rösrath, 188, 189
20. Boetker Metall + Glas, Bremen, 256, 257, 262
21. Bruns MSR-Technik, Haselünne, 43, 167, 168, 171, 237
22. Cargo Truck Direct, Ratingen, 87, 204
23. Carolaschlösschen, Dresden, 82, 87
24. CDS Peter Griese, Wiesbaden, 91
25. Concept Reitplatzbau, Merzen, 279 bis 281
26. Coveto ATS, Nidda, 98
27. Dachdeckerei Zimmerei, Rathje, 97, 206, 249, 250, 261, 262, 264
28. Der Dantler, München, 87, 121, 122
29. Die Brotpuristen, Speyer, 84, 172
30. Die Malerin Hansen, Osterby, 225 bis 227
31. die schreinerei Stader, Konstanz, 246
32. Die Steuerlotsen, Detmold, 92
33. Dörnhöfer Metallbau, Kulmbach, 274
34. Dr. Eberhardt GmbH, Kahla, 91, 150
35. Dück Malerbetrieb, Detmold, 92
36. e-dox AG, Leipzig, 95
37. e-koris GmbH, Friedberg, 98
38. Eiche Malerbetrieb, Düren, 186
39. ELBS Rocco Funke, Hundeshagen, 49, 50, 74, 93, 103, 123, 165, 166, 246, 248
40. Elekro Edringer, Maring-Noviand, 74, 89, 160 bis 162, 204
41. Elektromas GmbH, Lübeck, 261
42. ETH Elektrotechnik, Fraunberg, 69, 121, 168, 261
43. F&P GmbH, Leipzig und Selbitz, 95, 239, 240
44. Ferri Heizung Sanitär, Winsen, 124
45. Fördergutservice, Groß Vierkirchen, 237
46. Franz Rönnau, Hessisch Lichtenau, 108
47. Friseur Titzmann, Bonn, 151
48. fütterer stahl- u. metallbau, Neustadt a. d. Waldnaab, 35
49. Gaßner Sanitär Heizung, Denkingen, 23, 84, 90
50. Gedert Möbelwerkstatt, Starkenburg, 35
51. gevekom GmbH, Dresden, 242
52. Goekeler Messtechnik, Lenningen, 55, 56, 69, 93
53. Gorgas und Leinetal, Sangerhausen, 74

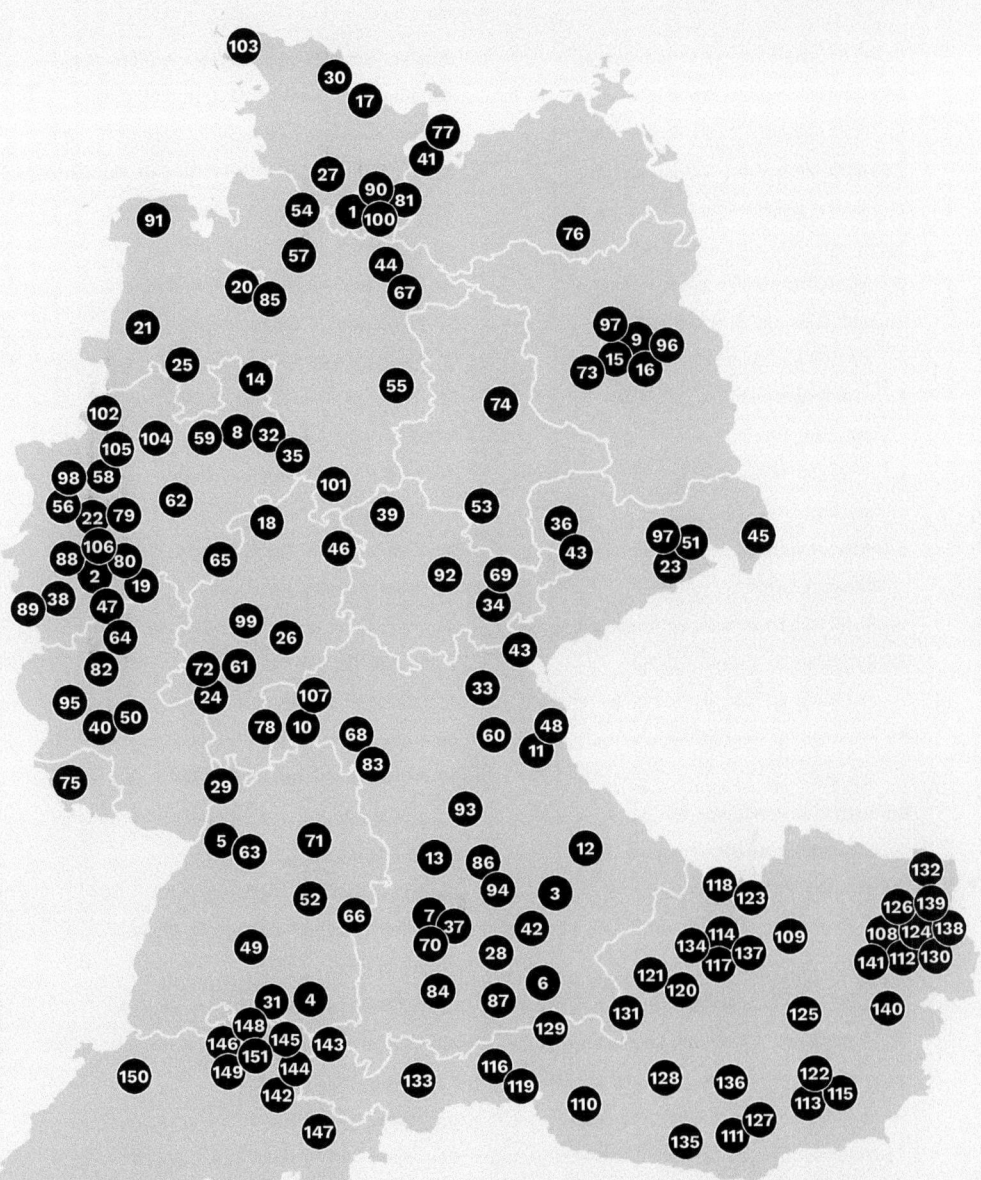

151 UNTERNEHMEN MIT EINER 4-TAGE-WOCHE

54. H1 Engeneering, Harsefeld, 250, 251
55. Haarwerk GmbH, Braunschweig, 42, 170
56. Hairz Akkaya & Zazzi, Essen, 152
57. Heinz Meyer GmbH, Wehldorf, 85
58. Helmut Lakenbrink, Bottrop, 59, 168
59. Hempel Metallbau, Harsewinkel, 270
60. Hempfling Elektro Solar, Prebitz, 122
61. Hildmann Bad & Heizung, Kronberg, 80, 81, 169, 189 bis 191, 230
62. Hofbäckerei Hömberg, Menden, 85, 172, 204, 248, 261
63. Hotel Der Blaue Reiter, Karlsruhe, 89, 204, 232, 233
64. Hotel Hohenzollern, Bad Neuenahr-Ahrweiler, 179
65. Hotel Hubertushöhe, Schmallenberg, 179
66. Ihr Maler Ulm, Ulm, 260, 261
67. Isermann Metzgerei, Kirchgellersen, 150
68. jo's Büro für Gestaltung, Würzburg, 90, 153, 154, 269
69. JustOn GmbH, Jena, 47
70. KlimaShop! GmbH, Friedberg, 89
71. Komfortbau Hunger, Aspach, 91
72. Légère Hotels Fibona GmbH, Wiesbaden, 46, 87
73. Luplow + Karge Metallbau, Werder, 132
74. Magdeburger Treuhand, Magdeburg, 42
75. Mai + Mosbach GmbH, Merzig, 187, 188
76. Mailingmanufaktur, Röbel/Müritz, 92
77. Malerfachbetrieb Lehmkuhl, Lübeck, 91, 223, 247
78. Maler Frohmuth, Otzberg, 37
79. Maler Kecker, Essen, 283
80. Marc Schmitz Heizung Sanitär, Köln, 124
81. MoinAI knowhere GmbH, Hamburg, 94
82. Nett GmbH Schlosserei, Kelberg, 206, 207
83. NSI-Technik, Gaukönigshofen, 47, 183 bis 185
84. Osenstätter Holz & Furnier, Schongau, 35, 89, 103, 147, 266
85. pb+ Ingenieurgruppe AG, Bremen, 28
86. Prosis GmbH, Gaimersheim, 91
87. Recruiting Now, Gmund am Tegernsee, 49
88. ringlights GmbH, Köln, 85, 95
89. Rolladen Kutsch, Aachen, 59
90. Rose & Partner Rechtsanwälte, Hamburg, 71, 91, 172
91. Rudnick Mode Baby Möbel, Aurich, 153
92. Samt & Seidel, Erfurt, 179
93. Schmauser Heizung Sanitär, Hilpoltstein, 70, 88, 132, 170, 171
94. Schreinerei Mayr, Manching, 140
95. Sebastian Peters GmbH, Badem, 35
96. Seiffert Lüftungstechnik, Berlin, 259
97. SKS-Steuerberatung, Berlin und Dresden, 93, 154 bis 158, 205, 236
98. Steuerberater Schollmeier, Moers, 27
99. Thiele Heizung und Sanitär, Gießen, 48, 87, 264
100. Tischlerei Nils Grimm, Hamburg, 223
101. Tischlerei Jannek Schrick, Wesertal, 167, 205
102. Tobit Software, Ahaus, 85
103. Upstalsboom, Wyk auf Föhr, 35, 36, 87
104. vereda GmbH, Münster, 48, 95, 268
105. Waldhotel Tannenhäuschen, Wesel, 90, 242
106. Wake Up Communications, Düsseldorf, 262, 265

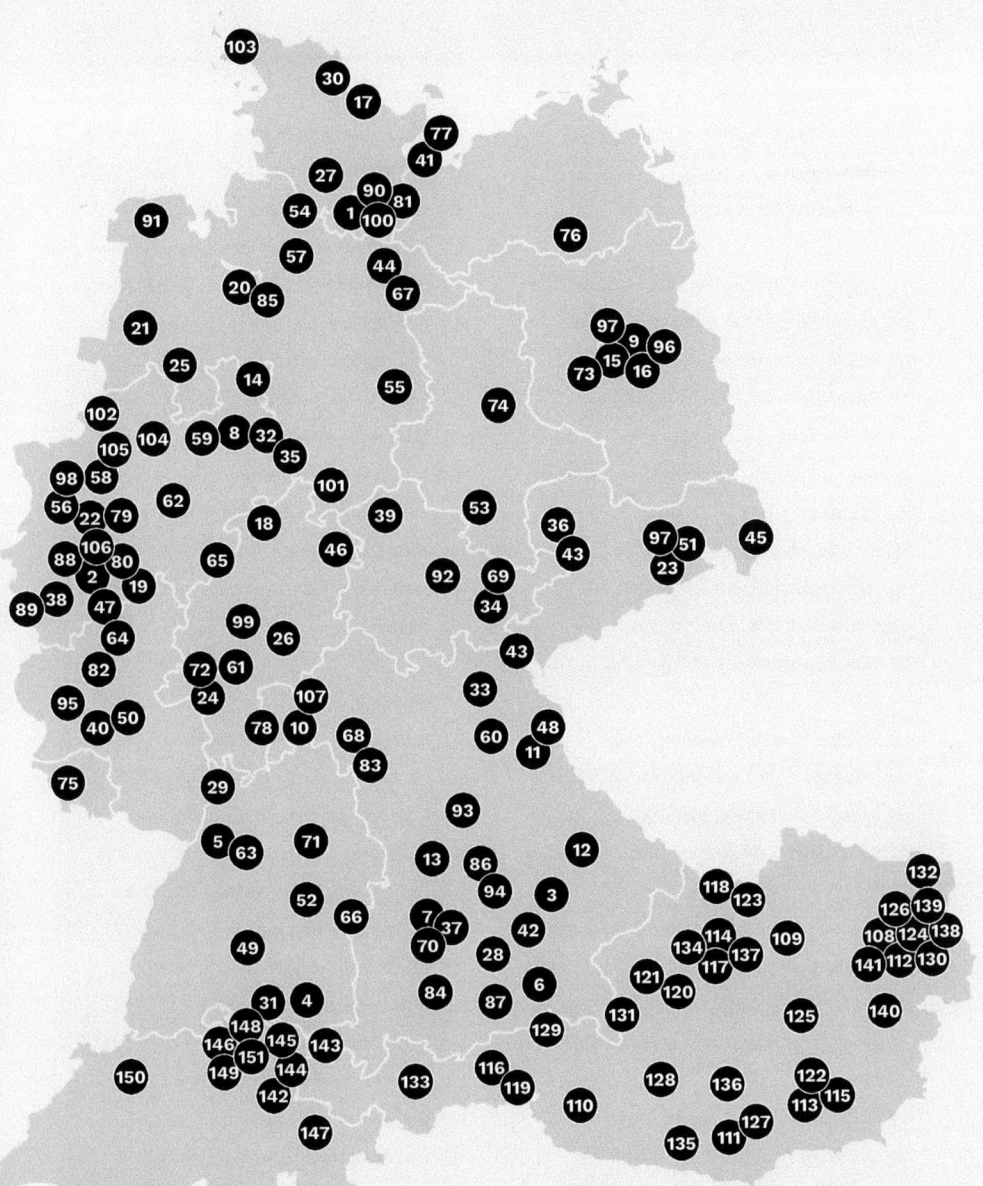

151 UNTERNEHMEN MIT EINER 4-TAGE-WOCHE

107. Wenzel Group GmbH, Wiesthal, 59, 70, 256, 269, 270

**Österreich**

*Name, Ort, Seitenzahl im Buch*

108. agencylife innovative, Wien, 94, 166, 167
109. b2 Werbeagentur, Bad Kreuzen, 148
110. Brüder Unterweger, Thal-Aue, 248
111. Buchhandlung Heyn, Klagenfurt am Wörthersee, 48, 84, 172
112. Büro für Interaktion, Wien, 70, 94, 162, 251 bis 253
113. BVT Beschichtungstechnik, Lannach, 88
114. Cyberhouse GmbH, Linz, 93, 111
115. Dreizehn by Gauster, Graz, 207, 208
116. ECA Innsbruck Steuerberatung, Innsbruck, 151
117. Elektro Kagerer, Pasching, 264
118. eMagnetix, Bad Leonfelden, 96, 234
119. Friseursalon Anita, Rinn, 50, 223, 247
120. GEG Elektro Gebäudetechnik, Gmunden, 132
121. Graspointner Dach Heizung, Mondsee, 130
122. Hairgott Gina Aichbauer, Graz, 152, 180
123. Hoffelner Metalltechnik, Reichenthal, 50
124. I.N. rothen Haarstudio & Friseurcafé, Wien, 247
125. Koller Maschinenbau, Au bei Aflenz, 88
126. Leithäusl Gruppe, Wien, 87, 131, 132, 214 bis 219, 241, 256, 262
127. Monte Nero Productions, Klagenfurt am Wörthersee, 108
128. Moser Holzindustrie, St. Michael im Lungau, 158
129. ofp Kommunikation, Kufstein, 262, 269
130. Ontec AG, Wien, 92
131. Parkhotel Brunauer, Salzburg, 241, 261
132. Rathaus Gerasdorf, Gerasdorf bei Wien, 169
133. Schieferer Bau GmbH, Fließ, 188
134. Schneiderei Friseure, Leonding, 58, 84, 87, 171, 213, 238, 274
135. Stadt Villach, Villach, 262, 264
136. Tischlerei Schneider, Mariahof, 224
137. Tractive, Pasching, 92
138. unite Software Development, Wien, 96
139. whatchado GmbH, Wien, 95, 163 bis 165
140. Weinzetl GmbH, Wiener Neustadt, 89
141. Wiener Linien, Wien, 90

**Schweiz**

*Name, Ort, Seitenzahl im Buch*

142. Adesso Hair Design, Rüti, 233, 234
143. Amici Hair Design, St. Gallen, 233, 234
144. Bichler + Partner, Wattwil, 267, 268
145. EO Elekro Oberland, Bauma, 260
146. Glutform Rüegg, Dietlikon, 259
147. Hotel Adula, Flims, 180 bis 183, 265
148. Parkhotel Winterthur, Winterthur, 237
149. Restaurant Fahr, Künten, 159
150. seerow GmbH, Solothurn, 109, 208
151. steger ag Haustechnik, Aadorf, 89

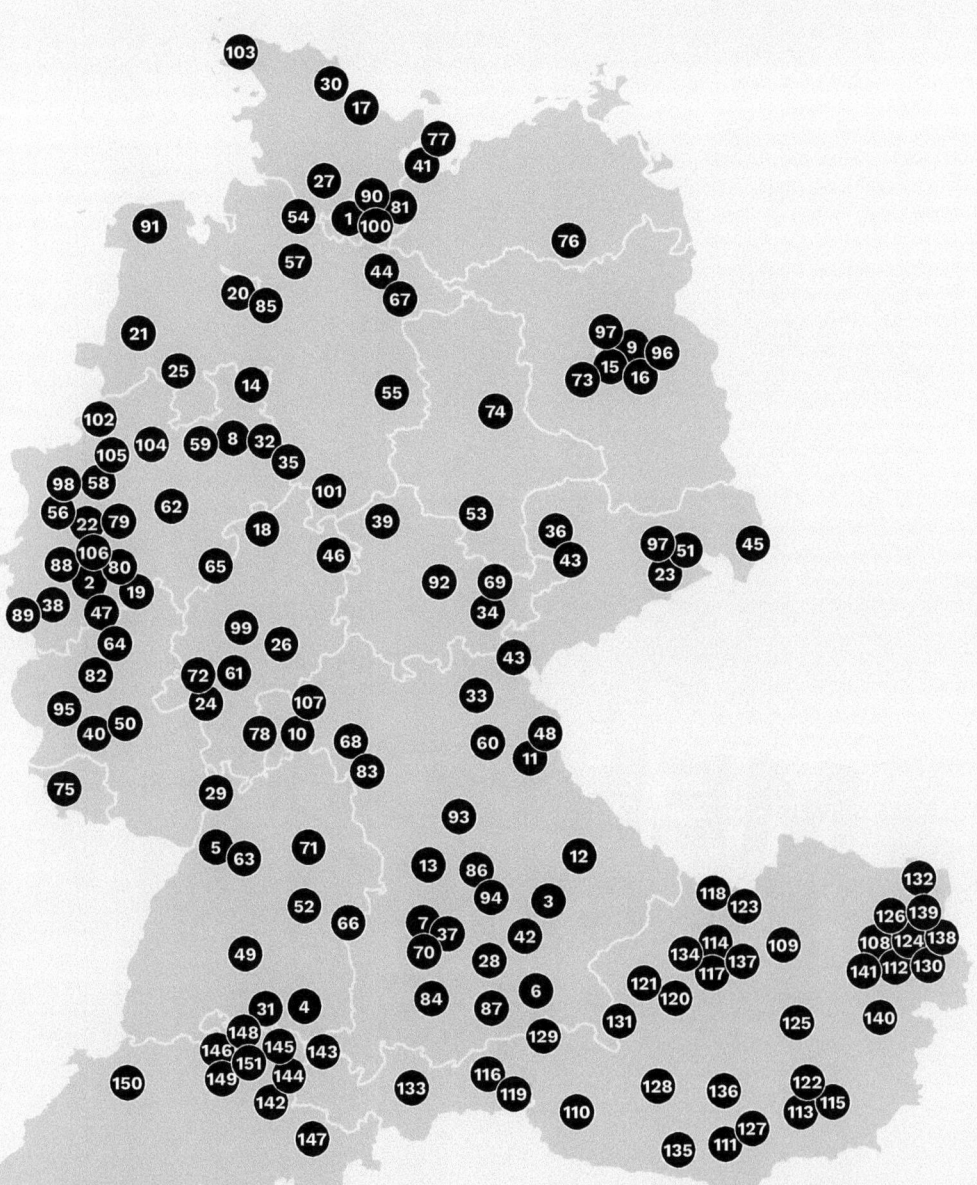

151 UNTERNEHMEN MIT EINER 4-TAGE-WOCHE

# 1. MENSCHEN – ES GEHT UM UNS!

Was macht den Reiz der 4-Tage-Woche aus? Nur zwei Regeln stehen bei der 4-Tage-Woche fest. Sie verbinden alle Modelle:

> 3-Tage-Freizeit in einem Vollzeit-Job.
> Volles Gehalt wie vor Einführung der 4-Tage-Woche.

Diese einfache Klarheit mit vielseitig positiver Wirkung macht einen großen Reiz aus. Die österreichische Zeitung „Der Standard" titelt im Januar 2023: „Das Jahr der Viertagewoche. Die Liste der Unternehmen, die eine verkürzte Arbeitswoche anbieten, wird immer länger. Ist die Viertagewoche das Arbeitsmodell der Zukunft?"[1] Auch in Deutschland und in der Schweiz kommen täglich Unternehmen hinzu. Instagram, Twitter und LinkedIn bieten einen tagesaktuellen Überblick mit dem Hashtag #4tagewoche.

Die genaue Verteilung, an welchen Tagen und wie lange gearbeitet wird, ist sehr unterschiedlich und frei wählbar; konkrete Beispiele findest du im 4. Kapitel. Jetzt geht es erst einmal um uns Menschen.

> Es geht um dich, wenn du angestellt bist und deinen Job magst, aber vor lauter Arbeit nicht mehr zum Leben kommst; wenn du zu wenig Zeit für deine Familie hast und häufig müde und ausgebrannt bist.
>
> Und es geht um dich, wenn du die Firma leitest und deinen Job magst, aber vor lauter Arbeit nicht mehr zum Leben kommst; wenn du zu wenig Zeit für deine Familie hast und häufig müde und ausgebrannt bist.

Du merkst schon: Beim Thema 4-Tage-Woche gibt es keinen Trenngraben. Ob Angestellte oder Firmenleitung – wir sind Menschen mit Bedürfnissen, Wünschen und Sorgen. Und wir können alle von anderen Arbeitszeiten profitieren. Drei Hauptvorteile bietet die 4-Tage-Woche:

Mehr Freizeit für sich, Hobbys, Familie und Freunde, mehr Lebensqualität.

Mehr Erholung und Gesundheit, die Menschen und damit auch den Firmen guttun.

Beides zusammen macht Firmen attraktiv und erhöht die Zahl der Bewerbungen.

Wie es laufen kann, erzählen diese Zitate aus diversen Betrieben und Branchen, in denen die 4-Tage-Woche bereits Alltag ist:

„Wir machen das schon seit 2020 und es rockt."

„Ich reite in meiner Freizeit. Wenn ich dafür einen ganzen Tag mehr habe, kann man das besser ausüben."

„Ich bin ehrenamtlicher Fußball-Trainer. Jetzt habe ich freitags mehr Zeit und Ruhe, meine Jungs zu trainieren."

„Ein Kollege baut gerade ein Haus, jetzt kann er drei Tage am Haus bauen."

„Am freien Mittwoch kann ich in Ruhe meine Rückhand trainieren. Ich trainiere, wenn andere arbeiten."

„Die 4-Tage-Woche führt zum gewünschten Ergebnis. Wir bekommen so viele Bewerbungen, dass wir auswählen können. 2022 haben wir sechs neue Kolleginnen und Kollegen eingestellt, jetzt sind wir 35."

„Der größte Vorteil ist die interne Motivation. Alle sind gut gelaunt und bringen sich ein."

„Es war das Beste, was ich in meinem 20-köpfigen Team gemacht habe. Ich sehe es als Chance für das Handwerk. Wir haben viele Bewerbungsgespräche und tolle Fachkräfte dazugewonnen."

„Ein weiterer Clou: Die meisten Neukunden im Sanitär-Handwerk gewinnen wir jetzt am Freitag Nachmittag, wenn andere Handwerksbetriebe geschlossen sind. Durch unser neues System mit einer 4-Tage-Woche haben wir sogar Freitag nachmittags offen und fahren ohne Zusatzkosten zum Kunden! Ergebnis: Gewinn erhöht."

„Zeitpläne am Bau werden eingehalten. Den Architekten und Bauherren muss man die Veränderung kommunizieren. Mehr nicht. Die Kunden freuen sich, die Mitarbeiter sind freundlich. Es gibt viel Lob von Kunden."

„Gab es Hürden? Keine Hürde! Die einzigen Hürden sind im Kopf."

„Geht nicht, ist Bullshit. Es geht darum, unsere 80 Mitarbeiter anders zu koordinieren."

„Mit unseren 450 Mitarbeitenden im Baugewerbe ist der Übergang zur 4-Tage-Woche glatt gelaufen."

„Die Mitarbeiterinnen und Mitarbeiter sind produktiver und seltener krank. In unserem Betrieb gab es keinen einzigen Krankentag 2022."

„Gesunde, happy Mitarbeiter bringen happy Gäste und Kunden. Mit mehr Zeit sind die Übergaben entspannter. Auch miteinander sind alle entspannter. Die Bereitschaft, spontan zu helfen, ist gestiegen."

„Alle sparen auch einen Tag Fahrzeit zur Arbeit, das sind durchschnittlich 80 Minuten und über fünf Stunden pro Monat."

„Es ist nicht mehr salonfähig, 12 bis 14 Stunden am Tag zu arbeiten. Endlich ändert sich das. Endlich trauen sich junge Leute, Nein zu sagen."

„Je jünger, desto fauler? Nein! Anders gebildet und smart. Was bringt es, sich über Generationen zu beschweren. Wir nehmen sie so, wie sie sind und hören zu!"

„Mit mehr Freizeit können Betriebe punkten. Sie gewinnen damit ein echtes Alleinstellungsmerkmal."

„Noch bedeutender ist die interne Wirkung. Mitarbeiter bleiben. Wer die drei Tage Freizeit genießt, wird nicht zu anderen Arbeitgebern wechseln, die weiterhin an fünf Tagen arbeiten lassen."

„Die erste Reaktion im Team war nicht begeistert: Wie soll das denn gehen? Wie sollen wir die ganze Arbeit schaffen? Und jetzt kann sich keiner mehr das Leben ohne 4-Tage-Woche vorstellen! Auch wir bekommen mehr Bewerbungen, und die Qualität der Bewerbungen ist gestiegen."

Klingt das interessant?

Die Perspektiven der Angestellten und der Firmen gehen Hand in Hand. Die Interessen von Arbeitgebern und Arbeitnehmern sind zwei Seiten ein und derselben Medaille und gehören zusammen. Das ist auch im nächsten Beispiel der Fall: Die Personalnot in dem Handwerksbetrieb Gaßner führte zu einer Lösung, die nun alle im Betrieb genießen – auch die Chefin und der Chef, denn auch sie sind Menschen.

## LUST AUF WAS NEUES?

Als der Handwerksmeister Marcus Gaßner 2018 keine Auszubildenden fand, startete er die 4-Tage-Woche bei vollem Lohn. In seiner Stellenanzeige stand „Lust auf was Neues? Vier Tage arbeiten, einen Tag frei, bei gleicher Bezahlung".[2] Damit ist Gaßners Betrieb aus Denkingen einer der Vorreiter im DACH-Raum – DACH steht für D: Deutschland, A: Österreich und CH: Schweiz. Inzwischen freut sich die gesamte Crew über drei freie Tage. Die Wochenarbeitszeit ist von 40 auf 37 Stunden gekürzt. Die 37 Stunden werden auf vier Tage verteilt. „Der Anreiz dabei ist, dass die Freizeit heutzutage mehr wert ist als die Arbeit", erläutert Marcus Gaßner.[3] Seine Partnerin Ayleen Bauser sagt:

> „Nicht vergessen, dass man selbst ein Mensch ist.
> Nicht nur Arbeit zählt, sondern das Leben auch.
> Man hat nur das eine Leben."[4]

2022 ist die Firma Gaßner mit der 4-Tage-Woche von neun auf fünfzehn Mitarbeiterinnen und Mitarbeiter gewachsen.[5] Am freien Tag sind sie konsequent: „Am freien Tag wird niemand auf die Baustelle beordert. Wir sind viel entspannter, aber auch geplanter und strukturierter. Die Leute wollen nicht nur Freizeit haben, sondern sich auch wohlfühlen", sagt Ayleen Bauser.[6] Ihr Mitarbeiter Olaf Tettenborn bestätigt dies: Am zusätzlichen freien

Tag könne man den Akku ordentlich aufladen. Das sei gerade bei der schweren körperlichen Arbeit wichtig.[7]

In allen Gesprächen und in der Recherche zur 4-Tage-Woche hat mich der klare, ernst gemeinte Fokus der Arbeitgeber und Arbeitgeberinnen auf den Menschen besonders beeindruckt. Ihre Mitarbeiterinnen und Mitarbeiter stehen im Mittelpunkt ihrer Überlegungen zur Veränderung:

> „Wie kann ich dafür sorgen, dass die Angestellten zufrieden sind und im Betrieb bleiben?"

> „Mehr Lohn kann ich nicht zahlen, aber mehr Freizeit kann ich ihnen bieten."

> „Wie baue ich den Stress und die Überlastung ab?"

> „Unsere Angestellten gehen auf dem Zahnfleisch, wir wollen dafür sorgen, dass sie gesund bleiben und ihre guten Leistungen noch lange bei uns bringen können."

Viele Betriebe merken im Ergebnis einer umgesetzten 4-Tage-Woche, wie das auch der Firma guttut. Die Angestellten sind erholter, gesünder, freundlicher und motivierter. Die Produktivität steigt, Kunden sind zufrieden, und häufig wächst auch der Umsatz.

Klingt das zu idealistisch? Wollen Betriebsleitungen den Mitarbeiterinnen und Mitarbeitern wirklich etwas Gutes tun? Hat nicht jedes Unternehmen den Zweck, Gewinne zu erwirtschaften? Ja, ein klares Ja dazu! Dazu müssen Menschen und ihre Arbeitskraft aber nicht ausgebeutet werden. Das zeigt die 4-Tage-Woche. Gewinne werden zusammen mit gestärkten und gesunden Beschäftigten erarbeitet. 3 Tage Freizeit können zu besseren Ergebnissen, mehr Bewerbungen und mehr Umsatz führen. Natürlich passiert das nicht automatisch und nicht immer. Die 4-Tage-Woche ist ein

Puzzleteil in einem Gesamtbild, das Unternehmen anbieten und ausstrahlen.

> Die Reihenfolge ist wichtig: Erfolge mit einer 4-Tage-Woche beginnen nicht mit Ideen zur Umsatzsteigerung, sondern mit Ideen für Menschen. Sie beginnen mit dem Wunsch, Verbesserungen für die Beschäftigten umzusetzen.

## LIEBST DU DEINEN BERUF ETWA NICHT?

Warum haben wir keine flächendeckende 4-Tage-Woche? Häufig wird Menschen, die sich mehr Freizeit wünschen und ihre Arbeit um einen Tag reduzieren wollen, unterstellt, sie würden nicht gerne arbeiten. Ist dieses Argument stichhaltig? Müsste uns die Liebe zur eigenen Tätigkeit von dem Wunsch nach einer 4-Tage-Woche abhalten?

Es ist wie immer, wenn mit Traditionen gebrochen wird: Manche Menschen haben sich so sehr an den Status quo gewöhnt, dass sie sich kaum vorstellen können, dass es auch anders geht. „Das haben wir noch nie gemacht!", also „will ich es nicht!", außerdem „geht es nicht!" – und zwar für alle.

In Debatten und Artikeln zur 4-Tage-Woche kommen häufig als Fragen getarnte Vorwürfe: Wenn Menschen ihren Beruf und ihre Tätigkeiten lieben, warum sollten sie dann weniger arbeiten wollen? „Wenn die Arbeit sinnvoll ist, wenn sie mich erfüllt, warum soll ich sie dann nur vier Tage machen?"[8]

Ein scheinbar schlagendes Argument, das unterstellt, dass jeder, der für weniger Arbeitszeit plädiert, seine Arbeit nicht mag und so wenig Zeit wie möglich mit ihr verbringen möchte. Aber stimmt das? Bedeutet die 4-Tage-Woche tatsächlich, dass ich meinen Beruf ungerne ausübe? Lässt der Wunsch nach einer 4-Tage-Woche auf eine sinkende Arbeitsmotivation schließen?

Der Liebe-zum-Job-Logik folgend könnte man auch fragen: Wenn ich neben meiner Arbeit auch meine Familie liebe, warum bekommt Arbeit fünf Tage und die Familie nur zwei Tage? Liebe ich meine Familie so viel weniger? Wenn ich Familie und Arbeit beide liebe, wäre nicht eine gerechte Teilung der Zeit für Job und Familie korrekt? Oder als Kompromiss 4:3 statt 5:2? Selbst bei vier Tagen Arbeit und drei Tagen Zeit mit der Familie läge der Schwerpunkt immer noch bei der Arbeit. Wenn ich neben meiner Arbeit auch mein Ehrenamt, meine Hobbys und meinen Sport liebe, warum bekommen diese Tätigkeiten bisher weniger produktive Zeiten, häufig abends nach der Arbeit?

Ist es nicht vielmehr so, dass Menschen, die ihre Arbeit lieben, dafür sorgen wollen, dass sie den geliebten Job ausgeruht und motiviert schaffen können? Fakt ist: Eine 4-, 5- oder 6-Tage-Woche sagt gar nichts über die Liebe oder Nicht-Liebe zum Beruf aus. Andere wichtige, geliebte Lebensbereiche bekommen mit der neuen 4:3-Regel und 3-Tage-Freizeit einfach mehr Raum.

> Engagement und Demokratie, Familie und Freunde sind so wie die Arbeit ein wichtiger Teil des geliebten Lebens und brauchen ebenfalls Zeit.

„Einer meiner Antriebe zur 4-Tage-Woche ist die Liebe zu meinem Beruf", erzählt die Unternehmensberaterin Jana Koske: „Ich wünsche mir, mit derselben Energie wie heute auch noch in 10 und in 20 Jahren arbeiten zu können. Ich möchte meine Kraft im geliebten Job noch lange aufrechterhalten. Wenn die Frage aufkommt: Magst du deinen Beruf etwa nicht mehr, weil du nun einen Tag weniger arbeitest? Dann sage ich: „Doch, ich liebe meine Arbeit, ich arbeite richtig gerne. Auch meinen Sport liebe ich, und dennoch mache ich nicht täglich Sport. Ich liebe meine Arbeit so sehr, dass ich bis zur Rente volle Leistung bringen will. Um das aktuelle Leistungsniveau zu halten, brauche ich wie im Sport Ruhephasen."[9]

Ihren Fokus in der 4-Tage-Woche nennt sie 3F: 3 Tage Freiraum. Ihre Firma heißt Aflexio, mit rund 30 Kolleginnen und Kollegen berät sie Firmen zu Supply Chain Strategien. Der Anstoß zur 4-Tage-Woche kommt 2021 von einer Mitarbeiterin, die ihre Arbeitszeit verkürzen will. Schnell wird daraus die Überlegung: Wenn sie, warum nicht alle? Jana Koske fragt sich gerne: „Tun wir etwas aus Gewohnheit? Oder ist es sinnvoll?" Sie stellt die Idee einer 4-Tage-Woche mit reduzierter Arbeitszeit im Mitarbeiter-Team vor. Dort kommen Fragen auf: „Wie verdienen wir zukünftig Geld? Wie geht das, wenn alle weniger arbeiten?" Denn bisher rechnet Aflexio mit den Kunden pro geleistete Arbeitsstunde ab. Ganz klar: weniger Stunden, weniger Einnahmen. Dieses Thema wird gemeinsam besprochen, Ideen werden entwickelt, und das Problem wird gelöst. Wie sie das gemacht haben, verrät Jana Koske im Kapitel 12 ‚Ertrag'.

Aflexio will als mutige Firma wahrgenommen werden. Ihr Weg zur 4-Tage-Woche zeigt den Mut, Ideen brodeln zu lassen, im Team Wege zu finden und sie umzusetzen. Die Unternehmensberatung zeigt, dass sie selbst veränderungsfähig ist, das wirkt positiv auf Kunden und Bewerber. Auch bei Aflexio bestätigt sich die Erfahrung, dass eine 4-Tage-Woche mit Benefits für das ganze Team startet und in der Folge häufig Umsatz und Ertrag gestärkt aus der Veränderung herauskommen.

Auch der Steuerberater Andreas Schollmeier erlebt die Vorteile der neuen Arbeitszeiten. Er berichtet auf LinkedIn: „Wir haben die 4-Tage-Woche eingeführt. Mit Faulheit hat das nichts zu tun – im Gegenteil. Wir sind besser und schneller als je zuvor. Für alle Beteiligten – Mandanten, Mitarbeiter und Chef ein absoluter Gewinn. Der Fokus liegt auf dem Arbeitsergebnis und nicht der Arbeitszeit. Der interne Austausch hat dadurch nicht gelitten. Eher im Gegenteil, man versucht als Team in kürzerer Zeit mehr zu erreichen." [10]

Natürlich können einzelne Angestellte unmotiviert sein. Natürlich variiert die Höhe, Weite und Tiefe der Leistungsfähigkeit sehr stark unter Beschäftigten. Manche arbeiten motiviert und leistungsstark, andere unmotiviert und ungerne. Manche hassen ihre Tätigkeiten, andere lieben sie. Wer seine Arbeit liebt und sich gleichzeitig mehr Freizeit und Erholung wünscht, kann sehr motiviert sein. Wer die Arbeit nicht liebt und im Job primär Geld verdienen will, kann genauso leistungsfähig sein. Motiviert und leistungsbereit zu arbeiten, ist ein grundsätzliches Thema. Es betrifft alle Unternehmen unabhängig von der 4-Tage-Woche.

Die 4-Tage-Woche steht nicht für Faulheit, fehlende Job-Liebe und niedrige Motivation und damit für eine negative Unternehmenskultur. Es ist genau andersherum:

> Neue, attraktive Arbeitszeiten belegen eine positive Unternehmenskultur.

„Unabhängig davon, wie gern du deinen Job machst und wie viel Freude er dir bereitet, kann das Jonglieren von Familie, Privatleben und Beruf sehr stressig sein. Die Work-Life-Integration wird bei pb+ gelebt! Unsere Mitarbeitenden können Familie und Beruf besser vereinbaren und sind einfach zufriedener. Und das bei gleichbleibendem Gehalt und gleichbleibender Urlaubszeit!"[11] So bietet die pb+ Ingenieurgruppe AG in Bremen die 4-Tage-Woche an und zeigt damit eine klare Haltung, dass der Wunsch nach mehr Freizeit überhaupt nichts aussagt über das Engagement im Beruf. Es geht darum: „Ein Tag mehr, um mit den Kindern einen schönen Ausflug zu machen. Ein Tag mehr, um einfach mal abzuschalten. Ein Tag mehr, um seinem Hobby nachgehen zu können. Einfach ein Tag mehr Flexibilität und Zufriedenheit." pb+ hebt noch einen Effekt hervor: „Netter Nebeneffekt: man tut zeitgleich etwas für die Umwelt." Darauf gehe ich ausführlich im Kapitel 7 ‚Nachhaltigkeit' ein.

## 5.000 JAHRE FAUL UND UNDISZIPLINIERT

Und was ist mit der Jugend? Gerade Azubis und Studierende werden doch immer fauler, oder? Auch ich höre in Seminaren mit Personalleitern das Jammen und Schimpfen: „Der Werteverfall ist dramatisch. Azubis sind unzuverlässig. Keiner strengt sich mehr an." Dazu will ich zwei Dinge sagen. Hier mein erster Gedanke: Besonders von der Jugend wissen wir seit Jahrtausenden, dass sie von Generation zu Generation versauter, unhöflicher und ungebildeter wird. Jammern über „die Jugend" lässt sich 5.000 Jahre zurückverfolgen. Danke, Achim Gilfert, für diese beeindruckende Sammlung:[12]

> „Die Jugend achtet das Alter nicht mehr, zeigt bewusst ein ungepflegtes Aussehen, sinnt auf Umsturz, zeigt keine Lernbereitschaft und ist ablehnend gegen übernommene Werte". (auf einer Tontafel der Sumerer, ca. 3000 v. Chr.)

> „Unsere Jugend ist heruntergekommen und zuchtlos. Die jungen Leute hören nicht mehr auf ihre Eltern. Das Ende der Welt ist nahe." (chaldäische Keilschrifttext, um 2000 v. Chr.)

> „Die heutige Jugend ist von Grund auf verdorben, sie ist böse, gottlos und faul. Sie wird niemals so sein wie die Jugend vorher, und es wird ihr niemals gelingen, unsere Kultur zu erhalten." (babylonische Tontafel von ca. 1000 v. Chr.)

> „Denn der Sohn verachtet den Vater, die Tochter steht wider die Mutter, die Schwiegertochter wider die Schwiegermutter." (Altes Testament, Micha 7,6, um 725 v. Chr.)

> „Die Kinder von heute sind Tyrannen. Sie widersprechen ihren Eltern, kleckern mit dem Essen und ärgern ihre Lehrer." (Sokrates, 470–399 v. Chr.)

„Die Jugend von heute liebt den Luxus, hat schlechte Manieren und verachtet die Autorität. Sie widersprechen ihren Eltern, legen die Beine übereinander und tyrannisieren ihre Lehrer." (Sokrates, 470–399 v. Chr.)

„(...) die Schüler achten Lehrer und Erzieher gering. Überhaupt, die Jüngeren stellen sich den Älteren gleich und treten gegen sie auf, in Wort und Tat." (Platon, 427–347 v. Chr.)

„Ich habe überhaupt keine Hoffnung mehr in die Zukunft unseres Landes, wenn einmal unsere Jugend die Männer von morgen stellt. Unsere Jugend ist unerträglich, unverantwortlich und entsetzlich anzusehen." (Aristoteles, 384–322 v. Chr.)

„(...) auf ihrem Höhepunkt kennt die Jugend nur die Verschwendung, ist leidenschaftlich dem Tanze ergeben und bedarf somit wirklich eines Zügels. (...) Unmäßigkeit im Essen, sich vergreifen am Geld des Vaters, Würfelspiel, Schmausereien, Saufgelage, Liebeshändel mit jungen Mädchen, Schändung verheirateter Frauen." (Plutarch, ca. 45–125 n. Chr.)

„(...) dass man die Flammen der jugendlichen Leidenschaft nur mit Hilfe der klösterlichen Aufsicht und einer strengen Disziplin besiegen könne." (Gregor von Tours, um 580)

„Die jungen Leute von heute denken an nichts anderes als an sich selbst. Sie haben keine Ehrfurcht vor ihren Eltern oder dem Alter. Sie sind ungeduldig und unbeherrscht. Sie reden so, als wüssten sie alles, und was wir für weise halten, empfinden sie als Torheit." (Mönch Peter, 1274)

> „Der grenzenlose Mutwille der Jugend ist ein Zeichen, dass der Weltuntergang nah bevorsteht." (nach Melanchton, um 1530)

> „Das Sittenverderben unserer heutigen Jugend ist so groß, dass ich es unmöglich länger bei derselben aushalten kann." (ein Schulmeister im 18. Jh.)

> „Fehlende Disziplin, mangelnde Leistungsbereitschaft, geringe Belastbarkeit – die Azubis machen unseren Unternehmen Sorgen." (DIHK-Chef Hans Heinrich Driftmann 2011)

> „Auszubildende – faul, ohne Disziplin, kein Interesse. Jedes zweite Unternehmen klagt über mangelnde Disziplin und Belastbarkeit sowie fehlende Leistungsbereitschaft und Motivation." (Zitat zur DIHK-Umfrage „Ausbildungsfähigkeit", Die Welt, 21.8.2014)

---

5.000 Jahre – das sind 180 Generationen. Wo ständen wir heute, wenn tatsächlich jede Jugend noch fauler und unfähiger gewesen wäre als die vorhergehende?

---

Dennoch hört das Jammern über die faule, tanzwütige und ungebildete Jugend nicht auf. „Jede ältere Generation denkt irgendwann, dass es mit der Menschheit nun endgültig bergab geht – und schuld daran ist ‚die Jugend'", kommentiert die Journalistin Christina Peters 2018.[13]

Nun zu der zweiten Aussage, die ich zu diesem Thema treffen möchte. Zweifellos gibt es eine Krise im Bildungssystem, doch auch die verfolgt uns schon seit 180 Generationen. Berichtet wird aktuell, dass 22 % der Viertklässler den Mindeststandard im Rechnen, 19 % im Lesen und 30 % im Schreiben nicht erreichen.[14] Diese Mängel können in weiterführenden Schulen kaum behoben werden, dafür fehlt die Kapazität. Das heißt: Diese Schüler und

Schülerinnen sind abgehängt, anders kann man es nicht nennen. Viele beenden ihre Schullaufbahn sogar ohne einen Hauptschulabschluss, 2020 waren es rund 45.100 junge Menschen, das sind 5,9 %.[15] Auf 20 Jahre hochgerechnet sind es fast eine Million Menschen, die durchs Schulraster fallen und nur mit sehr viel Mühe ihren Weg ins Arbeitsleben finden. Auch das ist leider nicht neu, vor 10 bis 20 Jahren lagen diese Zahlen sogar noch höher.

Doch sind fast eine Million junge Schulabbrecher selbst schuld? Die Verantwortung dafür bei einzelnen Jugendlichen zu suchen, greift etwas kurz. Wer hat sie erzogen? Erwachsene. Wer gestaltet das Schulsystem und Curricula? Erwachsene! Wer unterrichtet die Jugend? Nicht, dass wir uns missverstehen: Lehrer haben einen Blut- und Schweiß-Job. Unterrichten ist nicht einfach, wenn sie ihre Schülerinnen und Schüler ernst nehmen. Lehrer sollten viel mehr gelobt und unterstützt werden. Viele machen ihren Job sehr engagiert, anderen sollte gekündigt werden – was bei Beamten leider nicht geht. Aber Lehrer können rein zeitlich 32 jungen Menschen im 45 Minuten-Takt nicht die Aufmerksamkeit bieten, die menschliches Reifen braucht. Wer bietet also seine Zeit für aufmerksamen Austausch und für menschliches Reifen und vertrauensvolle Beziehungen?

Übrigens: Auch schon 1965 beklagte sich die Deutsche Industrie- und Handelskammer DIHK über die mangelhaften Mathematikkenntnisse der Auszubildenden.[16]

Spitzfindig, humorvoll und treffend kommentiert Hannes Zacher, Professor für Arbeits- und Organisationspsychologie an der Universität Leipzig das Jammern der Älteren: „Vor allem junge Menschen wollen wenige Arbeitstage. Manche belächeln das mit der Bemerkung, die nachfolgenden Generationen seien mental weniger belastbar. Dass die ältere Kohorte die jüngere hinterfragt und umgekehrt – nämlich ob die jeweilige Arbeitsethik sinnvoll ist – ist kein neues Phänomen, das gibt es schon lange. Bei den Jüngeren basiert das eher nicht auf schwindender Motivation, sondern auf dem Wunsch nach eigener und gesellschaftlicher Verbesserung. Vielleicht sind die Älteren ja auch ein wenig neidisch, dass die Generationen nach ihnen bessere Arbeitsbedingungen fordern und sich angesichts der Personallage auf dem Markt die Jobs aussuchen können. Was sie auch tun sollten."[17]

## BITTE MEHR ZEIT STATT MEHR GEHALT

Was wollen wir? Welche Wünsche äußern Menschen in Umfragen zur Arbeitszeit und speziell zur 4-Tage-Woche? Der SRF, das Schweizer Radio und Fernsehen, fragt im August 2021: „Würden Sie eine Viertagewoche befürworten?"[18] 10.836 Antworten zeigen das folgende Meinungsbild:

Ja: 75%
Nein: 15%
Unschlüssig: 11%

Die Süddeutsche Zeitung zitiert im Februar 2022 eine Forsa-Umfrage: „71 Prozent der Bundesbürger sähen es gern, wenn sie nur vier Tage die Woche arbeiten müssten."[19]

Eine weitere Umfrage 2022 unter 3.891 Erwerbstätigen im Auftrag des Versicherers HDI kommt zu dem Schluss: 76% aller Beschäftigten plädieren für die Einführung der 4-Tage-Woche in ihren Unternehmen. Am stärksten ist der Wunsch nach kürzerer Arbeitszeit bei den Beschäftigten unter 40 Jahren. Dr. Christopher Lohmann, HDI Deutschland, kommentiert die Studie: „Besonders junge Berufstätige in Deutschland streben vehement nach mehr Freiräumen im Beruf. Sie wollen mitbestimmen, wo, wann und wie lange sie arbeiten. Ihre Vorstellungen weichen dabei deutlich von den tradierten Arbeitsmodellen ab."[20]

Das Nachrichtenmagazin Focus berichtet im Oktober 2022: „Mehr als 75 Prozent sprechen sich für die 4-Tage-Woche aus."[21] und im Dezember 2022 bringt auch der Focus diese Zahlen: „77 Prozent der Deutschen würden gerne nur vier anstatt fünf Tage pro Woche arbeiten."[22]

Du findest, dass 71 bis 77 % Ja-Stimmen schon eine deutliche Sprache sprechen? Dann schau dir die folgenden Umfrageergebnisse an. Das auf Positiven Journalismus ausgerichtete Good News Magazin fragt im Dezember 2022: „Wünschst du dir eine 4-Tage-Woche?"[23] Die 1.801 Antworten in der Instagram-Story teilen sich wie folgt auf:

> Ja: 94 %
> Nein: 6 %

Radio Brocken, ein web- und appbasierter Sender in Sachsen-Anhalt, kommt bei einer von November 2022 bis Januar 2023 laufenden Abstimmung auf die höchste Quote von Menschen, die sich eine 4-Tage-Woche wünschen. Von 286 Teilnehmenden sagen:[24]

> Ja: 96 %
> Nein: 4 %

Ob 71 % oder 96 % – die Wünsche der Menschen legen nahe, dass ein gravierender Wandel in der Arbeitswelt ansteht.

---
**Betriebe sollten auf die Menschen hören, die sie zur Mitarbeit gewinnen wollen.**

---

Die Autorin Terese Bücker sieht einen klaren Widerspruch: „Unsere Arbeitskultur passt überhaupt nicht zu den Wünschen in der Bevölkerung. Damit müssen sich Wirtschaft und Politik befassen."[25] Und sie ergänzt: „Wenn man die Arbeitszeitwünsche der Menschen anschaut, liegen diese beispielsweise in Deutschland bei unter 30 Stunden. Menschen glauben, mit der frei gewordenen Zeit könnten sie alles nebenher gut schaffen."[26]

Ein unbestechlicher Gradmesser, ob die Bedürfnisse von Menschen beachtet werden, ist ihre Bereitschaft, in einem Betrieb eine Arbeitsstelle anzutreten. Viele Unternehmen suchen nach Fachkräften. Doch was bieten sie? Was zieht Menschen an? Mehr Geld oder mehr Freizeit?

„Wenn wir ganz ehrlich sind: Gerade in Oberbayern sind die Gehälter hoch genug. Sie decken die Kosten fürs Wohnen, fürs Leben, das Auto, den Urlaub. Der wahre Luxus ist freie Zeit", sagt Nico Osenstätter vom familiengeführten Unternehmen in der Holzindustrie in Schongau: „Stellen Sie sich mal vor, Sie machen am Donnerstag um 17.30 Uhr Feierabend, dann springen Sie ins Auto. Um 22 Uhr sind sie am Gardasee. Drei volle Tage Kurzurlaub, ohne einen einzigen Urlaubstag zu nehmen." [27]

„Weil die Freizeit immer mehr an Stellenwert gewinnt", antwortet Malermeister Sebastian Peters auf die Frage, warum er auf die 4-Tage-Woche setzt.[28] Seinen Betrieb hat er 2011 im Alter von 22 Jahren in Badem in der Eifel gegründet.[29] 60 Kilometer entfernt an der Mosel ist auch der Schreinermeister Nico Gedert überzeugt: „Noch mehr Geld ist nicht von Interesse, sondern mehr Freizeit, eine bessere Work-Life-Balance, mehr Zeit für Hobby oder Familie und mehr Flexibilität in der Arbeitsgestaltung. Die Gedert Möbelwerkstatt in Starkenburg setzt seit 2020 auf die 4-Tage-Woche.[30]

Der Metallbaumeister Stefan Fütterer, Inhaber der fütterer stahl- u. metallbau in Neustadt an der Waldnaab sucht Spezialisten. Er ist überzeugt: „Dieses Know-how bringen gerade berufserfahrene Leute mit. Und denen ist Freizeit eben wichtiger als ein zusätzlicher Euro in der Lohntüte." Was tun? Die zündende Idee: Seit August 2021 wird in dem mittelständischen Betrieb nur 4 Tage in der Woche gearbeitet, und die Arbeitszeit ist von 40 auf 38 Stunden gesenkt – bei vollem Lohnausgleich. Prompt bekommt er personelle Verstärkung von berufserfahrenen Menschen mit Lust auf 3-Tage-Freizeit." [31]

Besonders viele Klagen kommen aus der Hotellerie, wie rar die Arbeitskräfte sind. Nicht so im Hotel Upstalsboom Wyk auf Föhr. Dort sind fast alle 160 bis 180 Stellen besetzt. Ich spreche mit dem Hoteldirektor Patrick Lüders, der seit Februar 2022 in Teilbereichen die 4-Tage-Woche anbietet. Er sagt: „Die Gehälter sind in meiner Branche in den letzten Jahren gestiegen. Immer häufiger höre ich: ‚Mehr Gehalt brauche ich nicht.' Statt mehr Gehalt wünschen sich viele Angestellte mehr Zeit."[32]

Also suchte er nach einem Weg, ihnen mehr Freizeit anzubieten. Die neue Arbeitszeitregelung mit 3-Tagen-Freizeit wurde zuerst am Empfang getestet und dann dort fest eingeführt. Wahlweise wird dort an 4 oder an 5 Tagen 39 Wochenstunden gearbeitet. Als nächstes wird diese Wahl weiteren Teams angeboten. Nicht in allen Bereichen passt die 4-Tage-Woche in die Abläufe im Upstalsboom Hotel, sie ist nur ein Teil im Angebot des Hoteliers. Statt 39 Stunden arbeiten einige nur noch 25 bis 32 Stunden. Und weil Wohnraum knapp ist auf Föhr, mietet er Wohnraum für 60 seiner Beschäftigten an. So können auch Externe auf der Urlaubsinsel arbeiten und relaxen.

Und noch etwas Besonderes bietet das Hotel. Im Sommer veranstaltet es das Südstrand OpenAir, zu dem bekannte Künstlerinnen, Musiker und Bands auf die Insel kommen.[33] In dieser Woche fällt die meiste Arbeit an, gleichzeitig ist das Festival ein Highlight mit viel Spaß und Gemeinschaft für das gesamte Team. „Unsere glücklichen und zufriedenen Mitarbeiter ziehen in solchen Wochen voller Anstrengungen an einem Strang."[34] Alles zusammen macht sein Hotel zum attraktiven Arbeitgeber. Mit mehr Freizeit im Angebot schwimmt er auf einer Erfolgswelle am Strand der Nordseeinsel Föhr.

## WAS UNS WIRKLICH GLÜCKLICH MACHT

84 Jahre Forschung an der Universität Harvard zeigen, was Menschen glücklich macht: „Gute Beziehungen. Nicht nur Paarbeziehungen, auch Freundschaften, Familie, Kolleginnen und Kollegen, Nachbarschaftsbeziehungen oder Zufallsbegegnungen. Gute Beziehungen machen uns gesünder und glücklicher. Beruflicher Erfolg, Wohlstand, ausreichend Bewegung oder gesunde Ernährung – all das ist zwar nicht unwichtig für das Wohlbefinden. Letztlich entscheidend sind aber gute Beziehungen, in denen man einander unterstützt, sich geschätzt und nicht ausgebeutet fühlt."[35]

Gute zwischenmenschliche Beziehungen führen zu beruflichem Erfolg. Welche Rolle die Atmosphäre am Arbeitsplatz spielt, hat jeder schon selbst erlebt, sowohl positiv als auch negativ. Eine gute Arbeitsatmosphäre wird Menschen immer wichtiger. 2018 hat das Institut für angewandte Sozialwissenschaft, infas, im Auftrag der Zeitung ZEIT tausend Beschäftigte quer durch alle Berufsgruppen gefragt, was sie sich von ihrem Arbeitsplatz wünschen und wie zufrieden sie sind. Ein klares Ergebnis zeigt: „Das Thema ‚sich wohlfühlen bei der Arbeit' – eine angenehme Arbeitsatmosphäre – ist von allen Aspekten der Wichtigste. 84 % der Befragten stufen dieses Thema als bedeutend ein. Zufrieden mit der Umsetzung in ihrem eigenen Unternehmen sind dagegen nur 65 %."[36]

Die Studie Junge Deutsche 2019[37] kommt zu dem Ergebnis: 64 bis 65 % der jungen Menschen suchen eine gute Arbeitsatmosphäre. 62 bis 63 % wünschen sich eine gute Balance von Arbeit und Freizeit. Der Studienleiter beschreibt den Trend: „Arbeitsplatzsicherheit war lange das Top-Kriterium für einen attraktiven Arbeitsplatz. Das neue wichtigste Kriterium ist eine gute Arbeitsatmosphäre. Arbeitgeber tun gut daran, sich aktiv um mehr Spaß, Miteinander im Team und Integration der Neuen zu kümmern."

Eine gute Arbeitsatmosphäre lebt von guten Beziehungen.
Kontakte untereinander bestimmen den Wohlfühlfaktor.

Das Team von Maler Frohmuth in Otzberg bei Darmstadt verbindet gute Laune mit guter Leistung: „Wir bringen Frohmut ins Haus!", lautet ihr Motto. Die frohmutige Arbeitsatmosphäre überträgt sich auf das Malern, auf Innen- und Außenputz, Trockenbau und Fassadendämmung. Zu Ehrlichkeit, Verbindlichkeit und Vertrauen sagen sie: „Bei uns ist ein X ein X und ein U ein U!"[39] Eine 4-Tage-Woche ist dort ein Teil des Wohlfühlfaktors.[40]

Allein schon der Austausch über eine mögliche Einführung der 4-Tage-Woche kann das Klima und die Motivation in Firmen stärken. Schaffen Firmen und Ausbildungsbetriebe Raum für Beziehungen, gewinnen sie Menschen, ihre Fähigkeiten und ihr Vertrauen.

## VERTRAUEN VERSPIELT MIT BULLSHIT

Zu einer guten Arbeitsatmosphäre gehört ein vertrauensvolles Miteinander. Ist der Umgang miteinander wertschätzend oder verletzend? Ist er aufbauend oder wird Vertrauen verspielt? Wenn Versprechen nicht gehalten werden, wird eine Zusammenarbeit dauerhaft beschädigt. Das gilt auch für den Umgang mit Arbeitszeiten. Sind diese regelmäßig länger als besprochen und werden Überstunden nicht bezahlt, wird Vertrauen vernichtet und die Arbeitsatmosphäre leidet. Negative Erfahrungen speisen negative Gefühle.

„Einmal verspieltes Vertrauen ist schwer zurückzugewinnen, und mehrfach verspieltes Vertrauen ist eine eminente Belastung"[41], beschreibt Dieter Lederer, Experte für Veränderung, die Wirkung negativer Erfahrungen. Schlechte Erfahrungen brennen sich ein ins emotionale Gedächtnis. Wer einmal lügt, dem glaubt man nicht, sagt der Volksmund. Aktuell legen Menschen besonders viel Wert auf eine vertrauensvolle Basis.

Vertrauen bietet Sicherheit.

Die existenziellen Krisen, die Klimakatastrophe, die Pandemie und der Krieg in Europa belasten uns alle. „Je unsicherer unsere Umwelt ist, desto mehr wird Sicherheit in der Arbeitswelt wieder ein wertvolles Gut", sagt Britta Redmann, Expertin für Arbeitsrecht.[42] Mittel- und langfristig besonders betroffen sind die heutigen Berufseinsteigerinnen und Jobanfänger, die sich noch alles aufbauen wollen.

Die Beachtung von Emotionen liefert einen bedeutenden Beitrag zu einer guten Arbeitsatmosphäre. Wer Menschen ernst nimmt, ihnen zuhört und ihrer Expertise vertraut, gewinnt sie für die Arbeit und für das Unternehmen. Prof. Dr. Heike Bruch benennt Vertrauen als Schlüsselfaktor im Arbeitsmarkt und sagt eine epochale Transformation voraus: „Wir haben keine Wahl. Zukünftig wird der entschiedenste Faktor für Erfolg Vertrauen sein."[43]

Das Gegenteil von Sicherheit und Vertrauen sind überflüssige Bullshit-Jobs. Sie verstärken negative Gefühle gegenüber Arbeit und Arbeitgebern und schaden der Arbeitsatmosphäre. Auf Wikipedia wird die Erfahrung der Sinnlosigkeit so erklärt: „Ein Bullshit-Job ist eine Form der bezahlten Beschäftigung, die so vollständig sinnlos, unnötig oder schädlich ist, dass sogar die Beschäftigten selbst die Existenz der Beschäftigung nicht rechtfertigen können (...)."[44] Auch gut bezahlte Jobs können Bullshit-Jobs sein. Arbeiten im goldenen Käfig ist ein häufig verwendetes Bild, wenn man den Job nur noch macht, weil er gut bezahlt wird, dieser aber als sinnentleert erlebt wird.

Was Wikipedia nicht auf dem Schirm hat: Schädlich und belastend sind auch die vielen kleinen Bullshit-Anteile in eigentlich wichtigen und produktiven Jobs.

> Regelmäßig verzögerte Materiallieferungen

> Misserfolge muss das Team verantworten –
> Erfolge hingegen heimst der Vorgesetzte ein

> Genervtes Augenrollen, wenn Ideen geäußert werden

> Komplizierte Reiseanträge und kleinliche Abrechnungen

> Aufwendige Maßnahmen zur Leistungserfassung

> Unbezahlte Überstunden und ständige Aufforderungen, am Wochenende zu arbeiten

> Schlecht gewarteter Fuhrpark

Bullshit-Anteile wie diese vergiften Arbeitsplätze und verspielen Vertrauen in den Arbeitgeber. Wer zu viel Bullshit erlebt, wird wütend oder gleichgültig und stumpft ab. Die Wirkung sind sinkendes Engagement, fehlende Identifikation und Achselzucken. Lass die doch machen, auf mich hört sowieso keiner.

Eine 4-Tage-Woche hat den großen Vorteil, dass viele Bullshit-Anteile gar nicht auftreten. Wenn beispielsweise aus 40 Stunden 36 Stunden Arbeit werden und aus 5 Tagen werden 4, dann ergibt sich der Zeitgewinn daraus, dass konsequent Bullshit-Anteile aus dem Arbeitsalltag gestrichen und ausgemistet werden. Deshalb ist das Thema 4-Tage-Woche eng verknüpft mit Werten wie Vertrauen, transparenter Kommunikation, guter Arbeitsatmosphäre und Bullshit-freier Arbeit. Es baut auf einem Menschenbild auf, das Menschen etwas zutraut.

# 2. FREIZEIT FAMILIE FREUNDE EHRENAMT

Die finnische Ministerpräsidentin Sanna Marin sagte 2019: „Eine 4-Tage-Woche, ein 6-Stunden-Arbeitstag. Warum sollte das nicht unser nächster Schritt sein? Ich glaube, die Menschen verdienen es, mehr Zeit mit ihrer Familie, mit ihren Lieben, mit ihren Hobbys und anderen Aspekten ihres Lebens zu verbringen – wie Kultur. Das könnte der nächste Schritt in unserem Arbeitsleben sein."[45]

„Für uns ist Freizeit und Familie genauso wertvoll, wie der Spaß an der Arbeit in einem tollen Team. Du liebst deinen Beruf und hast Lust auf eine Veränderung? Dann bieten wir dir eine 4-Tage-Woche mit dem Gehalt und dem Urlaub einer 5-Tage-Woche", wirbt der Braunschweiger Salon Haarwerk um Verstärkung im Team.[46] Genauso wertvoll, das ist der entscheidende Punkt: Freizeit, Familie und Job.

Die Magdeburger Treuhand Steuerberatungsgesellschaft mbH mit mehreren Standorten in Sachsen-Anhalt bietet seit 2023 allen Mitarbeitern die 4-Tage-Woche an.[47] Die Kolleginnen und Kollegen starten Donnerstagnachmittag in das Wochenende. „Wir machen möglich, dass du freitags:

>    schon Wochenende hast.
>    ausschlafen kannst.
>    chillst, weil es am Vorabend spät war.
>    sportlich startest.
>    Zeit für dich selbst hast.
>    schon wäschst, saugst und putzt.
>    Termine wahrnehmen kannst.
>    FREI HAST!
>    Wir schenken allen Mitarbeitern mehr Frei(e)zeit!"[48]

Die Bauspenglerei Windisch in Straubing bringt es knapp auf den Punkt: „Du möchtest mehr Freizeit? Dann haben wir den richtigen Job für dich."[49]

Warum wünschen sich Menschen eigentlich einen Tag mehr Erholung? Was wollen sie mit mehr Freizeit anfangen? Bis mittags ausschlafen, chillen und faulenzen, saufen und *binge watching*? Oder haben sie etwas ganz anderes vor?

## WÜNSCHE FÜR DIE FREIE ZEIT

Kath Blackham, die Chefin der australischen Agentur Versa, sagt explizit: „Mittwochs können die Mitarbeiter ins Fitnessstudio gehen, sich um den Haushalt und ihre Kinder kümmern, an ihrem Start-up arbeiten oder Netflix schauen."[50] Also doch *binge watching* – warum auch nicht! Alles ist erlaubt. Dass Menschen, die in einer 4-Tage-Woche arbeiten, aber fast immer etwas ganz anderes mit ihrer Freizeit vorhaben, erfährst du in diesem Kapitel.

Gearbeitet wird bei Versa montags, dienstags, donnerstags und freitags. Jeden Mittwoch ist das Büro geschlossen. Diese Form der 4-Tage-Woche beschert dem Team sozusagen zwei Wochenenden pro Woche.[51] Die interne Zufriedenheit und die Produktivität sind gestiegen, Versa hat den Umsatz um 46 % erhöht und den Gewinn verdreifacht. Zu ihrer Motivation sagt Blackham: „Ich wollte beweisen, dass es sogar in der Dienstleistungsbranche, die dafür bekannt ist, dass junge Menschen sehr lange arbeiten müssen, funktionieren kann, wenn man sich etwas Innovatives einfallen lässt."[52]

Was schätzen die Mitarbeiter am meisten an der 4-Tage-Woche? „Dass sie ihre Zeit am Freitag frei verplanen können", sagt Marco Bruns, Handwerksmeister von der Bruns MSR-Technik GmbH in Haselünne im Emsland. „Sie nutzen den freien Tag für Freizeitaktivitäten, Ausflüge mit Familie und Freunden, oder aber für Pflichttermine bei Behörden, für die an den anderen Tagen keine Zeit bleibe. Die Resonanz ist durchweg positiv. Gerade bei jüngeren Menschen sind flexible Arbeitszeitmodelle gefragt."[53]

Das auf Positiven Journalismus spezialisierte Good News Magazin fragte im Dezember 2022 in einer Instagram-Story [54]: „Was würdest du mit der freien Zeit tun?"

Hier eine Auswahl der Antworten:

„Mehr durchatmen, um gelassener und qualitativer mit meinen Kids den Alltag zu verbringen."

„Zeit für mich genießen, mehr Sport machen, raus ins Grüne fahren."

„Hobbys nachgehen."

„Zeit für die Familie. Zeit für mich."

„Ich wünsche mir mehr Freizeit, die ich mit Hobbys und meinen Liebsten verbringen kann."

„Lesen, Sport."

„Endlich mehr Zeit für Hobbys."

„Einfach mal nichts machen. Wochenende geht immer für Haushalt, Einkauf drauf."

„Mich ausruhen und Zeit für Hobbys."

„Ich hätte mehr Zeit für meine Tochter und meine Musik."

„Ich kann nicht mehr, der Stress macht mich kaputt, ich möchte gesünder werden."

„An der mentalen Gesundheit arbeiten und das Leben leben."

„Mehr Lebensqualität."

„Weiterentwicklung, soziales Engagement, politische Mitwirkung, Selbstfürsorge."

„Mehr Zeit für persönliche Gründungsprojekte und Familie."

„Fitness."

„Am 1. Tag von der Woche erholen, am 2. Erledigungen, am 3. Freizeitaktivitäten."

„Self-care."

„Mehr Zeit mit Familie und für Hobbys nutzen."

„Sport, Besorgungen, den Kleinen früher von der Kita holen, malen, schlafen."

„Bessere mentale und körperliche Gesundheit."

„Private Projekte. Basteln mit Elektronik, Mikrocontrollern, LEDs."

„Zeit mit Familie und Freunden verbringen."

„Mehr Aktionen für Klimaschutz, Gesundheit und eine solidarische Lebensweise."

„Meine Familie am anderen Ende Deutschlands häufiger sehen."

„Mehr Zeit für ehrenamtliche Arbeit."

„Arztbesuche, einkaufen, Wohnung putzen, damit das Wochenende wirklich frei ist."

„Kunst und Bewegung und ehrenamtlicher Naturschutz."

„Jedes längere Wochenende bietet mehr Erholung und Motivation für die Arbeit."

„Öfter in die Natur."

Zusammengefasst werden 29-mal „Hobbys, Sport, Natur, Zeit für sich" genannt, 17-mal „Kinder, Familie", 12-mal „Haushalt, Erledigungen", 10-mal „Gesundheit" und 5-mal „Engagement, Ehrenamt". Diese Kommentare sind natürlich nicht repräsentativ für die ganze Gesellschaft, doch sie zeigen in eine klare Richtung, was Menschen mit den 3 freien Tagen einer 4-Tage-Woche anfangen würden. Endlich Zeit für Hobbys, Sport, Musik, Familie und Engagement in Vereinen! Klingt das zu idealistisch? Oder sind das alles nur gute Vorsätze, die sich in Luft auflösen, sobald der Traum Wirklichkeit wird? Was machen Menschen wirklich? Profitieren Familien und Freunde tatsächlich? Gewinnen Vereine mehr Engagierte? Die folgenden Seiten geben Beispiele dafür, ob sie die gewonnene Zeit für ihre Vorhaben und Wünsche nutzen oder zu Couch-Potatos werden.

## KURZTRIP, PFERD UND HAUSBAU

„Es ist sehr verlockend, drei Tage in der Woche frei zu haben. Ich reite in meiner Freizeit. Wenn ich dafür einen ganzen Tag mehr habe, kann man das besser ausüben", schwärmt Hotelfachfrau Janine Mende.[55] Sie ist Mitarbeiterin der Wiesbadener Légère Hotelgroup. Seit Januar 2023 können alle 250 Angestellten ihre 40 Stunden Arbeitszeit auch in 4 Tagen verrichten. So gewinnen sie einen Tag Freizeit zum Beispiel zum Reiten. Martin Radunz, Head of Human Resources sagt: „Nur zufriedene Mitarbeiterinnen und Mitarbeiter können ihr volles Potenzial abrufen. Davon sind wir schon immer überzeugt."[56]

Auch Tiffany Schrauwen, Projektmanagerin bei Versa nutzt ihren freien Tag für Sport. Sie trainiert mittwochmorgens auf dem Tennisplatz, um ihre Rückhand zu verbessern.[57]

Maximilian Reymann nutzt seine freie Zeit für Basketball, seinen Lieblingssport. Sein Arbeitgeber, die JustOn GmbH in Jena, verschenkt 26 freie Tage pro Jahr, jeder zweite Freitag ist frei. Die Reporterin Olga Patlan vom Team Upward besucht ihn in der Basketball-Halle und fragt: „Könntest du deinem Hobby auch genauso nachgehen, wenn du eine klassische 5-Tage-Woche hättest?" Maximilian ist sich sicher: „Nicht mit der Leidenschaft. Freitags schaue ich mir die Videos von den letzten Spielen an. Dann starte ich gut vorbereitet und ausgeruht ins Basketball-Wochenende."[58]

In der 2015 gegründeten Firma NSI-Technik in Acholshausen südlich von Würzburg kann man seit 2021 zwischen einer 4-Tage- und einer 5-Tage-Woche wählen. Jeden Monat aufs Neue! „Es ist alles nur eine Frage der Planung und Organisation!", schreibt Tanja Nöth, die mit ihrem Mann die Firma leitet.[59] „Ein Kollege baute gerade ein Haus, dem kam es natürlich ganz recht und so konnte er von Freitag bis Sonntag an seinem Haus bauen, ein anderer Kollege hat einen sehr weiten Anfahrtsweg und spart sich somit eine Tankfüllung im Monat." Manche bleiben lieber bei der 5-Tage-Woche, denn andere Kollegen sind junge Familienväter und möchten gerne abends pünktlich zuhause sein, um sich mit ihren Kindern zu beschäftigen. Diese Flexibilität zahlt sich auch für NSI-Technik aus, denn das Team wächst stetig.

Die ANTHOJO-Gruppe betreibt 17 Pflege-, Reha- und Eingliederungshilfe-Einrichtungen im Südosten Oberbayerns und beschäftigt rund 500 Mitarbeiterinnen und Mitarbeiter aus über 20 Nationen. Die 4-Tage-Woche wurde vor zwei Jahren von der Leitungsrunde mit einem eindeutigen Ja abgestimmt und eingeführt. Seitdem gibt es statt nur der normalen Schichten an 5 Tagen für Pflegekräfte auch die Option auf 4 längere Schichten an 4 Tagen. Das Mitglied der Geschäftsführung von ANTHOJO, Tom Anagnostopoulos meint dazu: „Der Freizeitwert ist der größte Vorteil durch die 4-Tage-Woche! Die Work-Life-Balance steigt deutlich." Er bringt aber auch ganz offen zur Sprache, dass die Organisation herausfordernd ist, denn im Schichtbetrieb sind die Dienste mit nur 4 Tagen Präsenz schwerer zu besetzen. Doch der positive Freizeitwert für die Angestellten ist der Firma den Aufwand wert.[60]

„Mehr Freizeit ist wichtig, vor allem mehrere freie Tage am Stück."[61], sagt Helmuth Zechner, Eigentümer der 1868 gegründeten Buchhandlung Heyn aus Klagenfurt am Wörthersee. Seit Juni 2022 ist die Buchhandlung montags geschlossen. Almut Kristler, die Assistentin der Geschäftsführung, betont, es sei der Wunsch nach mehr zusammenhängender Freizeit entstanden. Die Erwartungen an Arbeit und Gesundheit hätten sich geändert. Tino Buchleitner, einer der 32 Angestellten bei Heyn, genießt das verlängerte Wochenende und freut sich, dass er nun noch mehr Bücher für die Kundinnen und Kunden lesen kann.[62]

Besser als vorher findet Lena Geuer von der Digitalagentur vereda die Einteilung der Arbeitszeiten: „Jeder hat mehr Zeit für private Termine oder Erledigungen und auch die Möglichkeit, mal einen Kurztrip am Wochenende zu machen, was nachweislich die Kreativität und Ausgeglichenheit am Arbeitsplatz steigert."[63]

„Die Ski-Ausrüstung gehört einem Kollegen, er fährt Freitag in den Urlaub", sagt Geschäftsführer Joachim Thiele. Einen Urlaubstag muss der Mitarbeiter dafür nicht opfern. Denn seit Anfang des Jahres arbeitet ein Großteil der Belegschaft des Sanitär- und Heizungsunternehmens Thiele nur von Montag bis Donnerstag.[64]

> Im echten Leben kann man also sowohl den Job lieben
> als auch den Kurztrip am Wochenende, gesundes Kochen
> und Essen mit Zeit, sein Pferd, Basketball-Turniere,
> den Hausbau, das Lesen.

Ganz vorne bei den Profiteuren der 4-Tage-Woche steht die Familie. Maximilian Schuler ist Vertriebsleiter bei der Recruiting Now GmbH in Gmund am Tegernsee. Ihm bleibt mit der 4-Tage-Woche mehr Zeit für seine Tochter und für Ausflüge. Seit 2020 sind 3-Tage-Freizeit im Unternehmen frei wählbar. Die meisten der rund 30 Mitarbeiterinnen und Mitarbeiter haben sich für die 4-Tage-Woche entschieden. Maximilian Schuler arbeitet neun Stunden von Montag bis Donnerstag. Sein Gehalt und die Anzahl der Urlaubstage sind gleichgeblieben. Schuler muss nun die Arbeit, für die er früher fünf Tage Zeit hatte, in vier Tagen erledigen. Was für andere stressig klingen mag, nennt Schuler genial. Seine Kollegin, die Portalmanagerin Julia Kinder, hat sich anders entschieden. Sie bleibt bei der 5-Tage-Woche, um nachmittags früher zuhause zu sein. Geschäftsführer Peter Posztos empfiehlt allen: „Einfach mal ausprobieren."[65]

Auch in Hundeshagen, Nordthüringen, in der geografischen Mitte Deutschlands kann man den Job lieben und genauso auch seine Familie. Bei der Geburt seines Sohnes gab Rocco Funke ihm und auch sich selbst ein Versprechen: Viel gemeinsame Zeit. So wurde er zu einem Vorreiter der 4-Tage-Woche in Thüringen. Seine Angestellten arbeiten bei gleichem Gehalt statt 40 Stunden nun 32 Stunden im Leckortungs- und Bautrocknungsservice. „Die Mitarbeiter haben im Endeffekt eine fette Gehaltserhöhung bekommen", sagt Funke.[66] Aber auch er selbst profitiert von der Veränderung. „Gelassener und gesünder ist er nun", sagt seine Frau über ihn im MDR.[67] Man sieht Rocco Funke im Wohnzimmer auf dem Boden liegend, wie er mit seinem Kind spielt. Den Schwur bei der Geburt und die konsequente Umsetzung nennt der MDR „ein modernes Märchen". Mit mehr Freizeit erwirtschaftet die Firma sogar 50 % mehr Umsatz und „hat 100 Prozent mehr Spaß."[68] Thüringens Wirtschaftsminister Wolfgang Tiefensee besuchte Funkes Firma, um mehr über die 4-Tage-Woche zu erfahren.[69] Und auch Thüringens Ministerpräsident Bodo Ramelow besichtigte den Betrieb. „Wir brauchen eine andere Kultur. Es ist eine Frage des Führens und des Vertrauens", sagte er bei dieser Gelegenheit.[70] Roccos Rezept, wie er die neue Freizeit- und Familienkultur geschaffen hat, fasst er so zusammen: „… viiiiiele umgesetzte Maßnahmen und ein harter Weg besonders für mich als Chef. Eine neue Unternehmenskultur entwickelt sich halt nicht nebenbei."[71]

Häufig tun sich Menschen schwer mit Veränderung. Was wir kennen, ist gewohnt, vertraut und bietet Sicherheit. Das Neue hingegen ist in der Regel noch ungewohnt, unvertraut und ungewollt. Im Fall der 4-Tage-Woche schafft das Bedürfnis nach mehr Freizeit eine positive Haltung gegenüber dem Wandel.

---

Menschen brauchen einen guten Grund zur Veränderung. Mehr Zeit für Sport, Hobby, Freunde, Ehrenamt und Familie liefert viele Gründe.

---

„Veränderungen gelingen, wenn sie so daherkommen, dass Menschen sich emotional darauf einlassen wollen. Dann wird Energie freigesetzt", schreibt Dieter Lederer in „Der Change Code".[72]

Auch beim Friseursalon Anita in Rinn bei Innsbruck profitieren alle und sind emotional sofort dabei: „Für unsere Mitarbeiter ergibt sich durch die neue Arbeitszeitgestaltung ein verlängertes Wochenende, das ist ideal für Erholung, Partnerschaft und Familie. Auch ich als Familienvater und Unternehmer genieße die Vorteile dieses Geschäftsmodells und freue mich auf viele weitere erfolgreiche Jahre", sagt Marco Steiner, der den familiär geführten Meisterbetrieb leitet.[73]

Mit „Relaxen statt flexen"[74] bewirbt die Hoffelner Metalltechnik den zusätzlichen freien Tag.[75] Das Team in Reichenthal an der tschechischen Grenze genießt die 4-Tage-Woche seit Anfang 2021. Der Spruch „Relaxen statt flexen" kommt von der Werbeagentur Gestalterei.at.[76] Die 4-Tage-Woche ist ein zentrales Element, um das sympathische Team zu vergrößern: „Obwohl wir nicht alle gleich groß sind, arbeiten wir immer auf Augenhöhe. Das macht uns als Team stark und erfolgreich!"[77]

Augenhöhe passt auch zu einem weiteren wichtigen gesellschaftspolitischen Problem, zu dessen Lösung die 4-Tage-Woche einen Beitrag leisten kann.

## MEHR GESCHLECHTER-GERECHTIGKEIT

Der Arbeitsklima-Index der FH Oberösterreich nennt diese Zahlen: „Männer arbeiten im Durchschnitt 41,5 Stunden die Woche, Väter mit Kindern ab 6 Jahren sogar 43,5 Stunden. Überstunden sind Alltag, viele Firmen erwarten ständige Erreichbarkeit. Die Digitalisierung macht es möglich. Dieser digitale Stress erhöhe die „insgesamt wahrgenommene Arbeitsbelastung".[78] Eine neue Unternehmens- und Freizeitkultur könnte Vätern mehr Zeit mit ihren Kindern schenken.

> Die 4-Tage-Woche mit weniger Arbeitszeit bei gleichem Gehalt kann mehrere strukturelle Probleme lösen.

Sie eröffnet Frauen einen Zugang zu voll bezahlter Vollzeit-Arbeit, ohne 40 Stunden oder gar 43,5 Stunden arbeiten zu müssen. Traditionell sind es Frauen, die die Pflege von Kindern und Senioren übernehmen. Ehrenamtliche familiäre Care-Arbeit plus Erwerbstätigkeit – beides zugleich ist mit einer traditionellen Vollzeitstelle kaum zu schaffen. Dies ist einer der Hauptgründe dafür, dass Frauen im bezahlten Beruf viel häufiger in Teilzeit arbeiten als Männer. Daraus folgen deutlich geringere Rentenansprüche im Alter für Frauen.

> In Österreich arbeitet „fast die Hälfte aller erwerbstätigen Frauen Teilzeit, von den Männern nur jeder zehnte.

Dieser Teilzeit-Gap wird seit Jahren größer. Viele Frauen arbeiten nicht freiwillig weniger als Männer, sondern weil eine klassische Vollzeitstelle und Care-Arbeit nicht zusammenpassen. Und den Teilzeit-Gap spüren sie schmerzlich bei Einkommen und Pensionen."[79]

In der Schweiz arbeiten 85 % der erwerbstätigen Männer Vollzeit, während bei den Frauen 60 % Teilzeit angestellt sind.[80]

In Deutschland arbeiten „66 % der erwerbstätigen Mütter Teilzeit, aber nur 7 % der Väter. Mütter mit jüngeren Kindern arbeiten in Deutschland fast doppelt so häufig Teilzeit wie im EU-Durchschnitt."[81]

Die ungleiche Verteilung von Arbeit und Gehalt ist weder ein Naturgesetz noch notwendig. Sie ist eine strukturelle Ungerechtigkeit, die ihren Ursprung allein in traditionellen Gewohnheiten hat.

Die 40-Stunden-Woche war lange Zeit das Standardmodell, als Männer in Vollzeit gearbeitet haben und mit ihrem Lohn die ganze Familie ernähren konnten. Frauen haben unbezahlt die Haus- und Care-Arbeit geleistet und den Männern den Rücken freigehalten, zuhause waren Männer befreit von Arbeit. Abgesehen davon, dass dieses Konzept in der Menschheitsgeschichte einen sehr kurzen, kaum erkennbaren Zeitabschnitt einnimmt, ist es völlig offensichtlich, dass wir ein fettes Update des Modells brauchen.

Die Mehrheit der Frauen arbeitet inzwischen bezahlt in ihren Professionen – zum Glück. Das alte Modell ist damit eindeutig überholt. Während ich dies schreibe, macht mein Smartphone gerade minutenlang ein Systemupdate, während die Arbeitszeiten und -verträge am alten Vollzeitmodell kleben.

> Vollzeit lässt als gnädige Variante einen Job in Teilzeit zu. Das ist aber kein Systemupdate.

Natürlich können Paare weiterhin vereinbaren, dass eine oder einer der beiden Vollzeit arbeiten geht, und die zweite Person sich zuhause der Care-Arbeit widmet. Das wird niemand verhindern oder gar verbieten wollen. Vollzeit-Teilzeit funktioniert allerdings nicht mehr als Basismodell in unserer veränderten Gesellschaft. Das belegen die Zahlen, wie absurd unterschiedlich Frauen in Teilzeit und Männer in Vollzeit arbeiten.

Eine 4-Tage-Woche, wie Rocco Funke sie in seinem Betrieb eingeführt hat, könnte gleich zwei Fliegen mit einer Klappe schlagen. Stell dir vor, eine Mama und ein Papa würden beide in Vollzeit mit jeweils nur 32-Stunden pro Woche arbeiten, und sie würden beide ein volles Gehalt verdienen. Und jetzt stell dir das als den neuen Standard vor. Dann hätten Frauen höhere Einkommen und Renten, während Männer ohne finanzielle Einbußen mehr Freizeit mit ihren Familien genießen könnten.

> Männer behalten ihre Vollzeitjobs mit Vollzeitgehalt, arbeiten weniger und gewinnen Freizeit, die sie zum Beispiel mit ihren Kindern und Familien genießen können.

> Frauen arbeiten genauso normal in einer Vollzeitstelle mit gerechter Vollzeit-Bezahlung, statt sich weiterhin mit Teilzeit-Jobs, Teilzeit-Bezahlung und Teilzeit-Renten zufrieden geben zu müssen. Teile der Care-Arbeit können sie an Männer abgeben.

> Die 4-Tage-Woche kann gesellschaftlich dazu beitragen, Arbeitszeiten- und Lohn-Ungerechtigkeit aufzulösen.

Genau das ist der Wunsch vieler Menschen. „Aus mehreren Umfragen geht hervor: Teilzeitbeschäftigte Frauen wünschen sich längere Arbeitszeiten, vollzeitbeschäftigte Männer hingegen kürzere. Eine kurze Vollzeit klingt daher sinnvoll", schreibt Martina Maier in einem Tagungsbericht der Akademie für Politische Bildung Tutzing.[82]

Diese Zusammenhänge sehen auch Anke Hollatz und Hanna Jones. Als Gründerinnen von „Jobs for Moms UG" sehen sie sehr gut, mit welchen Problemen Frauen kämpfen müssen. Sie sagen: „Die Bezahlung steht bei Teilzeit nur selten im Verhältnis zur Arbeitsleistung von Frauen." Deshalb sehen sie Potenzial für die neue Unternehmens- und Freizeitkultur: „Wenn in der 4-Tage-Woche die Vollzeit-Arbeitszeit auf beispielsweise 34 Wochenarbeitsstunden reduziert wird, ist dies ein guter Ansatz, um Teilzeit aufzuwerten. Für manche Mütter wäre der Anreiz größer, Vollzeit arbeiten zu gehen bzw. den Stundenumfang zu erhöhen. Das zahlt sich wiederum im Geldbeutel und auch perspektivisch für die Rente aus." Und dann nennen sie noch einen weiteren Grund, warum Frauen in Vollzeit-Arbeit den Arbeitgebern guttun: „Firmen gewinnen neben dem Fachkräftepotenzial auch, weil Mütter wissen, wie effizientes, strukturiertes Arbeiten und Selbstorganisation gehen. Viele Mütter bringen diese Skills on top zu ihren beruflichen Qualifikationen mit. Denn Mutterwerden geht mit Kompetenzerweiterung einher."[83]

Bei genauerem Hinsehen schlägt eine 4-Tage-Woche nach dem Rocco-Funke-Modell mehrere Fliegen mit einer Klappe:

> Mehr Freizeit für Väter mit Kindern und auch mehr Anteil an der Care-Arbeit mit Eltern.

> Mehr Vollzeit-Arbeit mit Vollzeit-Lohn und Vollzeit-Rente für Frauen, ohne 40 oder 43,5 Stunden arbeiten zu müssen.

> Mehr Fachkräftepotenzial unter den Millionen erwerbstätigen Frauen, die in Teilzeit arbeiten müssen, obwohl sie gerne mehr arbeiten würden.

Mehr Freizeit durch die 4-Tage-Woche ist nicht nur ein privates Thema, sondern auch gesellschaftlich von größter Relevanz. Genauso wie mehr Freizeit, die ehrenamtlich in Vereinen eingebracht und der Gesellschaft gespendet wird.

## DEMOKRATIE BRAUCHT FREIE ZEITEN

In Deutschland gibt es 580.000 Vereine, 90.000 davon sind Sportvereine. Übrigens: Die meistbetriebenen Sportarten sind Schwimmen und Radsport, Fußball kommt erst auf Platz 8.[84] Sport zu betreiben braucht Freizeit. Training auch.

> Sportlerinnen und Sportler im Ehrenamt zu trainieren, braucht Zeit. Sehr viel Freizeit.

Die ZEIT berichtet 2019 über die Mitglieder in Sportvereinen: „Studien haben die monatliche Arbeitsleistung errechnet, bei Fußballvereinen liegt sie bei 23 Stunden. Schätzungen zufolge arbeiten Ehrenamtlerinnen und Ehrenamtler in Sportvereinen bundesweit zwei Millionen Stunden im Monat." Daraus resultiert eine monatliche Wertschöpfung von rund 30 Millionen Euro.[85]

Matthias Feller ist einer von 20 Mitarbeitern der GOEKELER Messtechnik GmbH und arbeitet 34 Stunden Vollzeit – und freitags als ehrenamtlicher Trainer. Irgendwann fiel seinen Jungs positiv auf, dass ihr Trainer viel entspannter zum Training kam als früher. Pünktlich war er immer, doch häufig war er sehr gestresst, weil er direkt von der Arbeit zu ihnen hetzen musste. Als klar war, dass seine Entspannung keine Eintagsfliege ist, fragten sie ihn, wie es zu der Veränderung kam. Seine Antwort überraschte sie: „Weil ich freitags nicht arbeite. Da habe ich jetzt immer frei."

Timo Gökeler, sein Chef und der geschäftsführende Gesellschafter der Firma, die in Oberlenningen südöstlich von Stuttgart beheimatet ist, ist Fan der 4-Tage-Woche. „Wir machen das schon seit 2020, und es rockt", sagt er.[86] „Wir haben es inzwischen geschafft, Prozesse so zu verschlanken, dass wir dafür weniger Arbeitszeit benötigen." Die gewonnene Zeit zu nutzen, indem er seinen Mitarbeitern mehr Arbeit obendrauf packt, kam für ihn nicht infrage. Ganz bewusst will er den Stress und die Arbeitsbelastung seiner Mitarbeiter reduzieren. „Sonst sind sie irgendwann ausgebrannt."[87] Die gewonnene Zeit gibt Gökeler mit voller Überzeugung zurück an sein Team: Vollzeit bedeutet nun 34 Stunden Arbeitszeit an 4 Tagen bei vollem Lohn. Wer will, kann mittags mit den Kindern zuhause essen. Das ist Lebenszeit und Lebensqualität.

Die 3-Tage-Freizeit ist für ihn einer der Bausteine für einen angenehmen Arbeitsplatz. Mit dem modernen Neubau der Firma sorgt er für Raumqualität. Der Erfolg aller Maßnahmen zusammen ist höher als er erwartet hatte. Zum Beispiel liegt die Krankheitsquote im Unternehmen bei 0,5 %.[88] GOEKELER Messtechnik ist weltweit einer der Top Drei in seiner Branche. „Wir sind heute auch in den USA, Japan und China bekannt", sagt Gökeler.[89] Der Erfolg im Weltmarkt geht Hand in Hand mit dem Engagement vor Ort: „Unsere Mitarbeiter sind Teil dieser Gesellschaft, Teil des Ehrenamtes. Darauf sind wir stolz. Wir geben ein Stück zurück – das ist unsere Philosophie."[90]

Ehrenamt ist beliebt. Und ohne Ehrenamt geht es nicht. Vereine brauchen Menschen mit Zeit. Ich war selbst fast 20 Jahre ehrenamtlich aktiv und habe in meiner Freizeit Jugendarbeit gestaltet und junge Menschen mit Zeit und Aufmerksamkeit begleitet. Das war bei mir einige Jahre lang sogar im Umfang mehr Zeit als ein Vollzeitjob. Ich weiß, wie viel Zeit Engagement braucht.

> Die meisten Bürgermeisterinnen und Bürgermeister in Deutschland arbeiten ehrenamtlich: „Von den mehr als 11.470 Bürgermeistern in Deutschland sind lediglich

etwa 3.440 hauptamtlich tätig – dafür engagieren sich mehr als 8.030 ehrenamtlich als Bürgermeister."[91] Wer wusste das? Der Einsatz für die eigene Gemeinde braucht sehr viel Engagement, Motivation und Freizeit. Danke!

In den „Wir schaffen das"-Jahren seit 2015 haben 55 % der Bevölkerung ab 16 Jahren geflüchtete Menschen in Deutschland unterstützt.[92] Die absolute Mehrheit aller Deutschen hat sich aktiv für die Integration und Vielfalt im Land engagiert. Danke!

Die Altersgruppe mit den meisten ehrenamtlich Engagierten sind – TROMMELWIRBEL – die 16- bis 25-Jährigen. Gute 74 % von ihnen sind in Vereinen, Verbänden, Gewerkschaften und Kirchen aktiv – sie wollen Verantwortung übernehmen. Ehrenamt ist bei jungen Menschen beliebter denn je.[93] Danke!

---

Junge Menschen beweisen, dass sie arbeiten können und wollen.

---

Und jetzt kommen genau diese jungen, engagierten Menschen und wollen weniger Zeit in Unternehmen arbeiten. Ist das nicht unverschämt? Und wie passt diese Aussage zu dem hohen Grad an freiwilligem Engagement?

## UNVERSCHÄMT ODER PROVOKANT?

Eine repräsentative Umfrage, die 2022 vom Meinungsforschungsunternehmen Civey im Auftrag des Watson-Magazins durchgeführt wurde, kommt zum Ergebnis, dass rund ein Drittel der 18- bis 29-Jährigen viel arbeiten und mehr Geld verdienen will. Für 42 % in dieser Altersgruppe ist es wichtig, weniger zu arbeiten und dafür mehr Freizeit zu haben.[94] Ist das unverschämt, faul, dem Untergang geweiht?

Grit Pauling ist General Managerin im 25hours-Hotel in Köln. Sie beklagt den schlechten Ruf der Branche. „12 bis 14 Stunden in der Hotellerie und Gastronomie durchzuackern, ist nicht mehr salonfähig. Das ändert sich zum Glück. Endlich machen jüngere Menschen das nicht mehr mit."[95]

Teresa Bücker, Autorin des Bestsellers „Alle Zeit", sagt: „Die Jüngeren treffen einen wunden Punkt: Diese Generation traut sich, anders zu leben. Sie will ihre Werte leben. Es ist bizarr. Wir leben in einem dauerhaften Wertekonflikt. Die jüngeren Menschen lösen das auf. Sie wollen nach ihren Werten leben, authentischer – und darin liegt auch eine Provokation. Einige ältere Menschen reagieren darauf mit Skepsis, weil sie ihr eigenes Lebensmodell verteidigen müssen."[96]

Bizarr ist auch, dass häufig eine schlechte Absicht unterstellt wird, wenn 3-Tage-Freizeit gewünscht wird. Was wäre, wenn Menschen sich mit mehr Freizeit noch mehr ehrenamtlich engagieren? 74 % der 16- bis 25-Jährigen machen es ja bereits und leisten wichtige Arbeit – unbezahlt und gesellschaftlich relevant. Das ist auch wertvolle Arbeit. Worin liegt also die Provokation, wenn Menschen sich mehr Freizeit wünschen? Ist es etwa provokant, das Leben lebenswert zu gestalten?

„In vier Tagen wird einfach Vollgas gegeben. Man hat danach drei Tage für Freizeit, Sport, Familie und viele andere Dinge, die das Leben lebenswert machen. Es sollte ein gesunder Ausgleich gegeben sein, um Spaß in der Arbeit und somit am Leben zu haben." Das schreibt Christoph Goll von der „Schneiderei", einem Friseursalon in Leonding bei Linz: „Wir haben die 4-Tage-Woche jetzt seit Anfang 2022. Der Teamgeist ist super stark. Absolut hervorheben kann ich, dass sich die Arbeitseinstellung stark verbessert hat, und die Krankenstände sind in diesem Jahr gesunken. Auch unsere Kunden sind von unseren neuen Öffnungszeiten begeistert: Dienstag bis Freitag von 9:00 – 20:00 Uhr."[97] Mehr Freizeit verbessert also nebenbei auch das Arbeitsklima, die Arbeitseinstellung und den Teamgeist. Worin liegt also die Provokation der unverschämten Freizeit-Wünsche?

„Wir wollen die Zufriedenheit unserer Mitarbeiterinnen und Mitarbeiter durch mehr Freizeit steigern", schreibt das Team von Rolladen Kutsch aus Aachen auf Instagram. Das Unternehmen hat verstanden, dass Freizeit attraktiv ist und führt die 4-Tage-Woche gerade neu ein: „Wir erhoffen uns, neue Anreize zu schaffen, gleiche Bezahlung und Urlaubstage bei weniger Arbeit, Feierabend, wenn Arbeit für den Tag erledigt ist. Alle waren von der Idee begeistert. Bei uns starten alle 17 Mitarbeiter und Mitarbeiterinnen, sowohl das Büro als auch die Montage. Natürlich hoffen wir aufgrund des akuten Fachkräftemangels, unser Team an uns zu binden und uns von anderen abzuheben."[98] Klingt das Angebot, Zufriedenheit durch mehr Freizeit zu steigern, vernünftig oder unverschämt? Nimmt die Firma Heinrich Kutsch GmbH damit nicht einfach ihre Angestellten ernst? Oder ist es eine freche Provokation gegenüber all den Unternehmen, die die Arbeitszeiten nicht ändern?

Auch Markus Lakenbrink nimmt den Freizeit-Wunsch ernst: „Schließlich ist die Freizeitgestaltung ein wichtiger Faktor für Berufstätige. Auch die Erholung in einer immer stressigeren Welt ist immens wichtig – so versuchen wir Gefahren wie zum Beispiel Überlastungen oder Burnout zu vermeiden." Er ist Geschäftsführer im Handwerksbetrieb Helmut Lakenbrink & Sohn Nachf. GmbH in Bottrop. Fortan haben die Angestellten drei statt zwei Tage Wochenende und können sich somit mehr erholen, um motivierter und produktiver in die neue Arbeitswoche zu starten. Der zweite Geschäftsführer Sebastian Vermöhlen ergänzt: „Wir haben ein tolles, motiviertes Team zusammen und wollen mit allen noch viele Jahre gemeinsam an einem Strang ziehen."[99]

> Mehr Freizeit anzubieten, damit das Team motiviert und produktiv an einem Strang zieht, klingt nach einem guten Plan.

Der mittelständische Maschinenbauer Wenzel Group GmbH aus Wiesthal im bayrischen Spessart hat die 4-Tage-Woche in der Produktion eingeführt. Wie in vielen Familienunternehmen stehen die Wünsche der Mitarbeitenden im Fokus. „Es bleibt mehr Zeit für eigene Interessen, die Familie und Freundschaften. Für uns ist das neue Arbeitszeitmodell auch eine tolle Möglichkeit, als attraktiver Arbeitgeber zu punkten, ein klarer Vorteil im Wettbewerb um die besten Talente am Arbeitsmarkt. Innovativ ist das Modell, da die Motivation und die Zufriedenheit unserer Mitarbeiter für uns wichtiger ist als die Auslastung der zum Teil sehr kapitalintensiven Maschinen", betont Geschäftsführerin Dr. Heike Wenzel.[100]

Für die Firmen Wenzel Group, Helmut Lakenbrink & Sohn, Schneiderei und Rolladen Kutsch lohnt sich das Eingehen auf Wünsche und Bedürfnisse der Menschen im Unternehmen. Die neuen Arbeitszeiten verbessern Arbeitsklima, Arbeitseinstellung, Teamgeist und Zufriedenheit. Gesundheitsförderndes Verhalten wie gesundes Kochen, Sport, Bewegung und Ehrenamt bekommen mehr Zeit. Das ist auch gut für die Leistungsfähigkeit, die diese Unternehmen zurückbekommen. Erfrischte Menschen tun sich, Firmen und der Gesellschaft gut.

> Erholte Menschen arbeiten kreativer und produktiver durch längeres Regenerieren. Das klingt unverschämt sinnvoll! Warum ist uns diese Provokation nicht schon viel früher eingefallen?

Wie wirkt sich die 4-Tage-Woche nun konkret auf die Gesundheit aus? Was zeigen die Erfahrungen?

# 3
# GESUNDHEIT AUSBRENNEN ODER AUFBLÜHEN?

Deutschland ist das Land der Überstunden. 2021 machten die Arbeitnehmenden in Deutschland rund 818 Millionen bezahlte und circa 893 Millionen unbezahlte Überstunden.[101] „Für 9 von 10 Deutschen gehören Überstunden zum Alltag. Noch problematischer ist jedoch, dass immer mehr Bundesbürger den Druck verspüren, diese Mehrarbeit leisten zu müssen."[102] Das schlägt sich nicht nur aufs Gemüt nieder, sondern auch auf die Krankenstatistik.

> „Je nach Befragung klagen 50 bis 80 Prozent der Menschen in Vollzeit-Jobs über eine erhöhte negative Stressbelastung", berichtet Persoblogger Stefan Scheller.[103]

> Beschäftigte klagen häufiger über Stress und psychische Belastungen im Arbeitsumfeld.[104]

> Psychische Erkrankungen sind die häufigste Ursache für eine frühzeitige Rente.[105]

> Im Dezember 2022 wurde in Bayern der höchste Krankenstand seit 20 Jahren gemessen.[106]

Stress macht krank. Das *Moment Magazin* aus Wien fasst zusammen: „Die deutsche Bundesanstalt für Arbeitsschutz und Arbeitsmedizin beobachtete einen deutlichen Anstieg des Grundrisikos für gesundheitliche Beeinträchtigungen zwischen 50 % bis 100 % mit zunehmender Arbeitsdauer über 35 Stunden pro Woche. Wenn die Arbeit zu viel ist, macht sie einen fertig, und wenn wir überlastet sind, leidet auch die Qualität."

Schon im Jahr 2005 kam eine Langzeitstudie unter 11.000 US-Amerikanern zu dem gleichen Schluss: Stress und Müdigkeit durch lange Arbeitszeiten erhöhen das Risiko zu erkranken und zu verunfallen."[107]

Die Autorin und Zeit-Expertin Teresa Bücker sieht das so: „Wir sehen viele Krankschreibungen, gerade im mittleren Lebensalter. Menschen fehlen in ihren Jobs, weil sie gesundheitlich belastet sind – auch durch die Arbeit. Eine alternde Gesellschaft mit Fachkräftemangel muss sich noch stärker die Frage nach guten Arbeitsbedingungen stellen. Das geht über die Arbeitszeit hinaus. Aber Überstunden sind definitiv keine Antwort auf den Fachkräftemangel."[108] Und sie ergänzt: „Wir leben im Widerspruch zu unseren Werten." Welchen Widerspruch meint sie? Die meisten Menschen sagen, Gesundheit und der Freundeskreis seien ihnen das Wichtigste – auch wichtiger als Erfolg im Beruf. Wenn Menschen dann aber krank sind, schleppen sie sich eher krank ins Büro und sagen private Verabredungen wegen Krankheit ab. Was steckt dahinter?

## SCHLAF GEGEN BURNOUT

„Nach wie vor beobachten wir in Deutschland und anderen westlichen Ländern eine ausgeprägte protestantische Arbeitsethik: Menschen sind weiter stark identifiziert mit ihrem Beruf. Gleichzeitig sehen wir aber, dass sich Arbeit in den letzten Jahren und Jahrzehnten intensiviert hat. Daraus resultieren mehr Zeitdruck, steigende Belastung und sinkende Zufriedenheit. Statistiken der Krankenkassen zeigen: Die Zahl psychischer Erkrankungen aufgrund von Arbeitsstress hat sich deutlich erhöht und führt nicht selten zum Burnout", sagt Hannes Zacher, Professor an der Universität Leipzig.[109]

Ein totaler Erschöpfungszustand, Burnout genannt, äußert sich in starkem Leistungsabfall. „Zum Beispiel ist man im Supermarkt und weiß nicht mehr, wo was liegt oder was genau eingekauft werden soll. Oder dass im Job eine Aufgabe, die sonst in zehn Minuten erledigt ist, eine ganze Stunde dauert. Menschen, die an einem Burnout leiden, erleben einen Zustand starker emotionaler und körperlicher Erschöpfung. Schätzungen zufolge sind bis zu 13 Millionen Arbeitnehmer in Deutschland von einem Burnout betroffen."[110] Betroffene können eines Morgens aufwachen und buchstäblich nicht mehr aus dem Bett kommen. Entscheidungen werden schwierig, und es kann lange dauern, zu alter Leistungsfähigkeit zurückzufinden – wenn überhaupt. Als Ursache wird häufig persönlicher und beruflicher Stress genannt. Forschungserkenntnisse zeigen eine andere mögliche Ursache, die mit beruflichen Sorgen zusammenhängen kann. Aber Stress an sich ist demnach nicht automatisch schädlich. Torbjörn Akerstedt vom schwedischen Karolinska-Institut fasst seine Studien zusammen: Menschen können unter hoher Stressbelastung gut leben.[111] Dazu brauchen sie gesunden Schlaf. Können Menschen gut schlafen, führt Stress nicht zum Burnout, sondern wird ausgeglichen.

Der Schlafforscher Hans Günter Weeß stellt fest: „Erst wenn der Schlaf gestört wird, kommt es zum Burnout-Syndrom."[112] Die von ihm untersuchten Menschen mit Burnout schliefen nachts nur vier bis fünf Stunden, ihr Tiefschlaf-Anteil lag 40 Prozent niedriger als bei gesunden Menschen. Wer genug Tiefschlaf bekommt, kann in der Regel mit Stress umgehen. Das gesellschaftliche Problem ist, dass „Schlaf durch unsere 24-Stunden-Gesellschaft stetig zurückgedrängt wird", sagt Weeß. „Die Bedeutung des Schlafs wird in der Nonstop-Gesellschaft unterschätzt."

Unser Körper braucht die Ruhe, damit das Gehirn und alle Organe entspannen und sich regenerieren können. Menschen haben eine Müllabfuhr im Gehirn. Jeden Tag sammeln sich dort schädliche Stoffe, die auf Dauer sowohl das Denken als auch das Gedächtnis einschränken. Im Tiefschlaf vergrößern sich die Zwischenräume in den Gehirnzellen, das Hirnwasser fließt hindurch und spült den Müll weg. Diese Entsorgung der Abfallstoffe im Gehirn wurde 2013 entdeckt und Glymphatisches System genannt.[113] Wenn die Müllabfuhr im Gehirn nicht kommt, sinken die Leistungen der Menschen und sie werden krank. Auch Demenz und Alzheimer können möglicherweise damit zusammenhängen. Gesunder Schlaf und Erholung sind also kein Luxus.

---

Schlafen zählt zu den produktivsten Dingen, die man zur Steigerung seiner Leistungsfähigkeit tun kann.

---

„Sportler werden nicht während einer Trainingseinheit besser, sondern danach – auch und vor allem im Schlaf."[114] Auch bei Politikern und Politikerinnen sowie Musikerinnen und Musikern gehört ein guter Schlaf zu den wichtigsten Einflüssen für gute Leistungen.[115] Bill Clinton, 1993 bis 2001 Präsident der USA, sagte über Schlafmangel: „Jeden bedeutsamen Fehler in meinem Leben habe ich gemacht, wenn ich übermüdet war."[116]

Auch ein Mittagsschlaf wirkt sich positiv auf Leistungen aus.[117] Obwohl klar ist, dass zu wenig Schlaf zu schlechteren Leistungen führt und krank macht, zelebrieren manche Menschen sogar Erschöpfung und Schlafmangel. Die Eltern einer Freundin sagten zu ihr: „Wer nicht erschöpft ist, hat nicht genug gearbeitet." Schlafmangel und fehlende Zeiten zur Erholung sind teuer. Der US-amerikanische Think Tank Rand-Corporation schätzt den Schaden durch Schlafentzug in Deutschland auf 60 Milliarden US-Dollar pro Jahr, in Japan auf 138 Milliarden und in den USA auf 411 Milliarden.[118] Auch die Fahrt zur Arbeit fördert den Schlafmangel, denn die Zahl der Menschen, die täglich 25 Kilometer und mehr zur Arbeit fahren, ist deutlich höher als vor 20 Jahren.[119] Zeit im Auto fehlt zur Entspannung.

Was sagt die Arbeits- und Organisationspsychologie zu drei Tagen Freizeit? Eine „4-Tage-Woche kann Burnout verhindern", sagt Hannes Zacher, Professor an der Universität Leipzig, und führt aus: „Studien zeigen, dass mit der 4-Tage-Woche mehr Gesundheit, höheres Wohlbefinden und bessere Arbeitsleistungen möglich sind. Durchschnittlich arbeitet man in Deutschland pro Woche noch immer 40 Stunden, obwohl man das Erforderliche oft in weniger Zeit schaffen würde. Für die Lebensökonomie und die Gesundheit ist das nicht gut."[120]

---

Fehlender Schlaf schadet der Gesundheit und kostet uns Lebensqualität.

## WENIGER IST MEHR

Warum legt der Gesetzgeber nicht einfach fest, dass Menschen weniger arbeiten, damit sie besser schlafen, weniger unter Burnout leiden und ihre Gesundheit stärken? Das wäre auch für Staat und Krankenkassen günstiger. Doch für diesen Weg gibt es keinen politischen Konsens. Ganz im Gegenteil: Regelmäßig fordern einige Politiker und Verbände, die Wochenarbeitszeit und das Rentenalter gesetzlich zu erhöhen. So sollen die Kassen aufgefüllt und der Fachkräfte- und Personalmangel behoben werden. Genauso gut könntest du in einem Auto, das mit angezogener Handbremse fährt, besonders kräftig aufs Gaspedal treten. Der Motor läuft heiß, doch schneller wirst du nicht. Längere Arbeitszeiten gegen Fachkräftemangel treiben den Krankenstand weiter nach oben. Gewonnen wird so gar nichts außer steigender Überforderung.

Vor längeren Arbeitszeiten warnen Eike Windscheid, Arbeitssoziologe und die Arbeitszeitforscherin Yvonne Lott in ihrer Metastudie über Medizin und Arbeitswissenschaft: „Die vermeintlich simple Gleichung: ‚Längere Arbeitszeiten sorgen für höhere wirtschaftliche Leistung und mehr Geld in den Sozialkassen' funktioniert so nicht."[121] Noch nicht einmal die erwarteten kurzfristigen Effekte stellen sich ein, denn lange Arbeitszeiten führen zu Erschöpfung, Fehleranfälligkeit und sogar einer erhöhten Anzahl an Unfällen. „Die Befunde zeigen die fatale Wirkung einer generellen Verlängerung von Arbeitszeiten nicht nur für Beschäftigte und Betriebe, sondern auch für Sozialversicherungen auf", fassen Windscheid und Lott zusammen."[122] Damit ist klar: Längere Arbeitszeiten sind kontraproduktiv!

Studienergebnisse der Universität Erfurt zur 4-Tage-Woche[123] zeigen, dass sich die Vereinbarkeit von Familie und Beruf von 54 auf 78 % verbesserte und dass das Stresslevel von 45 auf 38 % sank.[124] Drei Tage Freizeit sind also ein wichtiger Schlüssel zur Verbesserung der Gesundheit. Beschäftigte mit klaren Zeiten der Erholung sind ausgeruhter, motivierter und fehlen seltener; sie haben weniger Rückenschmerzen und Herzbeschwerden.[125] Typische

Beschwerden wie Rücken- und Kopfschmerzen treten bei Angestellten in einer 4-Tage-Woche seltener auf.[126] Bereits 4 Stunden weniger Arbeit bei gleicher Bezahlung führten zu einem messbaren Rückgang von Rauchen und Übergewicht bei den Beschäftigten.[127]

Aktuell liegt die Entscheidung, die Arbeitszeit zu reduzieren, um positiv für die eigene Gesundheit zu sorgen, privat bei jedem einzeln. Diese individuelle Lösung heißt: Teilzeit. Und Teilzeit bedeutet weniger Einkommen und weniger Rente. Verantwortliche Gesundheitsprävention wird bestraft. Dem Einzelnen geht es gesundheitlich besser und Krankenkassen werden entlastet. Doch der privat bezahlte Preis dafür sind niedrigere Einkommen und Renten.

---
Teilzeit kann privat eine sinnvolle Lösung sein,
doch gesellschaftlich ist sie eine Sackgasse.

---

Das dahinterliegende Problem wird nicht gelöst, im Gegenteil: Langfristig führt Teilzeit zu mehr Problemen. Was wäre, wenn wir die aktuelle Lage umdrehen?

> Die Gesundheit aller Erwerbstätigen wird konsequent durch neue Gesetze geschützt, die allgemeine Vollzeit-Arbeitszeit wird gesenkt. So werden gesetzliche Rahmenbedingungen für Erholung geschaffen. Menschen und Krankenkassen werden entlastet. Mittel- und langfristig steigt die Entlastung sogar, wenn Erwerbstätige im Arbeitsleben mehr schlafen und gesünder bleiben. Die neue, kürzere Vollzeit-Arbeitszeit mit – TROMMELWIRBEL – einem Vollzeit-Gehalt lässt Menschen genug Zeit zur Erholung und Ruhe für gesunden Schlaf.

> Die Entscheidung, mehr zu arbeiten, bleibt dem Einzelnen überlassen. Privat kann jeder Mensch entscheiden, mehr als die neue Vollzeit-Arbeitszeit zu arbeiten. Wer gut schläft

und mit arbeitsbedingtem Stress gut umgehen kann, wird nicht eingeschränkt und arbeitet so viel und so lange, wie die Person selbst will.

Damit würde die Allgemeinheit geschützt, und privat wäre jeder Mensch frei, so viel zu arbeiten, wie gewünscht. Das Risiko, arbeitsbedingt zu erkranken, würde für alle reduziert.

> Wer mehr arbeiten will und kann, bekommt das neue ‚Vollzeit-Plus' angeboten.

Teilzeit wird abgeschafft, denn der neue Vollzeit-Standard ist so flexibel gestaltet, dass die Mehrheit in unterschiedlichen Vollzeitmodellen arbeitet. Eine Fülle diverser Arbeitszeitmodelle findest du im nächsten Kapitel.

Verbinden wir die Vorschläge aus dem 2. und 3. Kapitel für gesunde Menschen und Geschlechter-Gerechtigkeit, so wird eine runde Sache aus der neuen Verteilung:

> Auf garantierte Ruhe und Erholung ist zu achten. Gesundheit wird Priorität Nr. 1.

> Um die Gesundheit aller Erwerbstätigen konsequent zu schützen, wird die allgemeine Vollzeit-Arbeitszeit gesetzlich gesenkt.

> Die neuen Vollzeitstellen mit reduzierter Wochenarbeitszeit können flexibel gestaltet werden, je nach Möglichkeiten der Beschäftigten und den betrieblichen Abläufen.

> Teilzeit-Stellen, Teilzeit-Löhne und Teilzeit-Renten werden abgeschafft.

Frauen und Männer arbeiten gleichberechtigt mit Vollzeit-Bezahlung in Vollzeitstellen mit weniger Wochenstunden als bisher. Alle Bullshit-Anteile in Jobs werden gestrichen. Das setzt genug Zeitreserven frei.

Jeder Mensch kann entscheiden, mehr als Vollzeit zu arbeiten und mit seinem Arbeitgeber über das neue „Vollzeit-Plus" verhandeln.

Männer und Frauen verteilen Care-Arbeit mit Senioren und Kindern gerecht untereinander.

Was spricht dagegen? Was spricht dafür?

## MESSBAR WENIGER KRANKHEITSTAGE

Was berichten die vielen 4-Tage-Vorreiter-Betriebe, die bereits 3 Tage für Erholung bieten, über die Gesundheit ihrer Angestellten?

Die gesteigerte Erholung durch die längeren Wochenenden ist in der Firma ETH Elektrotechnik Hacker & Hammerschmid GmbH messbar, berichtet Mitarbeiter Simon Bausewein: 2022 gab es unter den vierzehn Angestellten keinen einzigen Krankentag.[128] Den größten Vorteil für die Firma sieht er in der gesteigerten Motivation und Freude bei der Arbeit. Die Kollegen sind besser gelaunt als früher, und sie bringen sich mehr ein. Die gute Stimmung macht die Arbeit für alle angenehmer.[129]

Der Krankenstand in der GOEKELER Messtechnik GmbH südöstlich von Stuttgart liegt bei 0,5 %. 2020 wurde dort die 4-Tage-Woche mit 34 Wochenstunden Arbeitszeit eingeführt.

Thomas Meyer, Gründer des Wiener Büros für Interaktion berichtet: „Die Leute sind fitter und sie sind glücklicher. Das lässt sich sehen und auch in Zahlen messen. Wir haben de facto kaum Krankenstände."[130]

Besonders unter Köchen ist der Krankenstand seit Einführung der 4-Tage-Woche im 25hours Hotel in Köln stark gesunken, freut sich die General Managerin Grit Pauling.[131]

Auch die Firma Bauelemente Meier GmbH & Co. KG in der Oberpfalz hat 4 Arbeitstage eingeführt. „Der Übergang verlief reibungslos, führte zu erholten Mitarbeiterinnen und Mitarbeitern und weniger Krankmeldungen."[132]

Beim Sanitärhandwerksbetrieb Schmauser, gelegen zwischen Nürnberg und Ingolstadt, gingen die Krankheitstage nach dem Start der 4-Tage-Woche gegen null, die Motivation dafür nach oben, berichtet die WirtschaftsWoche.[133]

Beim Maschinenbaubetrieb Wenzel Group hat sich der Krankenstand seit Einführung der 4-Tage-Woche halbiert. „Das ist phänomenal gut", findet Personalleiter Daniel Eisler, dessen Erwartungen deutlich übertroffen wurden. „Den Leuten merkt man es an – sie sind viel entspannter!", erzählt der Betriebsratsvorsitzender Heiko Reinosch. „Wenn man Haus und Familie hat, ist man froh um jede Extrastunde, die man hat. Und an einem verlängerten Wochenende kann man wirklich runterkommen."[134]

Diese positiven Effekte einer verkürzten Arbeitszeit auf die Gesundheit der Mitarbeiter lassen sich auch weltweit verfolgen – mehr dazu im 10. Kapitel ‚Experimente'. Hier nur drei Beispiele:

In der Melbourner Softwarefirma Our Community wurde seit Einführung der 4-Tage-Woche die Zahl der Krankentage um 36,5 % reduziert.[135]

Eine im Juni 2021 veröffentlichte Studie aus Island zeigt, dass Beschäftigte mit verkürzter Arbeitszeit weniger bei der Arbeit fehlen, weil mehr Zeit zur Regeneration bleibt. Typische Stressbeschwerden wie Rücken- oder Kopfschmerzen treten seltener auf.[136] Die Produktivität in Island blieb gleich oder wurde sogar gesteigert.[137]

In einer 2022 durchgeführten Studie mit 33 Unternehmen und knapp 1.000 Mitarbeitenden wurde von Forschungsteams aus Boston, Cambridge und Dublin gemessen, dass zwei Drittel der Angestellten weniger ausgebrannt waren, die Burnout-Rate sank von 2,74 auf 2,30 Prozent.[138]

## WENIGER STRESS – WENIGER FEHLER

„Seit wir die Viertagewoche in Hamburg eingeführt haben, haben wir insgesamt zufriedenere Mitarbeiter, weniger Krankheitstage, mehr Stabilität im Team", sagt Bernfried Rose, Partner in der Wirtschafts- und Steuerkanzlei Rose & Partner. Die reduzierte Arbeitszeit wird für die Mandanten zum Qualitätsmerkmal: „Wer jeden Tag bis spät in die Nacht arbeitet, macht auch mehr Fehler – und die können in unserer Branche richtig teuer werden."[139]

Auch für Nadim Bhatti von der Kieler bhatti.pro Steuerberatungsgesellschaft mbH gilt:

---

Gesundheit schützt vor Fehlern und gibt damit den Kunden mehr Sicherheit.

---

Die erschöpfenden Jahre 2020 und 2021 verlangten seinem Team Höchstleistungen ab. „Die Mitarbeiter gingen zwei Jahre lang auf dem Zahnfleisch in unserer Steuerkanzlei", sagt Bhatti. „Zwei Jahre kamen ständig Änderungen und neue Aufgaben dazu, das Kurzarbeitergeld, das Überbrückungsgeld und permanent ein hoher Digitalisierungsdruck."[140]

Über die 4-Tage-Woche hatte Bhatti von anderen Betrieben gehört – und im Radio. Im November 2022 war dieses Thema täglich im Radio Schleswig-Holstein zu hören, erzählt er. Auch von einigen Mitarbeitern kam die Anregung für drei Tage Freizeit. Bhatti befragte alle 75 Mitarbeiterinnen und Mitarbeiter: „Was wollt ihr verändern? Wie können wir euch entlasten?" Die Reaktionen auf die Idee der 4-Tage-Woche waren im Team sehr durchmischt. Manche waren begeistert. Manche schockiert. Im Raum standen viele Fragen: Wie soll ich meine Arbeit schaffen? Habe ich dann nicht noch mehr Arbeit in weniger Zeit? Bekommen wir echte Erholung oder nur noch mehr Stress? Dann wäre genau das Gegenteil erreicht. Andere im Team meinten, die Kunden würden es nicht akzeptieren, wenn die Steuerberatung freitags zumacht. Und dann gab es diejenigen, die lieber mehr Gehalt bei gleicher Arbeitszeit statt gleichem Gehalt für reduzierte Arbeitszeit haben wollten.

All diese Stimmen im Team wurden ernst genommen. Nach zwei Monaten Vorbereitung und Planung stand die Lösung fest:

> Die 40 Wochenarbeitsstunden werden auf 36 Stunden reduziert, im Normalfall in der Woche verteilt auf 9 Arbeitsstunden an 4 Tagen.
>
> Wer lieber auch freitags arbeitet, kann das tun.
>
> Teilzeitkräfte können die Arbeitszeit ebenfalls um 10 % reduzieren, wahlweise bekommen sie 10 % mehr Gehalt.

Wer mehr Geld verdienen will und Überstunden macht, bekommt diese bezahlt. Dafür wurde ein Limit eingeführt bei 20 Stunden pro Monat.

Anfang 2023 änderte das Steuerbüro mit Einführung der 4-Tage-Woche die Spielregeln, nun ist mehr Erholung Trumpf für Gesundheit und Krankheitsprävention.

Und die Mandanten? Spielen sie das Spiel mit? „Wer kaputt ist, macht eher Fehler. Und Fehler sind immer teuer", sagt Nadim Bhatti.[141] Tatsächlich stehen bereits viele neue Kunden Schlange. Da das bestehende Team ausgelastet ist, braucht das Steuerbüro mehr Mitarbeiter und Mitarbeiterinnen. Auch hier hilft die 4-Tage-Woche. Schon vor dem Start der 4-Tage-Woche erlebte Nadim Bhatti die positive Wirkung auf potenzielle Bewerber: Im Oktober 2022 entschied sich ein Bewerber aufgrund der angebotenen 4-Tage-Woche unter mehreren Arbeitgebern für bhatti.pro. Die Aussicht auf mehr Erholung und mehr Gesundheit zahlt sich mehrfach aus, Fachkräfte-Reichtum beginnt zu wachsen.

## MENTALE GESUNDHEIT VOR GEWINN

In der Schweizer Wirtschaft haben 2022 die Arbeitsausfälle wegen psychischer Erkrankungen ein Rekordhoch erreicht. Die Zunahme beträgt zwischen 15 und 20 % im Vergleich zu 2021. Die Auswertung basiert auf Daten von rund 250.000 Angestellten aus 6.000 Unternehmen. In der Folge gibt es auch einen deutlichen Anstieg von Arbeitsunfähigkeit aufgrund psychischer Krankheiten.[142]

„Eine Reduzierung der Arbeitszeit kann die mentale Gesundheit verbessern und das Stressempfinden verringern. Das bedeutet auch für Arbeitgeber weniger Fehltage ihrer Beschäftigten", sagt Dieter Zapf, Professor für Arbeitspsychologie an der Universität Frankfurt/Main. Vor allem, wenn die

Wochenarbeitszeit die 40 Stunden überschreite, könne das massive gesundheitliche Auswirkungen haben. Mit in die Rechnung einbezogen werden müsse, dass auch der Weg zur Arbeit oftmals bis zu einer Stunde dauere. Es geht also nicht nur um die täglichen acht Stunden, sondern einschließlich Wegezeit oft um zehn bis zwölf Stunden, sagt der Arbeitspsychologe."[143]

Rocco Funkes Motto lautet „Mentale Gesundheit vor Umsatz und Gewinn!" So wirbt er auf seiner Website.[144] Vorteile für Angestellte und Unternehmen sieht er in der Reduzierung hoher Krankenstände. Jedes Teammitglied hat einen freien Tag mehr, um mehr Sport zu treiben, Behördengänge zu erledigen, die Familie zu sehen oder einfach zur Entspannung.

Mehr muss man über die 4-Tage-Woche nicht wissen, um sie im Betrieb umsetzen zu wollen. Und wenn sich deine Firma dagegen wehrt, dann such dir eine andere Firma. Nutze zur Suche den Hashtag #4tagewoche auf Instagram und LinkedIn, so findest du Firmen, die so ticken wie Rocco Funke.[145]

In der Nähe von Funkes Firmensitz in Hundeshagen gibt es einen weiteren 4-Tage-Betrieb, der mehr Freizeit und Gesundheit anbietet. Ganz dicht bei Brücken-Hackpfüffel am Südzipfel des Harzes liegt Sangerhausen. Dort steht das neue Firmengebäude von Gorgas und Leinetaler.[146] Mit 54 Angestellten gehören sie zu den am schnellsten wachsenden Handwerksbetrieben in Mitteldeutschland. Elf neue Mitarbeiterinnen und Mitarbeiter und sieben Auszubildende werden noch gesucht.[147] Um attraktiver zu werden, führt der Betrieb die 4-Tage-Woche ein.[148]

> „Meine Mitarbeiter werden so behandelt, wie ich selbst auch behandelt werden möchte."

Das sagt Christopher Edringer, Junior-Chef von Elektro Edringer.[149] Sein Handwerksbetrieb reduzierte die Arbeitszeit von 40 Stunden auf 38 Stunden mit vollem Gehalt. Ein ganzer Tag gewonnene Freizeit bringt auch dort viel Zufriedenheit. Edringer schafft ein Rundum-sorglos-Paket für sein Team.

Die Diensträder können auch privat genutzt werden und gehören zum Wohlfühlprogramm. Der Betrieb liegt nahe der Mosel, und die Gegend lädt zum Radfahren ein. Mehr Erholung an 3 Tagen und mehr Bewegung sind ein gutes Paket für mehr Gesundheit. Wie er die Firma neu organisiert hat, liest du im 8. Kapitel.

Mehr Bewegung und Gesundheit bringt auch die Nutzung von Lastenrädern im Handwerk. Das spart Energiekosten und steigert die persönliche Fitness, wie Schornsteinfeger Jörg Kilellus aus Rostock berichtet. Er fährt mit seinem Lastenrad durch den Kehrbezirk, reduziert seine Kosten gegenüber einem PKW, und nebenbei ist das Radfahren sein Fitnesstraining.[150] Seit 2017 nutzt der Berliner Schornsteinfegermeister Norbert Skrobek ein Lastenrad.[151] In Osnabrück fährt Malermeister Jürgen Vogelsang zu 80 % seiner Geschäftstermine mit dem Lastenrad. „Die frische Luft tut gut – und ich komme entspannter an als vorher", sagt er.[152] In 14 Monaten ist er 5.000 Kilometer zu Kunden und Baustellen auf seinem Elektro-Fahrrad gefahren. Nur bei Schnee und Eis oder großen Entfernungen fährt er im Auto.

Eine Studie des Deutschen Zentrums für Luft- und Raumfahrt zeigt, dass E-Lastenräder bis zu 23 % der Autofahrten von Handwerksbetrieben ersetzen könnten.[153] Bei einer Million Handwerksbetriebe in Deutschland mit 5,4 Millionen Beschäftigten[154] ergibt sich ein sechsstelliges Potenzial für Lastenräder.

> 51 % der innerstädtischen Lieferungen könnten per E-Lastenrad erledigt werden, berechnet eine britische Studie.[155]
>
> E-Lastenfahrräder sind bis zu 60 % schneller am Ziel.[156]
>
> In Dublin wurde sogar ein Sarg per Rad transportiert.[157]
>
> In Kornwestheim kommt die Stadtbücherei mit dem Lastenrad, und auch die Stadtverwaltung Dresden nutzt

seit Jahren Lastenräder für viele Aufgaben und entlastet den Verkehr.[158]

„DB Schenker arbeitet an komplett $CO_2$-neutralen Lieferketten. Mit XXL-Lastenrädern werden Pakete für DB Schenker ausgeliefert. Pro Rad bis zu 500 Kilogramm, täglich bis zu 4,8 Tonnen Fracht."[159]

Mehr Bewegung, mehr Freizeit, mehr Erholung und eine gesteigerte Arbeitszufriedenheit können die Gesundheit, die Arbeitswelt und die Lebensqualität massiv verbessern. Innerhalb der 4-Tage-Woche gibt es unzählige Arbeitszeitmodelle. Lass dich überraschen und inspirieren. Jetzt wird's konkret.

# 4. ARBEITSZEITEN – AUSWAHL AUS GROSSER VIELFALT

Es gibt Grabsteine, auf denen steht: „Arbeit war sein ganzes Leben". Muss das so sein? Es ist wie bei einer Cocktail-Karte. Bevorzugst du Bloody Mary, Frozen Strawberry Margarita oder alkoholfreie Mojitos? Du wählst den Cocktail, der dich anlacht. Es kann dein Lieblingsgetränk sein oder ein neuer Mix, der dich reizt. So ist das auch mit Arbeitgebern und Zeitmodellen. Was weckt dein Interesse?

> Der Cocktail 4-Tage-Woche lacht 71 bis 96% der Befragten an.

Da diese 71 bis 96% wählen können, ist klar, welches Modell die kommenden Jahre wachsen wird – vielleicht sogar den Markt dominieren. Welcher Beitrag wird auf LinkedIn, Instagram und TikTok eher gelesen? Einer mit #4tagewoche oder ein klassisches Angebot mit 5-Tage-Woche? Welches Job-Angebot fällt auf und wird angenommen? Sind 3-Tage-Freizeit lecker? Alle Umfragen sagen: Ja!

Arbeitszeiten sind wie Cocktails. Als Arbeitgeber bist du Barkeeper und mixt. Ob es lecker schmeckt, entscheiden andere. Die Vielfalt an Cocktails ist unbegrenzt, und es gibt auch bei Arbeitszeiten mehr Freiräume, als du denkst. Dieses Kapitel voller leckerer Rezepte ist das längste im Buch! Besonders lang ist auch Kapitel 11 zum neuen Fachkräfte-Reichtum, der – TROMELWIRBEL – durch neue Arbeitszeiten erreicht wird.

## DIE MACHT VON 100 JAHREN TRADITION

Woher kommt das Rezept zu 40 Stunden Arbeit? Warum gelten 5 Tage Arbeit als normal? Wer legt Normalität fest? „Einer der frühesten Verfechter der Arbeitszeitverkürzung war der britische Humanist Sir Thomas Morus. In seinem Werk Utopia von 1516 sprach er sich für einen 6-Stunden-Tag aus. Die garantierte Freizeit hatte Morus für die geistige Bildung vorgesehen, denn darin liegt das wahre Glück des Lebens."[160]

Doch es kommt ganz anders: „Ab Ende des 18. Jahrhunderts begann der Siegeszug dampfbetriebener Kraftmaschinen. Diese Maschinen rentierten sich nur, wenn sie arbeiteten. Stillstand brachte kein Geld. Und so kam es, dass diese Maschinen den Takt des Alltages vorgaben.", erzählt die Journalistin Katharina Grimm.[161]

80 Stunden waren die neue Spielregel in der Industriellen Revolution: „Nachdem um 1800 ungefähr 10 bis 12 Stunden pro Tag und etwa 60 bis 72 Stunden pro Woche gearbeitet wurde, waren es um 1820 etwa 11 bis 14 bzw. 66 bis 80 Stunden und um 1830 bis 1860 dann 14 bis 16 bzw. 80 bis 85 Stunden. Erst 1861 bis 1870 gab es eine Tendenz zum Rückgang der Arbeitszeit auf täglich 12 bis 14 und wöchentlich 78 Stunden."[162] „Die durchschnittliche Wochenarbeitszeit lag 1871 im Deutschen Kaiserreich bei rund 72 Wochenstunden. Der 10-Stunden-Tag wurde um 1900 eingeführt."[163]

In den USA stellte 1908 eine Mühle ihr System auf eine 5-Tage-Woche um. So wurde auch am Samstag nicht gearbeitet, da die jüdischen Angestellten samstags den Sabbat feiern wollten.[164] Im Januar 1914 schaltete Henry Ford das erste Fließband in der Automobilproduktion in Detroit an. Zeitgleich führte er den 8-Stunden-Tag für seine Arbeiter ein und verdoppelte die Löhne seiner Belegschaft auf fünf Dollar.[165]

In Deutschland führte 1919 „der Sozialdemokrat Friedrich Ebert per Verordnung den 8-Stunden-Tag ein – bei vollem Lohnausgleich. Die pragmatischen Gewerkschaftler hatten sich durchgesetzt."[166]

> 8 Stunden an 5 Tagen gelten auch 100 Jahre später noch als normale Arbeit in Vollzeit.

Der Deutsche Gewerkschaftsbund forderte 1956 unter dem Motto „Samstags gehört Vati mir" die 40-Stunden-Woche.[167] Per Gesetz kam die 40-Stunden-Woche an 5-Tagen erst 1965 in der Bundesrepublik Deutschland. Das Kabinett stimmt der Einführung der 5-Tage-Woche ab 1. Mai 1965 zu. Bundesminister Höcherl führt aus, dass das in der Bundesverwaltung nicht mehr aufzuhalten sei.[168]

„Erst seit 1975 gilt in Österreich die 40-Stunden-Woche als Normalarbeitszeit. In manchen Branchen gibt es seit Mitte der 1980er auch die 38,5 Wochenstunden."[169] In der westdeutschen Metallindustrie gilt seit 1995 eine 35-Stunden-Woche, im Einzelhandel seit 1991 eine 37,5-Stunden-Woche.[170]

> Eine flächendeckende Arbeitszeitverkürzung gab es seit 1965 in Deutschland und seit 1975 in Österreich nicht.

Arbeitsmarktforscher Philipp Frey sagt: Heute „sollten wir uns fragen, warum wir noch keine 4-Tage-Woche haben. Die Einführung von Arbeitszeitverkürzung führt zu Produktivitätssteigerungen. Es ist nicht nur ein Geschenk an die Arbeiter, sondern es ist auch ein Mittel, um eine Volkswirtschaft innovativ zu halten."[171] „Arbeitszeitverkürzung galt früher als wesentlicher Indikator für den wirtschaftlichen und sozialen Fortschritt", klärt Wirtschaftswissenschafter Anthony Kalb auf.[172]

## DIE COCKTAILBAR DER ARBEITSZEITEN

Wer ein neues Fahrrad, E-Bike oder Auto kauft, kann unter hunderten Modellen wählen. In Berlin laden hunderte Clubs und Bars zum Tanzen und Feiern ein.[173] Auch die 4-Tage-Woche gibt es in unterschiedlichen Varianten. Der 3. freie Tag ist je nach Firma an jedem Wochentag möglich und die Arbeitszeiten liegen zwischen 30 Stunden bis 40 Stunden an 4 Tagen.

> Was alle Modelle verbindet: 3 freie Tage bei vollem Gehalt wie vor der 4-Tage-Woche.

Peer Hildmann bietet sogar 25-mal im Jahr *vier* freie Tage am Stück. Er ist Inhaber der Firma Hildmann Bad & Heizung. In seiner Firma haben manche

Angestellte montags frei, andere freitags. Mit dieser Verteilung kann er seinen Kunden nicht nur 5 volle Tage Service anbieten, sondern die Öffnungszeiten von 7:30 bis 18:30 Uhr erweitern. Die Mitarbeiter, die die 4-Tage-Woche nutzen, haben alle zwei Wochen Freitag und Montag frei. Die 25 viertägigen Wochenenden gibt es, ohne dass dafür Urlaubtage draufgehen. Donnerstagabends sagen die Mitarbeiter: „Bis Dienstag!"

Auch wenn die Arbeitszeit in den allermeisten Firmen reduziert wird, bietet die 4-Tage-Woche Jobs in Vollzeit. Es geht nicht um Teilzeit, sondern um eine neue, verkürzte Norm der Vollzeit. Menschen bringen volle Leistung, der Begriff „Teilzeit" wird dem nicht gerecht. Falls du direkt im Kapitel 4 ins Buch eingestiegen bist, konkrete Vorschläge zu Vollzeit für alle ohne Stress und ohne Überforderung findest du in den Kapiteln 2 und 3.

„12 bis 14 Stunden in der Hotellerie und Gastronomie durchzuackern, wie ich es früher auch getan habe, ist heute nicht mehr salonfähig. Das ändert sich zum Glück. Endlich machen jüngere Menschen das nicht mehr mit und trauen sich, Nein zu sagen. Qualität setzt sich durch. Und die 4-Tage-Woche ist ein Puzzleteil", erzählt Grit Pauling, General Managerin im 25hours Hotel in Köln. Anstatt sich über faule Angestellte zu beschweren, sagt sie: „Je jünger, desto fauler? Nein! Sie sind anders gebildet und anders smart, ich kann von ihnen über Investmentfonds lernen. Es ist wichtig, Menschen so zu nehmen, wie sie sind und zuzuhören. Was bringt es, sich zu beschweren?"[174]

Pauling genießt die Vielfalt ihrer 80 Angestellten, mit ihr arbeiten 20- bis 60-Jährige aus der ganzen Welt. An der Bar wird Englisch gesprochen. Zuerst wurde die 4-Tage-Woche im Hamburger 25hours Hotel getestet, das war im November 2021. Seit April 2022 bieten alle Standorte der Hotelkette im DACH-Raum wahlweise 3-Tage-Freizeit an. An 4 Tagen wird 9 Stunden gearbeitet. 80 % der Angestellten wählen die 4-Tage-Woche mit 36 Wochenstunden. Manche Kollegen kommen mit geschickter Planung auf sechs Tage Freizeit am Stück, zusätzlich zum Urlaub. Am freien Tag sparen sich alle zusätzlich zur Arbeitszeit auch die Fahrzeiten zur Arbeit, durchschnittlich 80 Minuten pro Tag, das sind über fünf Stunden jeden Monat. Die Wirkung: In der Küche ist der Krankenstand stark gesunken und geht gegen null. Im gesamten Hotel sind die Kollegen freundlicher und entspannter bei den Übergaben. Die Bereitschaft, untereinander spontan zu helfen, ist gestiegen.

---

„Happy Mitarbeiter bringen happy Gäste."

---

„Geht nicht, ist Bullshit", sagt Grit Pauling. Es muss anders koordiniert und gut kalkuliert werden. Für die positiven Effekte lohnt sich der Aufwand der Umstellung. Und sie geht noch einen Schritt weiter: Grit Pauling weiß, dass die ganze Branche mit der 4-Tage-Woche attraktiver wird. Die Hotellerie ist durch Schicht- und Nachtarbeit notorisch unbeliebt, der schlechte Ruf schadet der ganzen Branche. Gute Arbeitszeiten und Wahlmöglichkeiten bringen ihr und allen 25hours Hotels mehr Bewerbungen.

Auch das Hotel Dresdner Carolaschlösschen in Sachsen steckt im Kampf gegen den Personalmangel und bietet die 4-Tage-Woche an.[175] Für Geschäftsführer Moyd Karrum ist nicht das Gehalt die Hauptursache für das gravierende Personalproblem im Gastgewerbe, sondern es sind die Arbeitszeiten. „Hier müssen wir attraktiver werden als Branche", sagt er.[176] Er zahlt deutlich über dem Mindestlohn. Weitere Lohnerhöhungen sind nicht mehr möglich, sonst würde er draufzahlen. Deshalb setzt der Wirt für Mitarbeiter im Service und in der Küche auf die 4-Tage-Woche. Sein Deal: Jeder kann 40 Stunden innerhalb von 4 Tagen arbeiten, um anschließend 3 Tage Freizeit zu genießen.

Die 4-Tage-Woche bricht mit alten Mustern. Firmen gestalten die Arbeitszeiten und Entlohnung so, dass sie zum Unternehmen und zur Branche passen. Erwerbstätige entscheiden, ob die Angebote attraktiv sind. Überzeugt dich das Hotel Carolaschlösschen in Dresden oder das 25hours Hotel in Köln? Menschen haben die Wahl!

Der Arbeitszeit-Cocktail muss zur Firma passen und den Fachkräften schmecken.

## MONTAG, MITTWOCH, FREITAG FREI?

Deutschlandfunk Nova fragt im September 2022: „An welchem Wochentag würdest du frei machen?" Die genannten Wünsche lauteten: [177]

Freitag 57%
Montag 27%
Mittwoch 14%
Dienstag/
Donnerstag 2%

In der Praxis werden diese Wünsche so umgesetzt:

**Freitag frei**
Freitag ist nicht nur der mit Abstand am häufigsten genannte Wunsch, an welchem Tag Menschen gerne ihre zusätzliche Freizeit genießen wollen. Freitag ist auch der Tag, an dem Firmen am häufigsten die Türen und Tore zuschließen. Das passt!

Vielen Handwerksbetrieben fällt die Umstellung auf einen freien Freitag besonders leicht. Das liegt an dem weit verbreiteten ‚ineffizienten Handwerker-Freitag', mehr dazu im 8. Kapitel ‚Organisation'.

Es muss aber nicht immer der Freitag sein. Hier kommen andere leckere Cocktails.

### Montag frei

Dass Friseure traditionell montags geschlossen haben, akzeptierten Kunden schon länger. Mit Einzug der 4-Tage-Woche haben manche Salons von Samstag bis Montag geschlossen. Die „Schneiderei" in Leonding bei Linz hat Dienstag bis Freitag von 9 bis 20 Uhr geöffnet. „Auch unsere Kunden sind von unseren Öffnungszeiten begeistert", berichtet Inhaber Christoph Goll.[178] Die Artwork Hairdresser in Augsburg haben ebenfalls von Dienstag bis Freitag geöffnet. Inhaberin Mona Zimmermann berichtet, dass auch dort die meisten Kunden die neuen Öffnungszeiten gut finden.

Der freie Montag funktioniert auch bei der Klagenfurter Buchhandlung Heyn. Seit Juni 2022 ist montags geschlossen. Direkt nach Ankündigung der neuen Öffnungszeiten – für mehr Freizeit bei gleichem Gehalt – bekam der Inhaber Helmuth Zechner 150 E-Mails von Kunden, die die Entscheidung begrüßten.[179]

„Die Brotpuristen" in Speyer verkaufen ihr leckeres Brot von Dienstag bis Freitag – und an diesen Tagen auch erst ab mittags.[180]

### Montag *oder* Freitag frei

Montag und Freitag sind die beliebtesten Tage für mehr Freizeit. Sie werden häufig kombiniert, damit Kunden weiterhin fünf Tage Service erleben und Baustellen betreut werden.

Bei BFT Verpackungen GmbH in Berlin ist abwechselnd montags oder freitags frei. „Wir machen das im Versatz. Montag hat die eine Gruppe, freitags die andere Gruppe frei, damit wir trotz der 4-Tage-Woche an fünf Tagen erreichbar sind. Jeden Monat machen wir einen Wechsel, so dass jeder mal Montag oder Freitag frei hat.", schreibt der Geschäftsführer Marcel Heinrichs.

Sanitär- und Heizungsmeister Marcus Gaßner lässt seine Angestellten wählen. „Ein Teil der Belegschaft hat das Wochenende von Freitag bis Sonntag frei. Andere haben sich für den Montag als freien Tag entschieden", sagt er. So ist immer genug Manpower an Bord, um die Kunden zu versorgen.[181]

Auch bei Christoph Meier, Chef der Firma Bauelemente Meier in der Oberpfalz an der tschechischen Grenze, können sich die Mitarbeiter aussuchen, ob sie am Freitag oder Montag freihaben wollen.[182]

„Wir arbeiten bei ringlights mit einer 4-Tage-Woche und 32 Stunden pro Woche und es funktioniert!", schreibt Laura Kopnarski, Gründerin der Social Media Agentur in Köln.[183] Die Mitarbeiter wechseln sich mit den freien Tagen ab, sodass die Agentur an jedem Wochentag geöffnet ist. „Momentan sind Montag oder Freitag frei", sagt Kopnarski.

Die Mitarbeiter im Heizungs-Sanitär-Betrieb Heinz Meyer GmbH im zwischen Bremen und Hamburg gelegenen Wehldorf haben ebenfalls ein langes Wochenende durch die 4-Tage-Woche. Während die eine Gruppe freitags zu Hause bleibt, haben die anderen am Montag frei.[184]

### Mittwoch frei
Der Mittwoch bietet als freier Tag ein zweites Wochenende mitten in der Woche. Die Agentur Versa in Australien schließt mittwochs komplett.[185]

Auch die Tobit Software GmbH in Ahaus bietet die 4-Tage Woche mit einem arbeitsfreien Mittwoch. „Unsere 32-Stunden-Woche besteht nur aus 2x2 Tagen: „Mittwochs hast du – nein - bist du frei!", so spielen sie frech mit Worten und stellen ihren „einzigartigen Arbeitsplatz" auf der Webseite vor.[186]

### Montag *und* Donnerstag
Auch die Angestellten der Hofbäckerei Hömberg können ein langes und ein kurzes Wochenende genießen. Am Dienstag, Mittwoch, Freitag und Samstag

ist die Bäckerei in Menden im Sauerland geöffnet. Am Montag und Donnerstag sind ihre Ruhetage. Weil die Brote und Backwaren lecker sind, spielt auch die Kundschaft mit und kauft an vier Tagen so viel wie früher an fünf oder sechs Tagen.

Du siehst, es gibt viele Möglichkeiten, an welchen 4 Tagen gearbeitet wird. Es ist alles eine Sache der Absprache zwischen allen Beteiligten. Die richtige Kombination ist dann gefunden, wenn Belegschaft, Vorgesetzte und Kunden zufrieden sind.

## WIE VIEL ARBEITSZEIT DARF'S SEIN?

Noch mehr Vielfalt als bei der Wahl des Wochentags steht zur Verfügung, wenn es um die Wochenstunden geht. Eine verkürzte Arbeitszeit führt nicht automatisch wie auf Knopfdruck zu einer attraktiven Firmenkultur. Eine erfolgreich umgesetzte 4-Tage-Woche ist ein Gesamtpaket. Und jedes Unternehmen entwickelt eigene Rezepte. Es ist jedem Betrieb selbst überlassen, wie die neuen Arbeitszeiten festgelegt werden. Dafür gib es keinen Standard, aber viele Beispiele zur Auswahl.

Wie wär's mit 30, 32, 34, 35 oder 36 Stunden? Oder lieber 37, 38,5 oder 40 Stunden? Oder 34,5 Stunden? Jede Firma ist frei darin, 3 freie Tage mit einer Arbeitszeit ihrer Wahl zu kombinieren. Viele meiner Gesprächspartner sagen, dass im Handwerk lange Arbeitstage von Montag bis Donnerstag mit 8,5 Stunden plus Überstunden üblich sind. Dafür wird freitags häufig nur bis mittags gearbeitet.

> Die Umstellung auf 9 Stunden an 4 Tagen ist für Handwerksbetriebe gar nicht groß.

Wir reisen nun durch diverse Arbeitszeiten, wenn es schmeckt, greif zu!

**40 Stunden**

Das Düsseldorfer Unternehmen Cargo Truck Direct in Ratingen hat die Zahl der Wochenstunden bei gleichem Gehalt von 45 auf 40 Stunden reduziert.[187]

40 Stunden Arbeitszeit an 4 Tagen bieten auch das Hotel Carolaschlösschen in Dresden, die Légère Hotels an mehreren Standorten, die Schneiderei Friseure in Leonding bei Linz, Der Dantler in München und Thiele Heizung und Sanitär in Gießen.[188]

In Belgien ist es seit 2022 ein gesetzlich verankertes Recht, dass Angestellte eine 4-Tage-Woche mit 40 Stunden Arbeitszeit wählen können. Die Politik verspricht sich davon eine dynamischere und produktivere Wirtschaft.[189] An dem belgischen Gesetz wird häufig die lange Arbeitszeit kritisiert, die nicht zu jeder Tätigkeit passt. Aber wie gesagt: Es ist ein Kann und kein Muss. Die Angestellten können selbst entscheiden und ihr Recht auf die drei freien Tage beim Arbeitgeber einfordern.

In der Schweiz, in Österreich und Deutschland reduzieren fast alle Unternehmen die Arbeitszeit mit der Einführung einer 4-Tage-Woche. Jedes Unternehmen ist frei darin, zu entscheiden, wie viel Zeit gearbeitet wird. Hier folgen Beispiele zu Vollzeit-Stellen in 39, 38,5 und 38, 37,5 und 37, 36, 35, 34, 33, 32 und 30 Stunden pro Woche. Die Auswahl ist groß! Und der Freiraum für weitere Modelle noch größer. Lass dich inspirieren!

**39 Stunden**

Das Hotel Upstalsboom Wyk auf Föhr bietet die 4-Tage-Woche seit Februar 2022 an. Die Mitarbeiterinnen und Mitarbeiter können selbst wählen, ob sie 39 Stunden an vier oder an fünf Tagen arbeiten.

Das österreichische Bauunternehmen Leithäusl aus Wien hat für alle 450 Mitarbeitenden die 4-Tage-Woche mit 39 Arbeitsstunden an vier Tagen eingeführt. Einen detaillierten Bericht inklusive interner Umfragen und einer Masterarbeit bei Leithäusl findest du in Kapitel 10.

## 38,5 Stunden

Bei der Alfred Keller GmbH, Sanitär-Heizung-Lüftung am Bodensee werden 38,5 Stunden pro Woche gearbeitet verteilt auf vier Tage.[190] Gleicher Lohn und Urlaub und ein Tag mehr Freizeit, das gilt auch für Azubis.

In 17 Pflege-, Reha- und Eingliederungshilfe-Einrichtungen im Südosten Oberbayerns von ANTHOJO mit Hauptsitz in Raubling bei Rosenheim kann die 4-Tage-Woche bisher als Option in der Pflege gewählt werden. „Ob wir die Option auch für andere Berufe/Bereiche ausweiten, wird laufend evaluiert." Gearbeitet wird dort mit einer Wochenarbeitszeit von 38,5 Stunden.[191]

Auch im Fertigungs- und Schichtbetrieb gelingt trotz schwieriger Rahmenbedingungen eine 4-Tage-Woche mit 38,5 Stunden Arbeitszeit. Umgesetzt haben das die Koller Maschinenbau GmbH mit 85 Angestellten in Au bei Aflenz und die BVT Beschichtungs- und Verschleißtechnik GmbH mit 65 Beschäftigten in Lannach.[192] „70 % der Mitarbeiter entschieden sich für ein flexibles Arbeitszeitmodell. Es gibt einige, die ihr soziales Leben so eingetaktet haben, dass für sie die normale 5-Tage-Woche besser passt, deshalb wird auch das alte Standardmodell weitergeführt."[193]

## 38 Stunden

Der Sanitärbetrieb Thomas Schmauser in Hilpoltstein bietet eine 4-Tage-Woche mit 38 Stunden Arbeitszeit an, pro Tag wird 9,5 Stunden gearbeitet. Donnerstag wird noch mal richtig rangeklotzt, denn es ist der letzte Arbeitstag der Woche.[194]

Elektro Edringer, Meisterbetrieb für Elektroinstallation in Maring-Noviand an der Mosel, hat die Arbeitszeit von 40 Stunden an fünf Tagen auf 38 Stunden an vier Tagen reduziert. Diesem Betrieb begegnest du noch einmal in Kapitel 8, wenn es um die Organisation für optimale Prozesse geht.

Im Hotel Der Blaue Reiter in Karlsruhe basiert die 4-Tage-Woche auf 38 Stunden. Wenn viel Betrieb herrscht, kann es auch mal notwendig sein, 5 Wochentage zu arbeiten. In ruhigeren Zeiten werden die Überstunden mit nur 3 Arbeitstagen pro Woche ausgeglichen. Dieses Hotel bekommt viel Medienaufmerksamkeit und Bewerbungen – warum das so ist, erfährst du im 11. Kapitel ‚Recruiting'.

In der steger ag in Aadorf in der Schweiz gelten die neuen Arbeitszeiten für das gesamte Montage- und Büropersonal. Die wöchentliche Arbeitszeit reduziert sich von 40 auf 38 Stunden ohne Lohneinbuße. Freitag wird zum arbeitsfreien Tag.[195]

Bei Osenstätter Holz & Furnier haben die 45 Mitarbeiter zuvor 41,5 Stunden pro Woche gearbeitet – von Montagmorgen bis Freitagmittag. Seit 2022 arbeiten sie bei gleichem Gehalt nur noch 38 Stunden pro Woche. Das ist täglich eine halbe Stunde mehr, dafür haben sie jeden Freitag frei.[196]

„Bei Weinzetl bewegen wir uns am liebsten in eine Richtung. In Richtung Zukunft", wirbt die Weinzetl Fenster und Türen GmbH aus Wiener Neustadt und reduziert ab Juni 2022 von 40 auf 38 Stunden in einer 4-Tage-Woche.[197]

Wähle 3-, 4- oder 5-Tage in Friedberg bei Augsburg: „Deine Arbeitszeit bestimmst du selbst. Unsere Regelarbeitszeit sind 4 Tage mit 38 Stunden. Du willst nur drei Tage arbeiten oder fünf Tage? Du entscheidest, und wir organisieren", wirbt die KlimaShop! GmbH.[198]

---

Die Bedürfnisse von Menschen werden ernst genommen.
Mit guter Planung geht das.

---

## 37,5 Stunden

Die Wiener Linien betreiben das größte Verkehrsnetz Österreichs mit knapp zwei Millionen Fahrgästen täglich. Bei den Wiener Linien werden in einen Testlauf 2023 die bestehenden 37,5 Wochenstunden auf vier Tage aufgeteilt.[199]

## 37 Stunden

Marcus Gaßner vom Sanitärbetrieb Gaßner im baden-württembergischen Denkingen, ein 4-Tage-Vorreiter im Handwerk, hat die Wochenarbeitszeit von 40 auf 37 Stunden verkürzt. Gearbeitet wird von Montag bis Donnerstag oder Dienstag bis Freitag rund 9,25 Stunden. Durch die 4 längeren Arbeitstage habe die Produktivität nicht gelitten.[200]

Die BFT Verpackungen GmbH in Berlin ist denselben Weg gegangen: Statt 40 Stunden arbeiten die Angestellten nur noch 37 Stunden. In Kapitel 11 ‚Recruiting' begegnest du dieser Firma noch einmal.

## 36 Stunden

In den 25hours Hotels wählen etwa 80 % der Angestellten die 4-Tage-Woche mit 36 Stunden pro Woche. Für ihre 9-Stunden-Tage bekommen sie den freien Tag.

Auch das Waldhotel Tannenhäuschen in Wesel am Niederrhein bietet eine 36-Stunden-Woche bei vollem Gehalt an. „Im Team freuen sich alle über den weiteren freien Tag und planen ihre Freizeit neu", schreibt Hoteldirektor Dirk Salzseder.[201]

In der jo's büro für Gestaltung GmbH in Würzburg wurde 2020 mit der 4-Tage-Woche die Arbeitszeit von zuvor 40 bis 45 Stunden auf 36 Stunden pro Woche reduziert – bei vollem Gehalt.[202]

„Jeder darf, keiner muss." Im Malerbetrieb Klaus Lehmkuhl in Lübeck arbeiten 12 von 22 Beschäftigten 36 Stunden an vier Tagen in der Woche. Neun Stunden von Montag bis Donnerstag. Liegt ein Feiertag in der Woche, gibt es keine vier freien Tage, dann werden Gutstunden gemacht. „Das ist wiederum ein Vorteil, da ein paar Stunden für schlechte Zeiten gesammelt werden. In der Planung und Einteilung ist alles relativ problemlos zu bewältigen", schreib Thomas Lehmkuhl.[203]

Die Firma CDS in Wiesbaden senkt die Wochenarbeitszeit von 40 auf 36 Stunden. „Wir haben uns entschlossen, beim Thema Arbeitskultur ganz neue Wege zu gehen", unterstreicht René Maier, Prokurist bei CDS und für Personalthemen verantwortlich."[204]

Auch die Prosis GmbH in Gaimersheim bei Ingolstadt reduziert die Wochenarbeitszeit von 40 auf 36 Stunden. Zum 1.1.2023 wird die 4-Tage-Woche bei vollem Entgeltausgleich eingeführt.[205]

Die Komfortbau Hunger GmbH in Aspach hat bereits 7.107 Bau-, Renovierungs- und Sanierungs-Projekte abgeschlossen. Um als Planer und Umsetzer weiter wachsen zu können, wurde die 4-Tage-Woche mit 36 Wochenstunden eingeführt.[206]

Die Wirtschafts- und Steuerkanzlei Rose & Partner hat seit Mai 2019 die wöchentliche Arbeitszeit der rund 40 Mitarbeiter in Berlin, Frankfurt, München und Hamburg auf 36 Stunden beziehungsweise 34 Stunden gekürzt – bei vollem Lohnausgleich. Alle Angestellten entscheiden selbst, ob sie ihre Stunden an 4 oder 5 Tagen in der Woche abarbeiten wollen. „Das ist alles nur eine Frage der Organisation", sagt Bernfried Rose, Partner in der Kanzlei.[207]

Auch die Dr. Eberhardt GmbH in Kahla schenkt ihren Mitarbeiterinnen und Mitarbeitern mehr Lohn und mehr Zeit und reduziert von 40 auf 36 Wochenstunden.[208]

Weitere Firmen, die auf eine 4-Tage-Woche mit 36 Stunden reduzieren: bhatti.pro-Steuerberatung in Kiel,[209] Artwork Hairdresser in Augsburg[210] und der IT-Dienstleister Ontec AG in Wien. Alle drei bieten Vollzeit-Jobs mit 36 Stunden bei vollem Gehalt an. Bei Ontec kann alternativ eine 32-Stunden-Woche mit 90 % des Vollzeitgehalts oder eine zusätzliche 6. Urlaubswoche im Austausch mit der Arbeitszeitreduktion gewählt werden.[211]

---

Immer mehr Firmen bieten mehrere Zeitmodelle an, die flexibel kombinierbar sind.

---

### 35 Stunden

Der Malerbetrieb Dück in Detmold wirbt auf Instagram mit 35 Stunden: „Du willst auf der Arbeit strahlen wie Vasili? Dann lern die 4-Tage-35-Stunden-Woche im Handwerk kennen und bewirb dich."[212]

Auch „Die Steuerlotsen" in Detmold bieten ein neues Vollzeit-Modell an: „Wer Vollzeit bei uns arbeitet, hat bereits nach 35 Wochenstunden seine Arbeitszeit abgeleistet. In Kombination mit Gleitzeit und einer 4-Tage-Woche bedeutet das, maximale Flexibilität und eine optimale Work-Life-Balance!"[213]

Die zwölf Mitarbeiter der Mailingmanufaktur arbeiten bei gleichem Lohn 35 statt 38 Stunden, Montag bis Donnerstag von 7 Uhr 30 bis 17 Uhr. Am Freitag bleibt der Betrieb geschlossen. Die Umstellung auf die 4-Tage-Woche habe sich gelohnt, sagt Dirk Klein-Panter, Geschäftsführer beim Verpackungshersteller aus Röbel an der Müritz in Mecklenburg-Vorpommern.[214]

Vom Nordosten Deutschlands geht's nach Oberösterreich. Tractive in Pasching bei Linz führt im Juni 2022 die 4-Tage-Woche mit 35 Stunden ein. „Viele der fast 170 Beschäftigten konnten es zuerst kaum fassen, wie Personalchefin Marlene Kampelmüller gegenüber Kontrast erzählt."[215]

Auch in Linz setzt die Cyberhouse GmbH & Co KG seit Februar 2023 auf 35 Stunden als das neue Normal. „Wir sehen an unserem Team welches Potenzial durch den Fokus auf selbstbestimmtes Arbeiten geweckt wird. Zeit ist immer nur das, was man daraus macht. Wir leben eine Kultur, die es ermöglicht das Beste aus sich rauszuholen."[216]

## 34 Stunden

Bei der SKS-Steuerberatung in Berlin und Dresden wird mit „Stillen Zeiten" und veränderten Server-Einstellungen das Beste aus dem Team herausgeholt. Seit April 2021 arbeiten alle Mitarbeiterinnen und Mitarbeiter 34 Stunden in einer 4-Tage-Woche mit vollem Lohn. Um die Arbeitslast in 34 Stunden gewohnt gründlich und stressfrei erledigen zu können, waren einige Veränderungen in den Abläufen notwendig, um das Team bestmöglich zu unterstützen. Die ganze Geschichte findest du in Kapitel 8 ‚Organisation'.

Auch bei der GOEKELER Messtechnik GmbH in Lenningen, die du aus Kapitel 2 vom ehrenamtlichen Training im Fußball kennst, läuft der Betrieb erfolgreich mit 34 Stunden Arbeitszeit an 4 Tagen.

## 32 Stunden

32 Stunden bei vollem Gehalt? 100 % Leistung in 80 % der Zeit? Geht das überhaupt? Hier kommen eine ganze Reihe Beispiele, die bestimmt auch dich überzeugen.

Seit dem 1.1.2023 läuft das Experiment der 4-Tage-Woche in der betterplace lab gGmbH.[217] Die Arbeitswoche ist eingedampft von 40 auf 32 Stunden pro Woche bei gleichem Gehalt.[218]

Rocco Funke und sein Team vom Leckortungs- und Bautrocknungsservice im thüringischen Eichsfeld arbeiten schon länger erfolgreich 32 Stunden in einer 4-Tage-Woche bei vollem Gehalt.[219]

Die Hamburger Firma moinAI gestaltet für viele Firmen mit KI-Chatbot-Lösungen die Zukunft der Kundenkommunikation. 2022 wurde die 4-Tage-Woche mit 32 Wochenstunden eingeführt.[220] In einem Interview mit dem NDR berichten Ole Meistering und Geschäftsführer Patrick Zimmermann über ihre Erfahrungen. Sie haben gezeigt, dass in ihrem Betrieb durch fokussiertes Arbeiten und Programmieren am Stück mit 3-Tagen-Erholung die Arbeit auch in 4 Tagen à 8 Stunden erledigt werden kann. Außerdem ist Ole gerade Vater geworden und freut sich über mehr Zeit mit der Familie.[221]

Um die besten Mitarbeiter für sein „Büro für Interaktion" in Wien zu gewinnen, hat Thomas Meyer schon 2020 die 32-Stunden-Woche eingeführt. Mehr Freizeit mit Vollzeitgehalt ist für ihn zum Erfolgsrezept geworden. Eine Hälfte seines Teams arbeitet vier Tage in der Woche, die andere Hälfte verteilt die 32 Stunden auf fünf Tage.[222] „Gewinne machen. Das geht sich bei 32 Stunden auch mit einem Vollzeitgehalt aus", sagt er mit typisch österreichischem Zungenschlag.

> „Viel arbeiten ist nicht geil.
> Wir sind nicht auf dieser Welt, um nur zu arbeiten."[223]

Mittlerweile ärgert Thomas Meyer sich sogar über andere Agenturen, die noch in 5-Tage-Wochen arbeiten – plus jede Menge Überstunden: „Die Implementierung des 12-Stunden-Tags sind Konzepte, bei denen sich bei mir jedes Haar aufstellt und wo ich nicht die Zukunft unseres Wirtschaftssystems sehe", sagt Thomas Meyer. „Eigentlich sollte der logische Schritt sein, weniger zu arbeiten."[224]

Das Motto der ebenfalls in Wien beheimateten Werbeagentur agencylife lautet: *„people first"*. In diesem Sinne haben sie die 4-Tage-Woche mit 32 Stunden statt zuvor 40 Stunden umgesetzt. Auch Geschäftsführer Alex Kucera sieht die bei anderen Agenturen üblichen 60 Wochenstunden kritisch.[225]

Das dritte Wiener Unternehmen, das ich dir vorstelle, ist die Firma whatchado. Ihr Geschäft sind Videos im Employer Branding und Recruiting. Seit Januar 2022 läuft alles rund in einer 4-Tage-Woche mit 32 Stunden Auch whatchado lernst du später noch ausführlich kennen über ihre ‚Organisation'.[226]

### „32 ist das neue 40!"

Mit diesem Slogan und Hashtag #32istdasneue40 wirbt das Internetunternehmen F&P GmbH aus Leipzig und Selbitz in Oberfranken. Ihre Formel lautet: 4 - 32 = 100. Also an 4 Tagen 32 Stunden arbeiten für 100 % Gehalt.[227]

Die Digitalagentur vereda aus Münster praktiziert seit August 2021 die 4-Tage-Woche mit 32 Stunden. Freitag ist für alle frei. Gestrichene Meetings und verbesserte Abläufe führen dazu, dass die verkürzte Arbeitszeit in der Praxis nicht zu mehr Stress führt. Allein dadurch, dass es für die Erstberatung potenzieller Kunden nun klare Zeitvorgaben gibt, schenkt Fokus und Freiräume. „Wir arbeiten kreativ, deshalb brauchen wir Zeit und Raum, um uns auch mit anderen Dingen zu beschäftigen."[228]

Die Kölner Social-Media-Agentur ringlights verspricht ihren Kunden: „Als Digital Natives entgeht uns kein Trend."[229] Und das schaffen sie mit der 4-Tage-Woche und 32 Stunden pro Woche.

Das Team des 2002 gegründeten Digitalisierungs-Dienstleisters e-dox aus Leipzig hat mehr als 200 Kunden. Auf seiner Webseite ist der Stolz über den eigenen gelungenen Transformierungsprozess herauszuhören: „Die 4-Tage-Woche hat sich bei uns über die Jahre zu einer 32-Stunden-Woche entwickelt. Wir beweisen, dass eine Idee wie die 4-Tage-Woche oder 32-Stunden-Woche eben auch bei kleinen und mittelständischen Unternehmen funktioniert."[230]

„Im Pilotprojekt hatten wir 33,5 Stunden. Das hat funktioniert", sagt Franz Wilding, Geschäftsführer der Wiener unite Software Development. Jetzt sind es 32 Stunden geworden. Eine 4-Tage-Woche? Kann sein, muss aber nicht. Den Mitarbeitern steht es frei, sich selbst die Arbeit einzuteilen.[231]

**30 Stunden**

Es geht noch schlanker und fokussierter. Die Billbee GmbH, Anbieterin von Multichannel-Software mit über 17.000 Nutzern, reduzierte die Arbeitszeit von 40 Stunden in 5 Tagen auf 30 Stunden in 4 Tagen. Ihr Unternehmensziel: „Die glücklichsten Mitarbeiterinnen und Mitarbeiter."[232]

Die österreichische Online-Marketing-Agentur eMagnetix wählte bereits 2018 die 30-Stunden-Woche zur Arbeitsnormalität. Inzwischen können die Teammitglieder Woche für Woche entschieden, ob sie diese Stundenzahl an 4 oder an 5 Tagen arbeiten. Damit ist noch lange nicht das Ende der Flexibilitäts-Fahnenstange erreicht. Wer an 4 Tagen arbeitet, kann sich aussuchen, ob der Freitag oder der Montag frei sein soll, „also immer so, dass es am besten passt. Je nach den individuellen Lebensumständen", sagt Geschäftsführer Klaus Hochreiter."[233]

Freitags frei, mittwochs frei oder abwechselnd montags und freitags frei? 38 Stunden, 36 Stunden oder 30 Stunden? Hast du ein Arbeitszeitmodell zur 4-Tage-Woche entdeckt, dass zu deiner Firma und Branche passt? Welches Modell schlägst du deinen Kolleginnen und Kollegen vor? Über welche Arbeitszeit wirst du mit deinen Vorgesetzten reden?

## MEHR FREIRÄUME ALS DU DENKST

Es geht sogar noch radikaler, noch flexibler und noch kürzer: In der Bielefelder Digitalagentur Rheingans GmbH wird seit 2017 von 8 bis 13 Uhr gearbeitet. 5 Stunden an 5 Tagen. 25 Stunden sind dort Vollzeit. „Jeden Freitag definieren wir gemeinsam Wochenziele für die folgende Woche, daraus leiten sich die Tagesziele für jeden Einzelnen ab. Alle arbeiten sehr fokussiert und hoch konzentriert, um diese zu erreichen", berichtet Lasse Rheingans.[234] Mit dem 5-Stunden-Tag steigert die Agentur nicht nur ihre Produktivität, sondern erreicht auch eine Alleinstellung im Personalmarketing. Das bringt gute Initiativbewerbungen anstelle teurer Stellenanzeigen.

Mit seiner 5-Stunden-Revolution inspiriert Lasse Rheingans in zahlreichen Podcasts und stößt andere Unternehmer an. Einer von ihnen ist der Steuerberater Erich Erichsen in Hamburg-Schenefeld, der sich sofort an die Umsetzung machte. Er führte 2020 die 25-Stunden-Woche bei vollem Gehalt ein und sagt über sich selbst: „Als Teamplayer bin ich happy, wenn es meinen Angestellten gut geht. Als erste Kanzlei bundesweit haben wir daher die 25-Stunden-Woche eingeführt."[235] Im Podcast mit Stefan Scheller erzählt er über seine radikale Arbeitszeitreduzierung.[236]

„Zeit ist das Wichtigste, das wir schenken können", sagt Axel Schönfelder, Chef eines Sportartikel-Vertriebs aus Hennef.[237] Deshalb hat er die 30-Stunden-Woche bei vollem Gehalt eingeführt. Digitalisierte Abläufe sparen in seinem Geschäftsmodell 25 % der Arbeitszeit ein, die er nun der Crew schenkt. Übrigens, jeder Arbeitgeber hat die Freiräume, eingesparte Zeit ans Team zu verschenken.

Dachdecker- und Zimmerermeister Sascha Rathje schenkt seinen Kolleginnen und Kollegen ein vielfältiges, individuelles Modell. Die 4-Tage-Woche läuft von April bis Ende September. In der Zeit ist das Wetter meist gut und man kann auch mal länger arbeiten. Ab September bis Ende März wird in einer klassischen 5-Tage-Woche gearbeitet, da im Herbst und Winter das Tageslicht sehr kurz ist. Auch die Wetterlage ist deutlich schlechter, so dass man mit Ausfalltagen rechnen muss. „Bei uns wird mindestens 38 Stunden gearbeitet. Wir haben aber auch Mitarbeiter die flexibel ihre Arbeitszeit selbst bestimmen, die dann auch mehr als 38 Stunden arbeiten. Wenn ein Mitarbeiter die 4-Tage-Woche nicht in Anspruch nehmen will, darf er flexibel Freitag oder Samstag arbeiten. Die Mitarbeiter werden klassisch nach Stunden bezahlt. Da wir eine digitale Zeiterfassung im Betrieb haben, können wir immer sehen, ob die Monatsleistung erbracht ist. Feiertage oder eventuell schlechtes Wetter ist auf Unternehmerseite zu tragen, und ich kann bestätigen, dass die Motivation der Mitarbeiter das aufhebt. Erbsen zu zählen, ist nicht angebracht und nicht notwendig."[238]

3-4-5-Tage gibt es bei e-koris, Elektroinstallationsbetrieb in Friedberg nahe Augsburg. Die vierzehn Angestellten können sich aussuchen, wie viel sie arbeiten wollen.[239] Wenn sich zum Beispiel die Lebensumstände ändern, können die Mitarbeitenden mit einem Vorlauf von 4 Wochen zum Monatsanfang das Modell wechseln, das Gehalt wird angepasst. Tim Pankratz, Obermonteur und Elektroniker für Energie- und Gebäudetechnik erzählt: „Wir haben vor kurzem Nachwuchs bekommen. Ich nutze aktuell die 4-Tage-Woche, um mehr Zeit mit meiner Familie zu haben." Geschäftsführer Daniel Brandstädter berichtet von einem Mitarbeiter, der eineinhalb Jahre an 3 Tagen arbeitete und dann problemlos in Vollzeit wechselte. 2022 erhielten Claudia und Daniel Brandstädter den Innovationspreis in der Kategorie „Vereinbarkeit von Familie und Beruf". Die Jury fand das Konzept der monatlich wählbaren Arbeitstage und Stunden überzeugend. „Das Team ist motiviert, ausgeglichen und empfindet eine starke Loyalität zum Unternehmen. Glückliche Mitarbeitende arbeiten effektiver und effizienter, was sich im Unternehmenserfolg widerspiegelt."[240]

Von 3-4-5- kommen wir zu 1-2-3-4-5: „Wir haben alles ... 1-, 2-, 3-, 4- und 5-Tage-Woche", schreibt Pia Tischer, Geschäftsführerin der Coveto ATS GmbH.[241] Mit minutengenauer Zeiterfassung sind viele Arbeitszeitmodelle machbar. Alle 21 Angestellten wählen selbst.

    2 volle und einen halben Tag
    2 volle Tage
    4 halbe Tage
    4 Tage mit 40 Stunden
    5 Tage mit 40 Stunden

Pia Tischer erklärt: „Seit Jahren erfassen wir die Arbeitszeit digital und somit minutengenau. Freie Tage sind ein- oder mehrmals im Monat möglich. Mitarbeiter können auch während des Tages zum Friseur, Einkaufen, mit dem Hund Gassi gehen oder was auch immer. Es muss niemand immer 8 Stunden am Tag oder 40 Stunden die Woche da sein. Das Konto ist gleitend. Darüber hinaus gilt: Keine Überstunden! Feierabend ist Feierabend! Wochenende ist Wochenende! Und Urlaub ist Urlaub! In diesen Zeiten hat das Teammitglied keinen Zugriff auf Mails und Anrufe. Fazit: Klappt prima!" [242]

Ist das überhaupt alles erlaubt so flexibel? Was sagt das Arbeitsrecht? Die Gesetze wurden für gesunde Grenzen bei Arbeitszeiten geschaffen, und viele Generationen haben dafür gekämpft. Die Frage ist heute: Sind die Grenzen im Arbeitsrecht noch gesund? Oder schränken sie die Gestaltungsfreiheit ein? Die Rechtsanwältin und Expertin für agiles Arbeiten Britta Redmann sagt: „Es gibt mehr Freiraum, als wir denken und nutzen." [243] Rechte und Gesetze bieten Leitplanken, innerhalb derer Unternehmen frei gestalten können. Britta Redmann ergänzt: „Der juristische Rahmen kann kreativ genutzt werden, um Spielräume in Veränderungsprozessen zu erschließen und das individuelle Potential von Menschen für die eigene optimale Lösung zu nutzen." [244]

Bleiben noch Leitplanken zur Orientierung übrig? Brauchen wir am Ende eine Beratung, um durch die Fülle der Modelle durchzusteigen? Gibt es ein Maximum an Flexibilität? Geht das in allen Branchen?

„Aber in der Pflege, da geht das nicht", wird der größte Trumpf gegen kürzere Arbeitszeiten gezogen. Tatsächlich ist der „Pflexit" – so wird die Personalflucht aus der Pflege genannt – omnipräsent und dramatisch. Schlechte Arbeitsbedingungen treiben immer mehr Menschen aus dem Beruf, obwohl sie dringend gebraucht werden. Chronische Überlastung führt dazu, dass Pflegekräfte in Deutschland auf Platz eins der Krankheitsstatistiken stehen. Die Techniker Krankenkasse berichtet im Juni 2022: „Pflegekräfte sind häufiger krank als andere Berufsgruppen. Beschäftigte in der

Alten- und Krankenpflege verzeichnen deutlich mehr Fehltage als andere Erwerbstätige."[245] Kein Wunder, dass immer mehr Pflegekräfte ihren Job hinschmeißen und dem Gesundheitssystem Arbeitskräfte fehlen.

Gleichzeitig wird geschätzt, dass 300.000 bis 660.000 Pflegekräfte zurückkommen könnten, wenn es bessere Arbeitsbedingungen gäbe.[246] Können wir Menschen, die andere pflegen, besser unterstützen in ihrer Arbeit? Um die Pflege wieder attraktiv zu machen, braucht es Entlastung und garantierte Erholung. Denn nur gesunde Menschen können andere Menschen gut pflegen. Wie das geht, haben das Karolinska-Universitätskrankenhaus in Stockholm, das Universitätsklinikum Linköping sowie schwedische Reha-Kliniken und Pflegeheime vorgemacht. Sie erprobten das 3+3-Modell, das sich vom Prinzip der 7-Tage-Woche löst. Die Formel 3+3 bedeutet: 3 Tage arbeiten, 3 Tage frei.[247] Dieser Rhythmus reduziert die Arbeitszeit automatisch auf 85 %, die Vergütung bleibt dieselbe.

Erholung wird so garantiert. Das Modell bietet auch Planungssicherheit in der Freizeit, Aktivitäten und Verabredung finden zuverlässig statt – anders als Pflegekräfte es hierzulande gewohnt sind, die ständig für erkrankte Kolleginnen und Kollegen einspringen müssen. Im 3+3-Modell ruft in den freien Tagen garantiert niemand an, der bettelnd zur Arbeit zwingt. Auch finanziell lohnt sich das Modell: Die Krankentage der Angestellten sind um über 40 % gesunken.

> Gesunde Angestellte, die für Vollzeit-Lohn
> weniger arbeiten, sind günstiger als Pflegekräfte,
> die sich aufreiben und krank werden.

Kürzere Arbeitszeiten, gesunde Prozesse, mehr Freizeit und Erholung – das sind Lösungen gegen Fluktuation und Fachkräftemangel – gerade in der Pflege. Mehr Überlastung würde den Pflexit anheizen. „Gälten 30 Stunden als Vollzeit, würden viele Pflegekräfte in den Beruf zurückkehren"[248]

Welches Zeitmodell gefällt dir? In welchem Rahmen willst du gerne arbeiten? Zu welchen Arbeitszeiten lädst du in deinen Betrieb ein? Welche Arbeitszeiten passen zu deiner Branche und deinem Beruf? Kommen wir zum nächsten wichtigen Faktor: Zum neuen Zeitmodell muss auch das Gehalt passen.

# 5
# GEHALT BLEIBT GLEICH. DEAL!

Das Gehalt bleibt gleich!
Das ist der Deal!

Alle Betriebe, die in diesem Buch mit einer 4-Tage-Woche präsentiert werden, zahlen denselben Lohn wie vor der Umstellung auf 3-Tage-Freizeit. Auch für Teilzeitkräfte wird in diesen Betrieben wahlweise die Arbeitszeit verkürzt oder der Lohn entsprechend erhöht. Während du bei den Arbeitszeitmodellen zur 4-Tage-Woche auf eine riesige Vielfalt triffst, gibt es beim Gehalt nur ein einziges Modell: dasselbe Gehalt wie vorher! Die meisten Firmen reduzieren zum Start der 4-Tage-Woche die Arbeitszeiten. In diesen Firmen wird also dasselbe Gehalt für weniger Arbeitszeit gezahlt.

> Bei reduzierten Arbeitszeiten wirkt das gleiche Gehalt
> wie eine Lohnsteigerung.

Rocco Funke hat in seinem Handwerksbetrieb die Arbeitszeit von 40 auf 32 Stunden reduziert. Er spricht von einer 25-prozentigen Gehaltserhöhung für sein Team in Nordthüringen.[249]

„Weil die Bezahlung gleichbleibt, entspricht das einer Gehaltserhöhung von neun Prozent", rechnet Nico Osenstätter. Sein Betrieb Osenstätter Holz & Furnier am Rande der Alpen hat die Arbeitszeit auf 38 Stunden reduziert.[250]

Das Gehalt bleibt gleich!

Zum Thema Gehalt gibt es viele wichtige und spannende Themen:

> Ein Mindestlohn, der nicht zu Altersarmut führt.

> Beteiligungsmodelle am Unternehmenserfolg.

> Holokratische Modelle, bei denen alle Mitarbeiterinnen und Mitarbeiter ihre Löhne mitbestimmen und untereinander aushandeln, was zur Position und Lebenssituation passt.

Benefits wie Fahrräder, Auto-Nutzung, Mitgliedschaft in Fitnessclubs, gesundes Mittagessen, Team-Events und -Reisen, regelmäßige Trainings und Entwicklungszeiten, und viele andere.

Ungleichheit in der Bezahlung. Die Zahlen zum Gender Pay Gap, dem Verdienstabstand zwischen Frauen und Männern, sind eindeutig: In der EU verdienen Frauen 13 % weniger als Männer, in Deutschland sind es sogar 18,3 % weniger.[251] Über das gesamte Berufsleben gerechnet liegt der Gender Lifetime Earnings Gap bei 40 bis 45 %.[252]

Gerechte Löhne: Dan Price begann 2016, allen Angestellten bei Gravity einen Mindestlohn von 70.000 US-Dollar, später 80.000 US-Dollar pro Jahr zu zahlen. Statt zuvor eine Million Dollar erhielt auch er den neuen Mindestlohn. Im Team gibt es auch viele höhere Gehälter passend zur Position. Fünf Jahre später hat sich der Umsatz seiner Firma verdreifacht, und im Team werden zehnmal mehr Babys geboren. „Durch den hohen Lohn hatten wir die Sicherheit, eine Familie gründen zu können", erzählt eine Mitarbeiterin.[253]

Mehr Urlaubstage bis hin zu unbegrenztem Urlaub. Geht nicht? Folgende Geschichte muss keine Utopie sein.
Eine Frau geht zu ihrem Chef, weil sie kündigen will. Der Arbeitgeber ist überrascht: „Was gefällt Ihnen bei uns nicht?" Der Mitarbeiterin gefällt alles, sie arbeitet sehr gerne für das Unternehmen. Sie will kündigen, um auf Weltreise zu gehen. Der Chef weiß um ihren Wert für das Unternehmen. Er bietet ihr an: „Wir zahlen Ihnen den vollen Lohn, so lange, wie Sie verreisen. Und wir geben Ihnen eine Arbeitsplatzgarantie. Wenn Sie zurück sind, können Sie wieder bei uns arbeiten. Deal?" – „Deal!"

Diese Themen sind wichtig und spannend, doch nicht spezifisch für das Thema der 4-Tage-Woche.

Deshalb bleibt dieses Kapitel sehr kurz. Es endet hier.

> Das Gehalt bleibt gleich! Deal? Deal!

# 6. LEISTUNGS-FÄHIGKEIT MENSCH & MASCHINE

Was ist Leistung? Was bedeutet sie dir? Wie erkennst und beschreibst du deine Leistungsfähigkeit? Welche Leistung wünschst du dir von anderen im Team und im Betrieb? Hast du dasselbe Verständnis von Leistung wie die Menschen um dich herum? Bist du leistungswillig, leistungsfähig und leistungsmutig?

Und woran misst sich Leistung überhaupt?

Eine bestimmte Stundenzahl vertraglich festzuhalten und dafür ein bestimmtes Gehalt zu zahlen, ist ein Prinzip, das aus der Zeit der industriellen Revolution stammt – also über 200 Jahre alt ist. Jeder Handgriff dauerte eine bestimmte Zeit, und der Erfolg wurde in Stückzahlen gemessen. Die Produktion mit den gleichen wiederholten Handgriffen konnte eindeutig mit dem Maß der Zeit gemessen werden. Diese präzise und leistungsfähige Art der Produktion ist heute fest in der Hand von Robotern. Deutschland steht in der Top 5 aller Länder weltweit mit den höchsten Roboterdichten in der Produktion.

„Die Roboterdichte ist ein Schlüsselindikator dafür, wie sich die Automatisierung in der verarbeitenden Industrie weltweit entwickelt", sagt Marina Bill, Präsidentin der International Federation of Robotics. Global ist die Roboterdichte 2022 auf 141 Roboter pro 10.000 Beschäftigte gestiegen – das ist eine Verdoppelung in sechs Jahren. Besonders China investiert viel in Industrie-Robotik und hat die weltweite Spitzengruppe erreicht und dabei die Vereinigten Staaten überholt. 2022 rangiert China auf dem fünften Platz weltweit, Deutschland auf Platz 4, Bronze für Japan, Silber geht an Singapur und Gold gewinnt Südkorea.[254]

> Arbeit, die auf Präzision getrimmt und eindeutig messbar ist, ist bereits vergeben.

Menschen können mit der Leistungsfähigkeit von Robotern in der Automatisierung nicht mithalten. Die Investitionen in Roboter sind teuer, dafür laufen sie 24/7 und werden nicht krank.

„In Deutschland herrscht noch das alte Denken, wir müssten 24/7 arbeiten, damit wir überleben. Doch das ist nicht so, davon müssen wir weg kommen", sagt die Geschäftsführerin Marie-Antoinette Schleier. Ihre Baufirma „Franz Rönnau Metall ums Haus" in Hessisch Lichtenau bei Kassel ist spezialisiert auf die Planung, Umsetzung und Montage von Terrassendächern, Markisen, Geländern, Haustüren, Sonnenschirmen und Vordächern. Im September 2021 wurde die 4-Tage-Woche eingeführt und die Arbeitszeit von 40 auf 36 Stunden verkürzt bei gleicher Bezahlung. Alle sind zufriedener, und der Umsatz bleibt gleich.[255] Die Inspiration zu der 3-Tage-Freizeit kam ihr in Schweden. Zurück in Nordhessen stellte sie die Idee im Team vor. Zunächst sei die Idee nicht gut bei den Beschäftigten angekommen, berichtet sie in der Hessenschau: „Die waren eher skeptisch: ‚Ach nein, da schaffen wir unsere Arbeit nicht, wie sollen wir das denn machen?'"[256]

Daher einigte sich Schleier mit ihren Angestellten auf einen dreimonatigen Probelauf. Nach der Testphase konnte sich niemand mehr vorstellen, an fünf Tagen zu arbeiten, und somit war die 4-Tage-Woche beschlossene Sache, erinnert sich Schleier. Die Mitarbeiter und Mitarbeiterinnen sind für die Erstellung der Dienstpläne mitverantwortlich.[257] Die Baufirma-Chefin spricht von einem unbeschreiblichen Mehrwert des freien Freitags. Alle seien gleichbleibend produktiv, vielleicht sogar produktiver. „Ich habe den Eindruck, dass meine Mitarbeiter viel motivierter und engagierter arbeiten", sagt sie.[258] Die reduzierte Arbeitszeit wirkt leistungssteigernd – TROMMEL-WIRBEL – ohne in mehr Stress zu enden. In der Baufirma Franz Rönnau hat es funktioniert: gleicher Umsatz in weniger Arbeitszeit an weniger Arbeitstagen. Die Produktivität muss also gestiegen sein.

Im September 2022 verkündet die Monte Nero Productions GmbH aus Klagenfurt am Wörthersee: „Wir haben neue Öffnungszeiten. Mehr Freizeit bewegt die Sinne, steigert die Kreativität, und das gibt uns Inspiration für neue Projekte."[259] „Nach drei freien Tagen kommen wir montags alle entspannt und inspiriert zur Arbeit. Wir können neue Projekte nicht nur fokussierter, sondern auch schneller bearbeiten. Wir haben mehr Freude, weniger

Stress und einen besseren Workflow", schwärmt Inhaberin Katrin Schwarzkogler.

Die Leistungsfähigkeit und die Produktivität steigen bei Franz Rönnau, und Kreativität, Fokus, Freude und Geschwindigkeit sind bei Monte Nero Productions ausgeprägter durch die Erholung. Braucht es noch mehr Gründe, um jetzt die 4-Tage-Woche umzusetzen?

„Nicht die Anzahl der geleisteten Arbeitsstunden, sondern das Know-how und die Leidenschaft, welche in unseren Produkten stecken, sind für unseren Erfolg verantwortlich", sagt Fabian Schneider, Gründer und Geschäftsführer der seerow GmbH im schweizerischen Solothurn. In den Homeoffice-Zeiten wurden ganz neue Formen der Zusammenarbeit beim Gestalten von Webseiten und Apps entwickelt. Das Vertrauen untereinander wuchs. Für die Geschäftsführung ist ein Experiment mit verkürzten Arbeitszeiten ein logischer Schritt.[260]

In den meisten Unternehmen werden Arbeitszeiten von alten Vollzeit- und Teilzeitmodellen diktiert, die in Stunden und Tagen gemessen werden. Was hat das mit Know-how, Leidenschaft und Vertrauen zu tun?

> Sind Stunden und Tage das schlechtmöglichste Maß für Leistungen?

Arbeiten mit Tageslicht ist sinnvoll auf Baustellen, beim Dachdecken und beim Asphaltieren. Eine Zimmerreinigung im Hotel will niemand nachts hören. Und Zusammenarbeit braucht Absprachen, dabei hilft die Uhrzeit. Es gibt also Rahmenbedingungen, die für bestimmte Arbeitszeiten sprechen. Aber viele Fragen bleiben:

> Welcher Arbeitsrhythmus passt zu welcher Branche und individuell zu welcher Firma?

> Welche Anzahl an Tagen und Stunden ist optimal in welchem Beruf?
>
> Wie wirkt sich ein zusätzlicher freier Tag auf die Leistungsfähigkeit in deiner Firma aus?
>
> Was wissen wir über den Einfluss von Erholung auf die berufliche Leistungsfähigkeit?
>
> Was braucht der Mensch für beste Leistungsfähigkeit?

Da Roboter die wiederholbaren und immer gleichen Tätigkeiten übernommen haben, bleiben den Menschen die Tätigkeiten, die sich unterscheiden. Jedes Dach ist anders, jeder Film und jede Webseite verfolgen eine andere Idee, jeder Krankheitsverlauf braucht eine individuelle Behandlung.

> Für individuelle Tätigkeiten sind individuell passende Arbeitsabläufe und Arbeitszeiten in Firmen das neue Maß, um aus Menschen und Geschäftsmodellen das Beste herauszuholen.

Dazu brauchen wir – wie im 3. Kapitel bereits vertieft: Genug Schlaf.

## JEDER MUSKEL WÄCHST IN RUHE

Wenn jemand eine Frage hat, sucht er Antworten bei Menschen, die schon Erfahrungen gesammelt haben. Bei Fragen zur Leistungsfähigkeit wissen Sportler und Sportlerinnen sehr gut, welche Trainingsmethoden und Abläufe ihre Leistung fördern. In Erholungsphasen baut der Mensch Muskeln auf, nicht im Training! „Um sich zu erholen, benötigt der Muskel nach dem Krafttraining mindestens 24, besser 48 Stunden Ruhepause. Während dieser Zeit regenerieren die Muskeln und bauen ihre Energie- und Nährstoffdepots wieder auf. Dazu wächst der Muskel in dieser Zeit." [261]

---
Leistung und Erholung gehören
untrennbar zusammen zum Aufbau
von Muskeln.
---

Hast du das gewusst? Muskeln wachsen in den Ruhephasen. Dieses Wissen ist wie ein versenkter Elfmeter für die Befürworter der 4-Tage-Woche. Cyberhouse in Linz ist überzeugt: „Großartige Performance braucht auch Zeit zum Tanken neuer Energie. Diese Zeit bekommen unsere Mitarbeiterinnen und Mitarbeiter. Seit Februar 2023 setzen wir im Cyberhouse auf 35 Stunden als Normalarbeitszeit, bei vollem Gehalt. Wir sehen an unserem Team welches Potential durch den Fokus auf selbstbestimmtes Arbeiten geweckt wird. Zeit ist immer nur das, was man daraus macht. Wir leben eine Kultur, die es ermöglicht, das Beste aus sich rauszuholen."[262]

---
Das Beste aus sich herauszuholen, macht Spaß –
im Sport wie in einem erfüllten Beruf.
---

Welche Erkenntnisse aus dem Sport lassen sich noch auf die Arbeitswelt übertragen? Dass Bewegung wichtig und „Sitzen das neue Rauchen" ist, gehört inzwischen zur Allgemeinbildung.[263] Gut, dass es immer mehr betriebliches Gesundheitsmanagement und Gutscheine für Fitnessstudios gibt als Anreiz, neben der Arbeit Sport zu treiben. Immerhin gibt es 9.492 Fitnessstudios in Deutschland[264] mit zusammen 9,26 Millionen Mitgliedern[265], Tendenz steigend nach dem Pandemie-Knick. Allein im ersten Halbjahr 2022 gab es 280.000 neue Mitglieder.[266] Das ist wichtig, denn die positive Wirkung von Sport auf die Gesundheit und damit auf die Leistungsfähigkeit ist offensichtlich.

Warum nicht noch einen Schritt weiter gehen und gezielte Leistungsförderung beim Arbeiten im Berufsalltag anpacken? Häufig lautet das Motto im Betrieb: Hauptsache die Arbeit wird erledigt. Dabei wäre viel mehr Leistung möglich, wenn Arbeitsabläufe so wie im Sport trainiert und evaluiert würden. Damit meine ich nicht das Bestreben, noch mehr aus überforderten Menschen herauszupressen, ohne Rücksicht auf Verluste. Ganz im Gegenteil: Nur gesunde Teammitglieder, die sich wohlfühlen, bringen beste Leistung.

> Welches Unternehmen evaluiert wie im Sport die Abläufe, um das Beste rauszuholen?
>
> Welche Firma unterstützt dabei, dass Handgriffe gezielt trainiert und verbessert werden?
>
> Welcher Betrieb sorgt dafür, dass Teams mental gecoacht und bestens aufgestellt sind?
>
> Wie oft finden im Betrieb Mitarbeitergespräche statt? Einmal im Jahr? Alle sechs Monate?

---

Wie können Menschen ohne regelmäßiges und wertschätzendes Feedback die beste Leistung bringen?

---

Wie sollten Sportler das Beste aus sich rausholen, wenn sie einmal im Jahr über die Leistung sprechen? Stell dir vor, Angestellte bekämen so häufig qualitativ wertvolles Feedback wie Leistungssportlerinnen und Sportler. Und stell dir vor, das Feedback würde wie im Sport mit konkreten Tipps zur gezielten Verbesserung und Trainingsvorschlägen angereichert werden. Wie viel mehr Leistungsfähigkeit könnte erzielt werden!

---

Ein freundliches Lob ans Team wie „Supergut gemacht!" und öffentliche Wertschätzung sind wichtig.

---

Sie steigern die gute Stimmung und das Wohlbefinden und verbessern die Arbeitsatmosphäre. Doch allgemeines Lob leistet keinen Beitrag zu trainierbaren Fähigkeiten. Dazu braucht es mehr Beobachtung, Evaluation, konkrete Anregungen, Handgriffe und Tools, wie Leistung an einem ganz bestimmten Arbeitsplatz verändert und gesteigert werden kann.

Immerhin ist die 3-Tage-Freizeit ein Anfang: „Die 4-Tage-Woche stellt das derzeitige Arbeitsmodell in Frage und hilft den Unternehmen, nicht mehr nur zu messen, wie lange die Mitarbeitenden arbeiten, sondern sich stärker auf die erbrachte Leistung zu konzentrieren", sagt Joe O'Connor, Leiter des Pilotprojekts von *4 Day Week Global*.[267]

## TRAINING BEIM DOING

„Die körperliche Leistungsfähigkeit ist ein Begriff aus der Sportwissenschaft und bezeichnet die Fähigkeit des Menschen, eine bestimmte Aufgabe in der höchsten erreichbaren Belastungsstufe zu erfüllen. Sie ist von dem Leistungsvermögen und der Leistungsbereitschaft abhängig, wird durch Lernen erworben und im Training verbessert. Eine erhöhte Leistungsfähigkeit resultiert aus Anpassungen des Organismus", wird auf Wikipedia das Wissen zusammengefasst: „Leistungsfähigkeit wird von physischen, psychischen, sozialen sowie externen Faktoren bestimmt:

> Kondition (Kraft, Schnelligkeit, Ausdauer, Beweglichkeit)
>
> Technik (koordinative Fähigkeiten, Bewegungsfertigkeiten)
>
> Psychische Fähigkeiten (mentale Fitness)
>
> Veranlagungsbedingte, konstitutionelle und gesundheitliche Faktoren (Begabung, Konstitution, Gesundheit, Alter, Geschlecht, Ernährung)
>
> Taktisch-kognitive Fähigkeiten (Intelligenz, Technik & Taktik)
>
> Soziale Fähigkeiten
>
> Umweltfaktoren, Rahmenbedingungen und familiäre Faktoren"[268]

Leistung ist komplex, und es gibt kein einheitliches Maß für Leistungsfähigkeit. Klar ist, alles lässt sich trainieren von der Holzauswahl über das Sägen, Schleifen und Leimen bis hin zum Zusammenbau des Möbelstücks. Meine Tochter ist Tischlerin. Meisterin will sie nach ein paar Praxisjahren auch werden. Wenn sie dann offiziell den „Abschluss" hat, geht es im Beruf richtig los mit der Leistung, Kondition, Technik, mentalen Fitness, Intelligenz, Technik, Taktik und den sozialen Fähigkeiten. Wie wird die Weiterentwicklung der Leistungsfähigkeit nach dem „Abschluss" gezielt weiter trainiert?

> Die Technologiefabrik Festo betreibt sehr gezielte Leistungssteigerung, indem Lernen und Trainieren konsequent in den Arbeitsalltag integriert werden.

In der 220 m² großen Lernfabrik ist die moderne Lernkultur von Festo ein unmittelbarer Teil der Abläufe. Training-on-the-job und Training-near-the-job verschmelzen zu einer didaktischen Einheit.[269] Damit reagiert Festo auf das Tempo der Veränderung in der Arbeitswelt. Auf Vorrat zu lernen ist nicht schnell und flexibel genug. Lernen direkt am konkreten Problem ist bei Festo möglich. Weil die Lernfabrik mitten in der Produktion steht, kann jederzeit am konkreten Ablauf und Prozess trainiert werden. Das Beste herauszuholen, ist in den Berufsalltag integriert.

Jede Sportart und jeder Beruf haben eigene Maßeinheiten. Leistungsvergleiche basieren auf Definitionen, auf die sich Menschen geeinigt haben. Leistung kann im zeitlich begrenzten 100-Meter-Sprint gezeigt werden, beim Dachdecken oder in der jahrelangen Kundenbetreuung mit Ausdauer und Empathie.

> Neben der körperlichen kommt immer auch die kognitive Leistungsfähigkeit ins Spiel.

Der Begriff kognitiv bezeichnet Funktionen des Menschen, die mit Wahrnehmung, Lernen, Erinnern, Denken und Wissen in Zusammenhang stehen.[270] Zu den kognitiven Fähigkeiten von Menschen zählen:

> Wahrnehmung und Aufmerksamkeit
> Erinnerung und Lernen
> Problemlösen, Kreativität, Vorstellungskraft
> Planen und Orientierung
> Argumentation
> Selbstbeobachtung
> Wille und Glauben[271]

Kognitive Leistung umfasst die Summe aller Denk- und Wahrnehmungsvorgänge und mentalen Ergebnisse wie Wissen, Einstellungen, Überzeugungen und Erwartungen. Kognitive Prozesse laufen sowohl bewusst ab beim Lösen von Aufgabe als auch unbewusst beim Bilden einer Meinung.[272] Mit Coaching bilden Unternehmen die kognitiven Fähigkeiten ihrer Angestellten gezielt weiter.

Die Bochumer Firma Masterplan baut für Unternehmen eine Lernplattform, die digitales Lernen mit Entertainment verbindet. UX-Design wird kombiniert mit Mediendidaktik und Mathematik mit Psychologie. Digitales Lernen wird einfach, effektiv und messbar in den Arbeitsalltag integriert.[273]

Die Berliner Firma Coachhub will zum globalen Marktführer werden, schreibt die WirtschaftsWoche 2022. Über die digitale Plattform können Unternehmen ein personalisiertes Coachingprogramm für die gesamte Belegschaft erstellen. 3.500 Coaches bieten Beratungen in mehr als 60 Sprachen an. „Unternehmenskunden zahlen eine Lizenzgebühr pro Mitarbeiter, der dann so viel Coachingstunden nehmen kann, wie er will", sagt der Gründer Matti Niebelschütz. Er glaubt, dass in zehn Jahren jeder Berufstätige Coaching nutzen wird. 2019 schätzte die Unternehmensberatung PwC den globalen Umsatz mit Coaching für Firmen auf 2,85 Milliarden Dollar. Zwei messbare Mehrwerte für Betriebe: Es fallen weniger Fehltage an, und es gibt weniger Fluktuation.[274]

Coaching und die 4-Tage-Woche verbindet dieselbe positive Wirkung: Gesundheit steigern, Fehltage reduzieren und das Team positiv an den Betrieb binden. Beides findet immer mehr Verbreitung.

## TECHNIK FÜR MEHR LEISTUNG

Nicht nur mit Coaching, auch mit technologischen Tools lässt sich das Potenzial von Teammitgliedern weiterentwickeln. Um die Leistungsfähigkeit im Wartungs- und Service-Bereich zu steigern, werden Brillen mit Augmented oder Virtual Reality für eine dreidimensionale Anleitung genutzt. Eine kurze Auffrischung:

> Augmented Reality (AR): die Realität wird durch virtuelle Elemente ergänzt. Der Nutzer sieht zum Beispiel in der Brille die defekte Heizung und eingeblendet daneben die Optionen, wie er bei der Reparatur vorgehen kann. „Augmented" heißt auf Deutsch: angereichert, erweitert.
>
> Virtual Reality (VR): Hier wird die Realität ausgeblendet und der Nutzer befindet sich vollständig in einer virtuellen Welt, in der zum Beispiel Avatare miteinander kommunizieren.
>
> ---
> Seit 2018 werden im ICE-Werk Frankfurt-Griesheim ICE-Kaffeemaschinen mit Hilfe von AR-Brillen gewartet, gereinigt und repariert.
> ---

Dr. Stefan Roth von DB Systel sagt: „Das mag auf den ersten Blick einfach klingen, tatsächlich ist der Kaffeeautomat aber ein komplexes Gerät, das gewartet werden muss. Durch AR-gestützte Hinweise können wir die Sicherheit bei der Durchführung von Tätigkeiten deutlich erhöhen."[275] Die Bahn und ihr technologischer Partner 3spin aus Darmstadt wollen in Zukunft auch Klimaanlagen, Türen und Sanitäranlagen AR-gestützt mit einer HoloLens warten lassen.

Das Serviceteam lernt während der Wartung und Reparatur am Objekt, wie es geht. Die jeweils nächsten Schritte und Handgriffe werden in der Brille gezeigt. Statt Informationen stapelweise auswendig zu lernen und zu verinnerlichen, bevor eine Tätigkeit durchgeführt werden kann, wird mit der HoloLens genau im richtigen Moment die benötigte Information angezeigt, beschreibt Thomas Hoger, Co-Inhaber bei 3spin, den Vorteil.[276] Das steigert in jeder Situation die Leistungsfähigkeit. Das ist Training und Leistungssteigerung to go.

Augmented Reality wird in einer breiten Palette von Anwendungen eingesetzt. So soll es bis 2024 weltweit 1,7 Milliarden mobile AR-Geräte geben.[277] Die Würth-Gruppe nutzt virtuelle Umgebungen für eine Vielzahl an Anwendungen:

> in der Berufsschule
> in Kundenterminen
> in Vertriebstrainings
> beim Onboarding neuer Mitarbeiter
> auf Messen

„Denn auf einem Stand können wir nur einen Bruchteil unserer Systeme vorstellen", sagt Christopher Gröne, Virtual Reality Spezialist bei der Würth Industrie Service GmbH. „Mit der VR-Brille haben wir alles immer und überall dabei."[278]

Im Handwerk laufen bereits zahlreiche Projekte mit AR und VR zum Ausprobieren und Trainieren.[279]

Im Projekt „AR-Trainingsszenarien für das Kfz-Handwerk" werden überbetriebliche Ausbildungskurse der Kfz-Mechatroniker in Zusammenarbeit mit der Handwerkskammer Potsdam modernisiert. Auszubildende können mit AR trainieren, wie man Fahrzeuge repariert und instand hält. Das Projekt läuft von Januar 2021 bis März 2023.

Im Projekt „Augmented Reality zur Umsetzung digitaler Bauwerksmodelle" werden AR-Anwendungen in die überbetriebliche Ausbildung von Maurern, Fliesenlegern und Straßenbauern integriert. Das Projekt vom Bildungszentrum im Baugewerbe Krefeld läuft von Januar 2022 bis Juni 2023.

Bäder und Treppenanlagen werden zunehmend mit Hilfe von AR geplant und montiert. Das Bildungszentrum Schweinfurt der Handwerkskammer für Unterfranken integriert die AR-Technologie in die überbetriebliche Ausbildung. Das Projekt „Augmented Reality in der handwerklichen Ausbildung" läuft von Oktober 2020 bis Juni 2023.

Die überbetriebliche Ausbildung für Elektroniker in Energie- und Gebäudetechnik wird an neue Qualifizierungsbedarfe angepasst. Im Projekt „Digitale Innovationen für die Ausbildung im Elektrohandwerk" werden Auszubildende darin geschult, mit VR und Gamification-Elementen ein breites Prozess- und Systemverständnis für Smart Buildings aufzubauen. Das Projekt vom Elektronikbildungs- und Technologiezentrum Dresden läuft von September 2020 bis Juni 2023.

Das Projekt „Technische Kommunikation in der Land- und Baumaschinenmechatronik" mit Konstruktionssoftware und AR läuft von September 2020 bis Juni 2023.

Die Leistungsfähigkeit wächst in diesen Projekten. Genauso wie die 4-Tage-Woche ist Weiterentwicklung freiwillig. Sie setzt auf Menschen und Betriebe, die dazulernen und ihre Qualität verbessern wollen.

> Weiterbildung braucht Zeit, Raum und Energie für die gewünschte Steigerung der Leistung.

## SENSATIONELLE FÄHIGKEITEN

Die Leistungsfähigkeit geht also Hand in Hand mit AR- und VR-Technologien, aber auch mit Anwendungen Künstlicher Intelligenz (KI). KI braut Bier. In der Schweiz hat eine Hobbybrauerei zusammen mit einer Gruppe Studierenden ein fruchtig, helles, erfrischendes IPA-Bier mithilfe künstlicher Intelligenz gebraut. Dazu hat die KI rund 160.000 Rezepte von Heim- und Hobbybrauern und Millionen Bier-Bewertungen analysiert.[280] In den USA wurde mithilfe von KI ein Blonde Ale Bier gebraut.[281] Die Firma Deep Liquid verspricht ihren Kunden einen effizienteren und dreimal schnelleren Entwicklungsprozess sowie 18 % mehr Gewinn mit KI-Anwendungen.[282]

Wenn KI die Arbeit übernimmt, haben dann Menschen nichts mehr zu tun? Bei Deep Liquid arbeiten Menschen zusammen mit der KI, die kreativen Prozesse im Team werden von der KI unterstützt.

> Die Art der Leistung von Menschen verändert sich, aber sie wird nicht komplett ersetzt.

Trainierte KI-Algorithmen durchsuchen große Datenmengen nach Mustern. Neben der hohen Präzision kommen die Ergebnisse von einer KI-Anwendung – wenn sie lange genug von Menschen trainiert wurde - in einem Tempo, das für Menschen unerreichbar ist. Das spart Zeit und mittelfristig auch Kosten.

KI verändert die Medizin. In der Krebsmedizin unterstützen KI-basierte Systeme Ärzte bei der Diagnose von Tumorerkrankungen, bei der Wahl der individuell besten Therapie und bei der chirurgischen Behandlung von Patienten.[283] KI-Systeme gewinnen Zeit, so dass Ärzte sich auf einen wesentlichen Teil ihrer Kompetenz besinnen können: Gespräch und Empathie.[284]

Mit wenigen Klicks generiert die KI-Software Aiva neue Songs. Sie bietet eine große Auswahl an Musikgenres als Basis. Die KI-generierten Instrumentalspuren können dann von Menschen weiterbearbeitet werden.[285] Das KI-Tool DeepMind schreibt Drehbücher für Film und Theater. Auch dies ist eine neue Art der Zusammenarbeit von Menschen und Maschinen im kulturellen Bereich und befähigt zu völlig neuen, veränderten Leistungen.[286] ChatGPT ist in aller Munde und stellte Anfang 2023 den Rekord für die am schnellsten wachsende Nutzerzahl auf:

---
2 Monate nach Start von ChatGPT sind rund 100 Millionen Nutzer monatlich aktiv.[287]

---

Wozu KI noch fähig ist, zeigen Bilder-KI-Apps wie Stable Diffusion oder Dall-E. Schreib oder sprich, was du willst, und eine KI-Software entwickelt dir in Sekunden ein individuelles, einmaliges Bild. Die neue Herausforderung ist dabei das Urheberrecht. Kritiker weisen darauf hin, dass sich KI-Tools bei allen Bildern im Internet bedienen. In den Pixeln der Bilder aus einer KI-Software findet man Werke von Fotografinnen und Fotografen, Künstlerinnen und Künstlern wieder. Die Ursprungswerke werden dabei weder genannt noch bezahlt. Kritiker bemängeln, die Software sei nicht kreativ, sondern würde im Gegenteil die Kreativität von Menschen ausnutzen. KI-Software als Dieb. Wie werden Leistungen und Bilderrechte bewertet und entlohnt? Die Debatte wird intensiv geführt. Erste Klagen laufen.[288]

---
AR, VR und KI erweitern unsere Möglichkeiten und Fähigkeiten in einem atemberaubenden Tempo.

---

Wir brauchen Zeit, uns darauf einlassen. Handwerk, Medizin, Kunst und viele andere Berufe und Branchen profitieren, wenn Menschen die neuen Tools für das Unternehmen testen und in die Arbeitsabläufe integrieren. Das setzt Freiräume und Motivation voraus – und genau das kann eine 4-Tage-Woche leisten: Sie liefert die Voraussetzung, dass Menschen verstehen, lernen und trainieren wollen. Das steigert die Leistungsfähigkeit.

## ZEIT FÜR DAS WESENTLICHE

AR-, VR- und KI-Tools, Coachings und Trainings setzen auf erholte, motivierte und lernfähige Mitarbeiterinnen und Mitarbeiter. Ausgelaugte, überlastete und Burnout-gefährdete Menschen sind hingegen froh, wenn sie ihren Workload erledigt haben. Platz für Extras gibt es dann nicht.

> Mit 3 Tagen Erholung steigt die Leistungsfähigkeit an 4 Tagen.

Erholt können sie neben dem Tagesgeschäft die Leistungen der Firma weiterentwickeln. Wenn Menschen erholt sind und sich wohlfühlen, steigt die Bereitschaft, neues Wissen für den Arbeitgeber auszutesten und einzusetzen.

In der gesteigerten Motivation und Freude bei der Arbeit, sieht Simon Bausewein den größten Vorteil der 4-Tage-Woche für die Firma ETH Elektrotechnik, in der er arbeitet. „Die Kollegen sind besser gelaunt als früher, sie bringen sich mehr ein. Die gute Stimmung macht die Arbeit für alle angenehmer."[289]

> Gute Stimmung macht Arbeiten angenehmer und erhöht Konzentration und Kreativität.

Das Restaurant Der Dantler[290] von Max Süber und Jochen Kreppel bietet Bayrisch' Deli. „Nach New Yorker Vorbild der Deli-Idee werden hier kleine

Gerichte serviert mit Qualität, kreativ, nachhaltig und erschwinglich. ‚Wir setzen deshalb auf beste Ware aus der nahen und fernen Alpenregion und auf Produkte aus der eigenen Manufaktur und interpretieren den Begriff Heimat, der den Einwanderern in New York sehr wichtig war, auf bayrisch neu", berichtet Max Süber im InMagazin.[291] Geöffnet wird dienstags bis freitags am Mittag und am Abend; alle im Team arbeiten ihre 40 Stunden an 4 statt an 5 Tagen. Ein Tag weniger Arbeit bringt entspanntere Mitarbeitende und weitere Erfolge: „Seit Einführung der drei Tage Freizeit sind die Erholung, Kreativität, Konzentration, Kalkulation und der Wareneinsatz besser geworden."[292] Das klingt nach einer wertvollen Leistungssteigerung durch Erholung für leckeres Bayrisch Deli und zeigt sich in guten Bewertungen: „Super Service, kreative Küche, entspannte Atmosphäre." „Schade, dass man nicht mehr als 5 Sterne vergeben kann." „Lange her das ich in München mal wieder so gut zu Mittag gegessen habe. Service ist sehr gut, und die Gerichte absolut lecker im Geschmack. Werde jetzt sicher öfters mal vorbeischauen bei euch."[293]

„Freitags immer frei", prangt in großen Buchstaben auf der Webseite von Hempfling Elektro Solar in Prebitz nahe Bayreuth.[294] Von allen Seiten kommt sehr gutes Feedback. Kunden, Partner, Angestellte sind zufrieden, und auch die Bilanz ist blendend. Einer der Auslöser für die Veränderung war der Stress des Chefs über die Weihnachtsfeiertage. „Da ist immer Ausnahmezustand, und für mich war schnell klar: Ich will die nächsten 20 Jahre nicht so leben", sagt Hans-Peter Hempfling.[295] Der knapp 50-Jährige hat noch sein halbes Leben vor sich: „Es bringt ja nichts, ständig auf Vollgas und 110 Prozent zu laufen. Das hält kein Mensch aus." Also gibt es neue Öffnungszeiten: Montag bis Donnerstag 7.00 bis 16.30 Uhr; alle arbeiten 36 Stunden. Überlastung wurde gestrichen. Nun ist wieder Zeit für das Wesentliche. Durch den Freiraum ist das Hempfling-Team motivierter und der Chef entspannter. „Wir haben immer ein langes Wochenende und trotzdem dasselbe Gehalt", schwärmt Mitarbeiterin Lisa Perl.[296]

---

Streichen von Überlastung zieht an: In 3 Wochen kamen mehr Bewerbungen als in den 2 Jahren zuvor.[297]

---

Entspanntheit tut gut und zieht an, sie steigert die Leistungsfähigkeit und Innovationskraft. Mit guter Stimmung und dem Wunsch, in nur 32 Wochenstunden effizienter zu arbeiten, hat das Team von Rocco Funke alte Arbeitsabläufe hinterfragt und ausgemistet. Auf der Suche nach Leistungssteigerung fand das Trocknungs-Team heraus: In nassen Gebäuden reicht es aus, nur *ein* Loch pro Abschnitt zu bohren statt bisher zwei Löcher. In einer großen Trocknung wird statt 64-mal nur noch 32-mal gebohrt – mit demselben Ergebnis.[298] Die Hälfte des früher für unerlässlich gehaltenen Aufwands wurde ausgemistet. Warum wurden zuvor immer 64 Löcher gebohrt? Weil man das so machte, und weil sich unter Zeitdruck niemand die Zeit nimmt, andere Verfahren auszutesten.

> Ausprobieren, Lernen und Umsetzen sind Leistungen.
> Sie brauchen Zeit und Energie.

Diese Leistungen gibt es nicht auf Knopfdruck. Erholung setzt Energien frei. Um Arbeitsabläufe zu überprüfen, Neues zu ermöglichen und Leistungsfähigkeit zu steigern, braucht es zwei Arten des Streichens:

> Zuerst wird die Überzeugung gestrichen, eine Tätigkeit ginge nur auf eine bestimmte Weise und niemals anders als bisher.

> Dann die Entschlackungskur: Alles Überflüssige und Bremsende in den bisherigen Abläufen und Prozessen wird gestrichen.

Ist die Tätigkeit entschlackt, atmen Menschen auf. Dann gibt es noch mehr Raum und Zeit, Leistung im Tagesgeschäft konzentriert und kreativ zu zeigen und sie mit neuen Fähigkeiten zu erweitern. Erholung macht auch die Firma und ihr Angebot immer besser.

> Eine 4-Tage-Woche ist Erholung für Menschen
> und auch für die Firma selbst.

Im Rahmen ihrer Einführung werden alle Abläufe und Prozesse überprüft. So gewinnt die Organisation Zeit, die sie ihren Leistungsträgern – allen Mitarbeiterinnen und Mitarbeitern – schenken kann. Entwicklung braucht Zeit zum Ausmisten, Freiraum zum Ausprobieren und Energie zum Trainieren. Entscheidend für den Erfolg ist die Reihenfolge:

> Zuerst wird alles gestrichen, was bremst. Dann ist der Weg frei für eine erfolgreiche 4-Tage-Woche, und die Leistungsfähigkeit wird gesteigert.

In der Marc Schmitz GmbH Heizung Sanitär Klima Elektro in Köln steht das Wohl der Mitarbeiter an erster Stelle. „Ein tolles Team und die Arbeit mit neuester Technologie machen uns zu einem der besten Arbeitgeber." Ein tolles Team, neueste Technologien und die 4-Tage-Woche sind ein echtes Dreamteam![299]

Auch das Team von Ferri Heizung Sanitär Service in Winsen bei Hamburg verbindet Technologie, Motivation und Leistungsfähigkeit mit einer 4-Tage-Woche.[300] „Wir lieben Handwerk. Als junges Team sind wir täglich mit Eifer, Leidenschaft und hoher Motivation für unsere anspruchsvollen Kunden im Einsatz. Die persönliche Weiterentwicklung fördern wir zielgerichtet. Der Einsatz unserer modernen technischen Ausstattung macht nicht nur Spaß, sondern bringt qualitativ hochwertige Arbeitsergebnisse", präsentiert sich Ferri.[301]

> Hochwertige Arbeitsergebnisse für anspruchsvolle Kunden folgen dem Fokus für das Wesentliche und der persönlichen Weiterentwicklung.

Bleibt der Fokus hingegen an alten Gewohnheiten haften, dominieren bewährte Wege und Denkmuster. Das ist nicht immer schlecht, es gibt viele gereifte Perlen und sinnvolle Traditionen. Das Bewährte sollte dabei nicht die Weiterentwicklung verhindert. Wo ist der Fokus?

Randvolle To-do-Listen lassen keine Zeit fürs Ausmisten. Viel Zeit bringt nicht viel Leistung. Das Parkinsonsche Gesetz besagt: Völlig losgelöst von der Aufgabe wird immer so viel Zeit dafür gebraucht, wie zur Verfügung steht.[302] Arbeit dehnt sich in dem Maß aus, wie Zeit vorhanden ist.

Eine klare Begrenzung der Zeit kann also die Leistungsfähigkeit steigern. Vorausgesetzt, dass sie einen realistischen Rahmen hat. „Decke das Dach in drei Minuten", funktioniert natürlich nicht. Unrealistische Zeitvorgaben überfordern und lähmen. Umgekehrt haben wir alle schon erlebt, wie eine Deadline unsere Leistungsfähigkeit beflügelt.

Mehrere kurze Zeiteinheiten können die Leistung regelmäßig steigern. Softwareentwicklung funktioniert in sogenannten Sprints: kurze Läufe und Auswertung mit Feedback. Dann folgt der nächste Sprint. Auch die täglich zwei Stillen Zeiten in der Steuerkanzlei SKS wirken wie Sprints. Die ganze Geschichte dazu findest du im Kapitel 8 ‚Organisation'.

## STREICHEN VON VERGLEICHEN

Diversität ist eines der Top-Themen in der Arbeitswelt. Ist das Team zu gleich, schmeckt das Angebot fad und eintönig. Mehl + Mehl = Mehl.

> Es ist eine unternehmerische Frage,
> wie viel Gleiches und wie viel Diverses gewollt ist.

Je homogener der Kreis der Kolleginnen und Kollegen ist, desto weniger Konflikte gibt es. Das kann auch mal guttun. Doch die Folge von homogenen Zutaten sind Gleichheit, wenig Kritik und sinkende Anstöße zur Weiterentwicklung. Der Mix macht's: Diverse Kompetenzen plus persönliche Stärken werden zur Leistung kombiniert.

Wer Software schreibt, löst Probleme in möglichst
kurzen Codes.

Eine ausgeprägte Fingerfertigkeit zeichnet Profis
in der Zahntechnik aus.

Auf der Insel Mainau zaubern Menschen wunderschöne
Blütenmeere mit grünen Daumen und Erfahrung.

Andere Profis errechnen die Wahrscheinlichkeit von
Katastrophen und Schäden.

„Vulkanausbrüche, Erdbeben, Hurrikane, Hochwasser – die Wahrscheinlichkeiten solcher Katastrophen zu berechnen gehört zum Job von Stefan Willjes, einem 25-jährigen Mathematiker: ‚Für mich hat die Berechnung der Wahrscheinlichkeit, ob ein bestimmter Schaden auftritt oder nicht, etwas unglaublich Spannendes. Weil der Bezug zur Praxis so hoch ist.'"[303]

Welche Tätigkeit ist besser oder schlechter? Häufig fehlt das Verständnis für unterschiedliche Fähigkeiten von Menschen. Wir haben vielfältige Talente. Unternehmen können sie einbinden und nutzen oder zerstören, wie dieses Negativbeispiel zeigt: Eine hochbegabte Anwältin macht mit 25 Jahren ihr Staatsexamen und startet hochmotiviert in den Job. Ihr erster Auftrag in der Wirtschaftskanzlei ist das Korrekturlesen eines sehr anspruchsvollen, langen Versicherungsvertrags. Die Anwältin braucht viel weniger Zeit als vom Vorgesetzten geplant. Statt sich über das Geschenk präziser und schneller Arbeit zu freuen, reagiert der Chef mit dem Hammer: „Na schön, ich habe noch einen anderen Vertrag für Sie. Aber bitte arbeiten Sie nicht mehr ganz so schnell – was sollen Ihre Kollegen denken!"[304] Mit seinem Wunsch nach gleichem Tempo im Team senkt er das Niveau einer herausragenden Leistung, weil sie anders ist. Damit fügt der Vorgesetze nicht nur der Mitarbeiterin, sondern auch der Firma Schaden zu. Er holt aus dieser Juristin nicht das Beste heraus.

**Diverse Kompetenzen, Erfahrungen und Kulturen steigern die Leistungsfähigkeit.**

Unterschiedliche Qualifikationen, Herkünfte und Persönlichkeiten steigern allerdings auch das Konfliktpotenzial. Konflikte entstehen aus Vielfalt, Unterschiede bringen Reibung mit sich. Werden Konflikte positiv als Entwicklungspotenzial gesehen, profitiert die Arbeit. Doch sie brauchen Raum und Zeit und den Willen, Konflikte auszutragen und zu klären.

Viele Menschen machen leider die Erfahrung: Wer abweicht, wird verglichen und genormt. Eine Norm basiert auf „richtig" und „falsch", „gut" und „schlecht". Auf „so macht man das" und „so ist es aber falsch!" Solche Bewertungen sind oft ein verhängnisvoller Denkfehler. Denn was ist die Norm? Das langsame Tempo in der Wirtschaftskanzlei?

Das Zauberwort heißt: gegenseitiger Respekt. Der Chef der hochbegabten Anwältin hatte keinen Respekt vor ihr und ihrer besonderen Leistung. Je diverser das Team ist, umso stärker wächst der Bedarf an Respekt. Respekt bedeutet, Menschen wertungsfrei so zu nehmen, wie sie sind, ihnen etwas zuzutrauen, ihnen zuzuhören, sie zu unterstützen und Wertschätzung zu zeigen. So werden verschiedene Talente wertvoll für die Firma.

Der Geschäftsführer einer Firma, die individuelle Yachten baute, bekam einen bitterbösen Anruf. Die Firma hatte gerade die teuerste Yacht der Firmengeschichte an einen Kunden ausgeliefert. Wutentbrannt rief der Kunde an, die Yacht sei voller Mängel. Eine verheerende Leistung. Ein Serviceteam reiste zum Kunden, es dauerte zwei Wochen, um alles in Ordnung zu bringen. Das war sehr teuer und ließ den Gewinn einschmelzen. Was war schief gegangen? Nach der Reparatur wurden die Unterschiede, Stärken und Schwächen im Team analysiert. Dabei wurde klar, dass der Projektleiter sehr gut Aufgaben und Menschen koordinieren kann. Darin war er der Beste. Doch er war kein Perfektionist. Kleine Mängel und Unachtsamkeiten übersah er. Gleichzeitig wurde klar, dass eine andere Person im

Team auf jedes Detail achtet. Dies hatte bisher eher genervt und zu Sticheleien geführt. Als eine positive Stärke war es nicht aufgefallen. Nun übernahm der perfektionistische Kollege die Qualitätskontrolle vor jeder Auslieferung, und es gab nie wieder Reklamationen von Kunden.[305]

Der Mix macht's: Erlernte Kompetenzen werden mit persönlichen Stärken kombiniert und machen eine Fima leistungsfähiger, wenn Unterschiede wahrgenommen, begrüßt und respektiert werden.

Respekt bedeutet auch, die Größe zu haben, anderen den Vortritt zu lassen. Wenn ein Azubi eine geniale Idee hat, könnte der Chef diese ablehnen, weil sie nicht von ihm ist. Doch das wäre respektlos dem Azubi und dem Unternehmen gegenüber. Mit dieser Reaktion profitiert die Firma am meisten: „Wow, du bist erst 18 Jahre alt, und du hast ein Problem gelöst, das uns schon lange gestört hat. Was für eine besondere Begabung! Gut, dass du bei uns bist! Danke. So machen wir das."

---

Werden unterschiedliche Stärken und besondere Fähigkeiten positiv und mit Respekt wahrgenommen, lässt das die Firma wachsen und die Leistungsfähigkeit reifen.

---

# 7. NACHHALTIGKEIT – ARBEIT SCHÜTZT KLIMA

„Nachhaltigen Mehrwert schaffen für Kunden, Mitarbeiter sowie unseren Planeten.", so führt die Graspointner GmbH die 4-Tage-Woche im Dezember 2021 ein und bringt die Wirkung auf den Punkt: „Effizienz steigern > Kosten einsparen > Leistung belohnen > Motivation erhöhen > Umwelt schonen > Freizeit gewinnen." [306]

---

**Weniger Arbeitstage sind ein großer Klimaschützer.**

---

„Eine Verkürzung der Erwerbsarbeitszeit wäre der mächtigste Türöffner für eine klimagerechte Transformation", schreibt der Politikwissenschaftler Lasse Thiele und fordert: „Lasst uns Arbeitszeit verlieren!" [307]

Bist du überrascht? Die 4-Tage-Woche als Klimaretter? Um die vereinbarten Klimaziele zu erreichen, müssen wir jede Maßnahme prüfen. Wir können es uns gar nicht leisten, einen wichtigen Baustein zu übersehen. Welchen Beitrag die 4-Tage-Woche zu Nachhaltigkeit und Klimaschutz leisten kann, darüber informiert dieses Kapitel. Zur Einstimmung ein paar Fakten zu den lebensbedrohlichen Entwicklungen weltweit:

33 Millionen Menschen in Pakistan waren 2022 von Überschwemmungen durch Starkregen betroffen.[308]

In Chile brannten Anfang 2023 innerhalb weniger Tage mehr Wälder als zuvor in einem ganzen Jahr.[309]

Luftverschmutzung durch Feinstaub führte 2020 in der EU zum vorzeitigen Tod von etwa 240.000 Menschen.[310]

In Europa starben 2022 laut WHO etwa 15.000 Menschen durch die Hitzewellen.[311]

Deutschland belegt weltweit Platz 18 der Regionen, die seit dem Jahr 2000 am stärksten von Hitzewellen, Dürren und Stürmen betroffen sind. Der

Klima-Risiko-Index basiert unter anderem auf Daten des Rückversicherers Munich Re, der die materiellen Schäden bezahlen muss.[312]

Wolfgang Weiler, Präsident des Gesamtverbands der Deutschen Versicherungswirtschaft, erkennt aufgrund der rasant ansteigenden volkswirtschaftlichen Schäden die Gefahr, dass die Anbieter von Versicherungen bald für bestimmte Schäden keinen umfassenden Schutz mehr bieten könnten.[313] Er sieht für seine ultra-konservative Branche Nachhaltigkeit als Kernelement des Geschäftsmodells. Er weiß: „Wir Versicherer können das nicht so hinnehmen."

> Ich hoffe, es ist allen klar, dass Klima- und Umweltschutz vor allem uns Menschen schützen!

Wir brauchen sauberes Wasser, vielfältige Biodiversität und fruchtbare Böden für ein gesundes Leben. Deshalb erklären die Vereinten Nationen saubere Umwelt zum Menschenrecht.[314] Die 4-Tage-Woche kann relevante Beiträge leisten, die Grundlagen unseres Lebens zu erhalten.

## ZEITWOHLSTAND STATT $CO_2$

„Mit meiner Geschäftsidee bin ich weit vorne", sagte Friseurmeister Bernd Ritter 2019, als er in Löhne im nördlichsten Teil von Nordrhein-Westfalen nur noch von Dienstag bis Freitag seinen Salon öffnet. „Wir schützen die Umwelt, wenn meine Angestellten nur noch vier Tage die Woche mit dem Auto zum Arbeitsplatz fahren müssen", betont Bernd Ritter.[315] Damit ist er seiner Zeit voraus. Alle weltweit durchgeführten Experimente zur 4-Tage-Woche belegen inzwischen diesen Effekt.

Das Bauunternehmen Leithäusl führte im März 2022 die 4-Tage-Woche für alle 450 Mitarbeitenden in Österreich ein. An den freien Freitagen bleiben die Fahrzeuge auf ihren Parkplätzen und in ihren Garagen. Nach sechs

Monaten hatten sie zusammen bereits 47 Tonnen $CO_2$ weniger produziert als im Jahr zuvor, und zum Jahresende summierte sich die $CO_2$-Einsparung auf 72,5 Tonnen.[316] Die $CO_2$-Einsparung lässt sich ganz einfach anhand der gefahrenen Strecken berechnen: Die Leithäusl-Fahrzeuge fuhren 202.519 Kilometer weniger als im vergleichbaren Zeitraum zuvor – eine Strecke, die 5-mal um die Erde reicht, wurde eingespart – und trotzdem leistete das Unternehmen den gleichen Arbeitsumfang und erzielte denselben Umsatz wie im Vorjahr. Die sechsstellige Summe in Euro, die Leithäusl so einspart, erfährst du im Kapitel 12 zum Ertrag von Firmen mit 4-Tage-Wochen.

Die GEG Elektro und Gebäudetechnik in Gmunden, Österreich spart durch die Einführung einer 4-Tage-Woche 2.500 Fahrkilometer pro Woche, berichtet Herbert Hartl, Geschäftsführer Finanzen.[317] „Durch die 4-Tage-Woche in der Montage werden bereits seit 2 Jahren ca. 25 Tonnen $CO_2$ jährlich eingespart, mit den E-Fahrzeugen verbessert sich der ökologische Fußabdruck der GEG weiter."[318]

## EIGENTLICH LIEGT ES AUF DER HAND:

Ein Tag weniger Arbeit bedeutet einen Tag weniger Verkehr aller Maschinen und weniger Pendelverkehr zur Arbeit und zurück.

Wenn statt an 5 nur noch an 4 Tagen gearbeitet wird, und in dieser Zeit dieselbe Leistung erbracht wird, reduziert sich die $CO_2$-Emission durch den Berufsverkehr um ein Fünftel, also um 20 %. Dazu kommt der Effekt, dass in vielen Betrieben dann auch weniger Energie verbraucht wird. Das betrifft den Einsatz von Maschinen und die Klimatisierung der Büroräume, die nicht eingeschaltet werden.

Hochgerechnet auf ganze Regionen, Länder und Kontinente entfaltet die Energieeinsparung einzelner Betriebe ein für den Klimaschutz relevantes

Potenzial. So könnte zum Beispiel in Großbritannien die flächendeckende Einführung der 4-Tage-Woche die landesweiten Emissionen bis 2025 um 127 Millionen Tonnen $CO_2$ reduzieren. Das würde eine Einsparung von über 20 % der gesamten $CO_2$-Emissionen dieses Landes bedeuten![319]

> Freie Tage bieten also nicht nur dem Menschen, sondern auch der Umwelt Erholung.

Energie zu sparen, ist auch gut für den Ertrag eines Unternehmens. Bei der Firma Luplow + Karge Metallbau in Werder an der Havel führte der Wunsch, Energiekosten einzusparen, zur Einführung der 4-Tage-Woche. Machen alle Angestellten mit, spart Inhaber Christian Fiedler jede Woche einen Tag an Energiekosten.[320]

Auch im Sanitär-Handwerksbetrieb Schmauser spart die 4-Tage-Woche Energie und damit auch $CO_2$-Emissionen. Die Einsparungen bei Strom- und Heizkosten kann Firmenchef Thomas Schmauser noch nicht genau beziffern, doch bei den Spritkosten spürt er jetzt schon einen Kostenrückgang, denn von Freitag bis Sonntag bleiben alle drei Firmenfahrzeuge stehen.[321]

> Wenn Betriebe Energiekosten sparen, reduzieren sie auch ihren $CO_2$-Fußabdruck.

Für manche Unternehmen ist der Wunsch nach Klimaschutz Auslöser für die Umstellung auf 4 Arbeitstage, bei anderen stehen Kosteneinsparungen im Vordergrund. In beiden Fällen ist das Ergebnis dasselbe: zufriedenere und gesündere Angestellte, geringere Energiekosten, mehr Klimaschutz – und all das bei gleichbleibendem oder sogar steigendem Ertrag. Dass diese Zusammenhänge fast überall funktionieren, zeigen mehrere international durchgeführte Studien.[322] Sie nennen fünf Effekte einer verkürzten Arbeitszeit:

Effekt 1: Durch weniger Beleuchtung, genutzte Rechner und Heizungswärme sinkt der Stromverbrauch in den Büros, zudem ergeben sich Einsparungen beim Betrieb von Aufzügen, Kantinen und in der Produktion.

Effekt 2: Pendelverkehr sinkt: In einer Studie der University of Reading wurden 2.000 Beschäftigte und Unternehmer zum Pendelverhalten befragt. In zwei Dritteln der Betriebe mit einer 4-Tage-Woche fahren die Beschäftigten weniger mit dem Auto. Wer mehr Zeit hat, nutzt eher das Fahrrad, geht zu Fuß und fährt mit öffentlichen Verkehrsmitteln.

Effekt 3: Konsum wird klimafreundlicher: Haushalte mit längeren Arbeitszeiten haben einen deutlich größeren $CO_2$-Fußabdruck. Einen zusätzlichen freien Tag verbringen zwei Drittel der Befragten mit Familie und Freunden, das schont Ressourcen.

Effekt 4: Mehr Freizeit führt zu $CO_2$-sparenden Aktivitäten wie Lesen, Spielen, Weiterbildung, Zeit mit der Familie, Filme sehen, Sport und mehr Wegen zu Fuß. Es ist also nicht so, dass der Effekt des gesparten Arbeitsweges durch Wochenendausflüge mit dem Auto – die es natürlich auch gibt – wieder aufgehoben wird.

Effekt 5: Mehr Zeit für Bewegung und für gesunde Ernährung stärkt die Gesundheit, und auch das spart $CO_2$, denn lange Arbeitszeiten bedeuten Stress mit erhöhtem Risiko für Burnout, Muskel-Skelett-Beschwerden und psychische Erkrankungen. Ärzte, Krankenhäuser und Therapien brauchen viel Energie, und Medikamente haben energieintensive Lieferketten.[323]

All diese Effekte reduzieren den $CO_2$-Fußabdruck von Unternehmen mit einer 4-Tage-Woche. Schon 2012 berechnete eine Analyse des Political Economy Research Institute der Universität of Massachusetts:

> „Wenn wir unsere Arbeitszeit um 10 % verringern würden, würde sich unser $CO_2$-Fußabdruck um 14,6 % reduzieren. Wenn wir die Arbeitszeit um 25 % reduzieren würden, würde der $CO_2$-Fußabdruck um 36,6 % sinken."[324]

Umgekehrt kam eine Studie von 2007 bis 2013 zu dem Ergebnis: Je mehr US-Amerikaner arbeiten, desto mehr Emissionen verursachen sie.[325]

Philipp Frey vom Institut für Technikfolgenabschätzung und Systemanalyse in Karlsruhe weist darauf hin, dass der Unterschied zwischen Werktagen und Wochenendtagen mit Satelliten messbar ist: „Die Emissionen an einem Arbeitstag sind fast doppelt so hoch wie am Wochenende." Dies gilt für Europa und Nordamerika. Frey wünscht sich beim Klimaschutz anstatt einer Verzichtsdebatte eine positive Sicht darauf, „wie wir unseren Zeitwohlstand mehren können."[326]

Eine Zusammenschau internationaler Studien zeigte 2021, dass verkürzte Arbeitszeiten eine zentrale Rolle bei der Dekarbonisierung spielen. Es hat also einen guten Grund, dass im letzten Report des Weltklimarates reduzierte Arbeitszeit explizit als Klimaschutzmaßnahme genannt wird.[327]

## VOM WÜNSCHEN & WOLLEN

In Deutschland nutzen 68 % der Erwerbstätigen das Auto und 14 % öffentliche Verkehrsmittel auf dem Weg zur Arbeit.[328] Der durchschnittliche Arbeitsweg beträgt knapp 17 Kilometer.[329] Die Anzahl der Erwerbstätigen mit einem täglichen Fahrtweg von mehr als 50 Kilometern ist in den vergangenen 20 Jahren von 13 auf 21 % gestiegen. Langes Pendeln gefährdet die Gesundheit, es stresst, macht krank und unglücklich – diese Effekte sind alle messbar und belegt. Und trotzdem pendelt kaum eine Nation mehr als die Deutschen.[330]

Was schlecht ist für das Individuum, schadet auch der Gemeinschaft. In der EU war der Straßenverkehr 2019 durch die Verbrennung von Kraftstoffen für 784 Millionen Tonnen CO2 verantwortlich. Der $CO_2$-Gesamtausstoß konnte seit 1990 um 23 % gesenkt werden, doch die $CO_2$-Emissionen im Straßenverkehr sind die Ausreißer: Sie erhöhten sich im gleichen Zeitraum um 29 %.[331]

Der Hang zum gesundheitsgefährdenden $CO_2$-Ausstoß hat in Deutschland eine lange Geschichte. Deutschlands Anteil an den weltweit angehäuften $CO_2$-Emissionen seit 1750 liegt bei gut 5 %. Das ist mehr, als ganz Afrika und Südamerika gemeinsam seit 1750 emittiert haben.[332]

---

Mehr $CO_2$ als zwei komplette Kontinente hat Deutschland bereits in die Luft geblasen.

---

Trotzdem wächst das Berufspendeln weiter. Im krassen Widerspruch dazu stehen die Wünsche der Bevölkerung. Die Umweltbewusstseinsstudie vom Februar 2022 zeigt:

> Über 90 % der Menschen wollen mehr Tierwohl und dafür auch bezahlen.

> Über 90 % wollen den Einsatz von Pflanzenschutzmittel reduzieren.

> 89 % wollen mehr Radwege.

> 70 % der Befragten halten Umwelt- und Klimaschutz für ein relevantes Thema.

> 64 % wünschen sich ein Tempolimit auf Autobahnen.
>
> 63 % möchten weniger Fleisch konsumieren.
>
> 63 % erwarten von den Kantinen das Angebot vegetarischer Kost.[333]

Auch den Unternehmen ist Nachhaltigkeit wichtig: 91 % der Befragten geben an, in ihrem Unternehmen hätte das Thema Nachhaltigkeit einen sehr großen oder großen Stellenwert.[334]

Schlechter sieht es bei der Umsetzung aus:

> 23 % der mittelständischen Unternehmen sind bei ihren Bemühungen für Nachhaltigkeit voll im Plan.
>
> 61 % der mittelständischen Unternehmen haben ihre Nachhaltigkeitsbemühungen entweder deutlich reduziert oder komplett auf Eis gelegt.

Auch Politikerinnen und Politiker erfüllen nicht ihre Aufgabe, für die sie gewählt wurden. Sie sollen Gesetze einhalten, stattdessen werden Verträge wie das Pariser Abkommen täglich gebrochen. Das Bundesverfassungsgericht hat 2021 vom Gesetzgeber, also dem Deutschen Bundestag konkrete Maßnahmen zum Klimaschutz eingefordert, um die Freiheitsrechte der jüngeren Generationen zu wahren.

Ich kann gut verstehen, dass ein 16-Jähriger in einem Workshop zu mir sagte: „Natürlich bescheiße ich, ich werde ja auch überall beschissen." Eine repräsentative Befragung von 2022 zeigt folgendes Ergebnis:

> 86 % der 14- bis 24-Jährigen in Deutschland machen sich Sorgen um ihre Zukunft.

66 % der jungen Menschen sagen, ihre Generation will politisch etwas verändern.

Nur 29 % haben das Gefühl, Politik beeinflussen zu können.

Nur 23 % erwarten, dass Deutschland den Klimawandel bis 2050 im Griff hat.[335]

Politiker und Politikerinnen sollten glaubhaft den Umwelt- und Klimaschutz fördern. Doch während seit 1945 in Ost- und Westdeutschland zusammen etwa 300 Ortschaften für die Gewinnung von Braunkohle enteignet wurden und von der Landkarte verschwanden[336] und mehr als 120.000 Menschen umgesiedelt wurden[337], existieren für Windräder aktuell teilweise absurde Abstandregelungen, die auf den Ausbau der regenerativen Energien wie ein Bremsklotz wirken.

Statt neuer Wege und bedeutender Fortschritte in der $CO_2$-Reduktion brachte das Jahr 2022 Rekordgewinne für die Öl-Multis. Die „Big Five" Shell, ExxonMobil, BP, Chevron und Total erwirtschafteten einen Rekord-Jahresgewinn von insgesamt knapp 200 Milliarden US-Dollar.[338] Das Versagen der Gesetzgebung, die die Spielregeln für gesundes Leben, fruchtbare Böden, Klima- und Menschenschutz gestaltet, ist verheerend.

ExxonMobil ist eine von 100 Firmen weltweit, die für 70 % des industriell ausgestoßenen $CO_2$ verantwortlich ist.[339] Wieso sind diese 100 Unternehmen so mächtig? Wieso bekommen wir das nicht hin? Wieso bekommen wir keine besseren Gesetze gegen die Zerstörung der Erde, für den Erhalt der Biodiversität und für menschenfreundliches Klima? Was steht uns im Weg?

## FREIZEIT FÜR KLIMASCHUTZ

2020 macht der Journalist Quentin Lichtblau einen Vorschlag, wie wir aus der Sackgasse des verfehlten Klimaschutzes herauskommen könnten: „Arbeiten schadet dem Klima. Also lassen wir es doch. Was, wenn es eine Beschränkung gäbe, die regelrecht Freude bringen könnte, um nicht zu sagen: Freiheit! Sind Sie bereit? Deutschland muss auf das verzichten, was niemandem Spaß macht – arbeiten! Ich fordere: *Free day for future!* Einen Wochentag frei für alle. Bei vollem Lohnausgleich." [340]

Eine noch radikalere Forderung stellt der britische Think Tank Autonomy vor: Menschen in Europa sollten nicht nur *einen* Tag weniger arbeiten, sondern *viel* weniger, um die Erderwärmung zu bremsen. Gemessen an ihrem momentanen Beitrag zur Klimakrise dürften Erwerbstätige in Deutschland nur 6 Stunden pro Woche, in Großbritannien 9 und in Schweden 12 Stunden arbeiten. „Nur so könnten die Länder bei der derzeitigen Höhe des $CO_2$-Ausstoßes im jeweiligen Land das 2-Grad-Ziel erreichen." [341]

Doch würde mehr freie Zeit nicht genau das Gegenteil bewirken? Was passiert tatsächlich mit mehr Freizeit? Würden wir etwa mehr einkaufen, mehr verreisen und mehr klimaschädliche Emissionen verursachen? In Kapitel 2 konntest du bereits Anhaltspunkte dafür finden, dass sich diese Sorge nicht bewahrheitet: Der dritte Tag Freizeit wird zur Erholung und Entspannung genutzt, für Zeit mit Freunden, Familie, Hobbys, Sport und Kultur. Wer mehr freie Zeit hat, ...

- ... kocht häufiger selbst frisch und gesund mit weniger Abfall, statt unterwegs Fastfood in Take-aways und Getränke to go zu kaufen, und so jede Menge Müll zu produzieren.

- ... nimmt sich Zeit, Dinge zu reparieren, statt alles neu zu kaufen.

- ... steigt eher aufs Rad und in die Bahn um.

Die 4-Tage-Woche ist eingebettet in eine Vielzahl von Veränderungen, in die auch Städte und Kommunen weltweit investieren. Geänderte Infrastruktur und 4-Tage-Woche gehen Hand in Hand:

> Menschen mit mehr freier Zeit brauchen eine freizeitfreundliche Stadtplanung mit Parks, Plätzen und Sportplätzen, Radwegen, Bibliotheken, Orten der Begegnung und Freiräumen.
>
> Parkplätze werden ersetzt mit Platz für Fußgänger, Skater und Fahrräder. In Paris werden 60.000 Parkplätze gestrichen.[342] Paris wird außerdem zu einer Stadt der 15 Minuten, das bedeutet, dass an jedem Ort alles innerhalb von 15 Minuten erreichbar ist – Supermarkt, Ärzte, Ämter, Schulen und Kindergärten. Mit diesem Wahlversprechen der Bürgermeisterin Anne Hidalgo wurde sie 2021 wiedergewählt.[343]

## WERTVOLLES WIRTSCHAFTEN

Intuitiv scheint die 3-Tage-Freizeit bei gleichem Lohn ökonomisch unmöglich zu sein. Doch auf den zweiten und dritten Blick ist es sowohl ökonomisch möglich als auch ökologisch wertvoll.

Im Juli 2022 hat die Schreinerei Mayr die 4-Tage-Woche eingeführt.[344] Nachhaltigkeit ist ein zentraler Antrieb: „Die Schreinerei & Möbelmanufaktur Mayr produziert energieneutral, ressourcen- und umweltschonend. Qualität bedeutet für uns auch, ökonomisch, ökologisch und sozial nachhaltig zu handeln. So produzieren wir zum Beispiel alle Kundenaufträge ausschließlich mit eigener Energie. Seit vielen Jahren bemühen wir uns, unser Handeln so auszurichten, dass gegenwärtige ökonomische, ökologische und soziale Bedürfnisse abdeckt werden und künftige Generationen durch dieses Handeln nicht schlechter gestellt werden. Vor uns liegt noch ein langer Weg, aber wir sind überzeugt davon, dass er sich lohnt!"[345]

Der positive Einfluss von weniger Arbeitszeit auf Umwelt- und Menschenschutz wird im Moment nur von einer Minderheit verstanden. Zum Glück wird die 4-Tage-Woche immer lauter.

Die Arbeitsprozesse können also so verändert werden, dass der Energieverbrauch und damit der $CO_2$-Ausstoß und auch die Energiekosten gesenkt werden. Energie- und Klimaforscher Manfred Fischedick schätzt, dass „auf Energieeffizienz optimierte Prozesse bis zu einem Viertel der prozessbedingten Treibhausgase einsparen könnten."[346] Alles geht effizienter, wenn gewohnte Prozesse hinterfragt werden.

Häufig wird der Zweck des Unternehmens mit neuen Prozessen sogar besser erfüllt.

Was alles geht, wenn es muss, haben die explodierenden Energiepreise 2022 gezeigt. „Im Vergleich zum Durchschnittsverbrauch der Jahre 2018–2021 wurden 2022 insgesamt rund 14 % weniger Gas verbraucht. Industriekunden verbrauchten 15 % und Haushalts- und Gewerbekunden 12 % weniger Gas", fasst die Bundesnetzagentur den Gasverbrauch in Deutschland zusammen.[347]

Zu den Branchen, die sehr große ökologische Schäden anrichten, gehört neben der Industrie auch die konventionelle Landwirtschaft. Sie hat für uns alle eine große Bedeutung, denn sie versorgt uns Menschen mit Nahrung. Viele Bäuerinnen und Bauern ackern im wahrsten Sinne des Wortes für unser täglich Brot und vielfältige leckere Genüsse. Danke!

Leider ist die Art und Weise wie zurzeit konventionell geackert wird, nicht nachhaltig. Die Böden werden ausgelaugt und den Äckern geht immer mehr fruchtbarer Humus verloren. Dass verspritzte Biozide die wertvolle Artenvielfalt vernichten, ist auch allen bekannt und muss geändert werden.

„Für eine Studie verglichen Forschende auf einem Versuchsfeld außerhalb von Zürich vier Anbaumethoden: Konventionelle Landwirtschaft mit und ohne Pflug sowie Biolandwirtschaft mit Pflug sowie mit reduzierter Bodenbearbeitung. Der Versuch dauerte zwölf Jahre. Das unter Biorichtlinien bewirtschaftete Feld wies eine 230 % höhere Pflanzenvielfalt auf. Im Boden fanden die Forschenden zudem 90 % mehr Regenwürmer in Bioparzellen und sogar 150 % mehr, wenn das Feld nicht gepflügt wurde. Auch in der Bodenerosion schlugen sich die Anbaumethoden nieder: Die beiden Bioanbautypen wiesen 46 bis 93 % weniger Erosion auf. Das Fazit: Betrachtet man alle Umweltauswirkungen, liegt Bio deutlich vorne. Der Versuch wird weitere sechs Jahre fortgeführt."[348]

Die Zahl der ökologisch wirtschaftenden Betriebe in Deutschland ist auf 26.100 gestiegen, 2020 waren es 58 % mehr als 2010. Damit ist jeder zehnte der 262.800 landwirtschaftlichen Betriebe ein Ökobetrieb.[349] Gleichzeit arbeiten 90 % konventionell und produzieren damit den Großteil unserer Nahrung.

> Ökologisch wertvolle Landwirtschaft braucht mehr Arbeitskräfte als konventionelle Agrarwirtschaft.

Humus wird mit Mulchen aufgebaut, Äcker werden mit Agroforst vor Trockenheit und Wind geschützt. Die Biodiversität im Boden steigt wieder. Es ist ökonomisch und ökologisch sinnvoll, diesen nachhaltigen, ressourcenschonenden Bereich zum Umwelt- und Menschenschutz zu fördern.

Das braucht Fantasie und Tatkraft, denn ökologische Landwirtschaft ist mehr Handarbeit auf kleinen Flächen, statt Monokulturen mit großen Maschinen zu versorgen. Bewährtes landwirtschaftliches Wissen – wie über Erdmieten[350] zur Lagerung von Gemüse über den ganzen Winter – wird mit neuen Experimenten beim Ackern, bei Arbeitszeiten und Arbeitsbedingungen verbunden. Es lohnt sich!

> Mit sauberer Luft, sauberem Wasser und gesunder Nahrung bleiben mehr Menschen gesund.

Menschenschutz wird also gestärkt. Das 3+3-Modell in der Pflege hatte ich am Ende des 4. Kapitels vorgestellt. So könnte es in allen Branchen laufen. Drei Tage Arbeit. Drei Tage Erholung. Weniger Arbeit und mehr gesunde Menschen bringen Lebensqualität, und das wäre gesamtgesellschaftlich sogar günstiger.

> Gesunde Arbeitszeiten in gesunder Landwirtschaft rechnen sich.

Zum Thema Landwirtschaft gehört auch die Frage, ob wir uns vegetarisch, vegan oder mit Fleisch ernähren. Wollen wir Gerechtigkeit in der Verteilung der Nahrungs- und Lebensmittel?

Ja!
Nein!

Wenn du mit Ja geantwortet hast und eine gerechte Verteilung von Essen für 8 Milliarden Menschen befürwortest, ist Massentierhaltung keine Option mehr. Es spricht nichts gegen Fleisch aus der Region. Auch Benedikt Bösel, ausgezeichnet als Landwirt 2022[351] und ein Pionier der regenerativen Landwirtschaft aus Alt Madlitz, hält Tiere in seiner Landwirtschaft und schlachtet sie. Es geht nicht um ein Fleischverbot.

> Es geht um eine fleischarme Ernährung fürs Klima, also zum Menschenschutz, und um die Ernährung von 8 bis 10 Milliarden Menschen.

Aktuell verbraucht die weltweite Fleischproduktion 80 % der landwirtschaftlichen Flächen, liefert aber nur 11 % der Kalorien, mit denen sich Menschen weltweit ernähren.[352] Das Verhältnis von 80 % Fläche zu 11 % Beitrag zur Ernährung ist völlig absurd. Weiter auf Rinder-, Schweine und Hühnermast zu setzen, rechnet sich weder ökologisch noch ökonomisch und verhindert gutes Essen für alle.

Eine Studie der University of Oxford zeigt, dass eine pflanzenbasierte Ernährung die Weltbevölkerung auch mit 10 Milliarden Menschen nachhaltig ernähren könnte.[353] Hinzu kommt, dass wir uns ohne Massentierhaltung selbst durch mehr Klimaschutz besser schützen würden. Ein weiterer Hebel ist das Stoppen der Verschwendung von einem Drittel aller Lebensmittel, also 1,3 Milliarden Tonnen jedes Jahr.[354] Damit verschwenden wir nicht nur Essen, sondern auch ein Drittel der Arbeitszeit in der Landwirtschaft und in verarbeitenden Industrien.

> Dieses Drittel der Arbeitszeit sollten wir Menschen und der Erde zur Erholung schenken.

Dieses Drittel Zeit kann zur Hälfte in Erholung und zur anderen Hälfte in ökologische Landwirtschaft investiert werden. Doch zuerst muss ausgemistet werden. Streichen wir ungerechte, ineffiziente Landnutzung in der Massentierhaltung und Verschwendung in den Lieferketten. Streichen wir sie, gewinnen wir Zeit, mehr gesundes Essen, Gesundheit, Wohlstand und wirksame Nachhaltigkeit.

## SUSTAINABLE NATIVES

Im Jahr 2015 hat die Weltgemeinschaft darüber beraten, wie ein Fahrplan für ein menschenwürdiges Leben aussehen könnte. Die von ihr verabschiedete Agenda 2030 stößt die Vorstellungskraft an, wie wir unsere Gesellschaften mit 17 globalen Zielen nachhaltig entwickeln können:[355]

1. Armut in jeder Form und überall beenden
2. Ernährung weltweit sichern
3. Für Gesundheit und Wohlergehen sorgen
4. Hochwertige Bildung zur Verfügung stellen
5. Gleichstellung von Frauen und Männern gewährleisten
6. Ausreichend Wasser in bester Qualität bereitstellen
7. Für bezahlbare und saubere Energie sorgen

8. Nachhaltig wirtschaften durch menschenwürdige Arbeit und Wirtschaftswachstum
9. Durch intelligente Innovationen, moderne Infrastrukturen und eine leistungsfähige Industrie nachhaltige Entwicklung ermöglichen
10. Weniger Ungleichheit durch höhere Einkommen von Ärmeren erzielen
11. Nachhaltige Städte und Gemeinden entwickeln
12. Nachhaltig produzieren und konsumieren
13. Weltweit Klimaschutz umsetzen
14. Leben unter Wasser schützen
15. Leben an Land schützen
16. Starke und transparente Institutionen fördern
17. Globale Partnerschaften pflegen.

Diese 17 globalen Ziele geben einen Kompass für ökonomisch und ökologisch sinnvolle Arbeit und ein nachhaltiges und resilientes Leben.

> Die 4-Tage-Woche zahlt auf das Ziel einer nachhaltigen, friedlichen Entwicklung ein.

„Damit eine Arbeitszeitreduktion zur Erreichung der UNO-Nachhaltigkeitsziele der Agenda 2030 beiträgt, muss sie einen positiven Effekt auf sozialer, ökologischer und ökonomischer Ebene aufweisen. (...) Die Länder haben sich damit auf eine Zukunftsvision einer Welt in Frieden geeinigt, in der niemand Hunger leiden muss, die Ökosysteme an Land und im Wasser geschützt sind und Konsum und Produktion die planetaren Grenzen nicht überschreiten."[356]

> Nach den sogenannten *digital Natives* kommen nun die *sustainable Natives*.

Die Menschen, die in eine Welt mit Internet, WLAN und Smartphones geboren wurden, sind längst erwachsen. Jetzt kommt eine neue Generation, die mit den 17 globalen Zielen für eine nachhaltige Entwicklung aufwachsen. „Sustainable Natives sind mit dem Gedanken aufgewachsen, einen positiven Beitrag zur Lösung ökologischer und sozialer Probleme beitragen zu wollen – und sie fordern dies vom Arbeitgeber ein", sagt Ulrich Lichtenthaler, Professor für Management in Köln.[357]

Welche Unternehmen sind darauf vorbereitet? Wer gibt Antworten auf Fragen und Wünsche der Sustainable Natives? Die 4-Tage-Woche ist sinnvoll für Menschen, denen Nachhaltigkeit wichtig ist. Täglich kommen Firmen und Menschen hinzu, die das Arbeitszeitmodell der 3-Tage-Freizeit nutzen.

> Die 4-Tage-Woche ist ökonomisch und ökologisch sinnvoll, daher wird sie sich durchsetzen.

Neben Betrieben mit einer 4-Tage-Woche sind auch andere nachhaltige Unternehmen attraktiv. Grüne Startups schaffen nachhaltige Arbeitsplätze:

30 % beträgt der Anteil der grünen Startups an allen Startups in Deutschland.

76 % aller Startups in Deutschland sehen ihre ökologische und gesellschaftliche Wirkung als wichtige Unternehmensstrategie an.

50 % aller Startups in Deutschland haben ihre gesellschaftliche und ökologische Wirkung in ihre Key-Performance-Indikatoren integriert.[358]

Neben Startups werden auch Traditionsbetriebe nachhaltiger. Bäcker- und Konditormeister Frank Schäpe heizt die Öfen seiner Brandenburger Konditorei in Schwedt mit Solarstrom vom Dach. Als 2021 ein neues Dach fällig war, kam die Solaranlage dazu. Eine kluge Investition. Drei Großbatterien speichern den Sonnenstrom fürs Backen in der Nacht. Auch die Kühlgeräte für Teig und Torten laufen damit rund um die Uhr. Als 2022 alle anderen Betriebe unter hohen Strompreisen litten, sanken seine Energiekosten. Auch er hat seine Preise im Laden 2022 erhöht, doch er kann damit seinen Angestellten bessere Löhne zahlen.[359] Seine Attraktivität steigt durch nachhaltiges Handeln.

Nachhaltigkeit hat viel mehr mit Ökonomie und wirtschaftlicher Kompetenz zu tun, als es auf den ersten Blick erscheinen mag. Der Hildener Bäcker Roland Schüren bezeichnet sich auf seiner Webseite als „Unternehmer, Bäckermeister, Innovator, Grüner, Familienvater, Effizienz-Junkie, Europäer".[360] Er hat keinen Zweifel daran, dass Nachhaltigkeit nicht nur für den Klimaschutz wichtig ist, sondern sich für Unternehmen auch wirtschaftlich auszahlt. Seine Lieferfahrzeuge fahren fast alle elektrisch, die Energie dafür stammt zum größten Teil von Solarmodulen auf dem Dach der Backstube. Den überschüssigen Strom kaufen seine Kunden und laden ihre E-Autos damit auf.[361]

Die Firma Osenstätter Holz & Furnier in Schongau am Rande der Alpen vereint ökonomische, ökologische und soziale Ziele zu einem nachhaltigen Leitgedanken. Die Hölzer kommen überwiegend aus nachhaltig bewirtschafteten Wäldern. Im Rahmen der Produktion wird auf eine konsequente Reststoffverwertung geachtet. 99 % der Resthölzer und Verschnitte werden sinnvoll verwendet.[362]

Osenstätter bietet konsequenterweise auch die 4-Tage-Woche an. Freitags ist frei, 38 Stunden wird gearbeitet. „Weil die Bezahlung gleichbleibt, entspricht das einer Gehaltserhöhung von 9 %", erklärt Nico Osenstätter im Magazin Bauhandwerk: „Firmen, die auf Dauer zukunfts- und wettbewerbsfähig sein wollen, dürfen sich nicht von Sätzen wie ‚Das haben wir schon immer so gemacht' leiten lassen."[363]

Seit Oktober 2022 hat die b2 Werbeagentur mit G'spür aus Bad Kreuzen auf eine 4-Tage-Woche umgestellt. Sie erklären dazu: „So können $CO_2$-Emissionen und Energieverbrauch erheblich reduziert werden. Das neue Arbeitszeitmodell ist nicht nur gut fürs Klima – mehr Freizeit bedeutet auch mehr Zeit für Erholung. Unsere neuen Öffnungszeiten: Mo–Do: 8.00 bis 16.00 Uhr."[364] Die Bedeutung der Nachhaltigkeit zeigt auch ihr Büro: „Geschätzte 47 Pflanzenarten wachsen rund um den Standort. Dank der biologischen Bewirtschaftung der Flächen ist die intakte Flora ein wichtiger Beitrag für unsere Lebens- und Arbeitsqualität. Unser Büro wurde im ehemaligen Stall des landwirtschaftlichen Anwesens untergebracht mit Lehmputz und Schilfdämmung für ein gesundes Raumklima. Während eine Photovoltaikanlage eigenen Strom erzeugt, wird Trinkwasser aus dem hauseigenen Tiefbrunnen gewonnen. Geheizt wird mit einer Wärmepumpe, die regenerative Energien nutzt.[365] Ich nenne b2 eine Oase für gesundes Arbeiten.

Das ganze Kapitel einfach auf den Punkt gebracht:

> Streichen wir Arbeitszeit, ist es gut für Umwelt-, Klima- und Menschenschutz.

Eine Menschen- und umweltfreundliche Welt ist machbar. Firmen, Stiftungen, Schulen, Rathäuser und Sportvereine können ihre Abläufe überdenken und nachhaltig gestalten. Alle Unternehmen, die die 4-Tage-Woche erfolgreich eingeführt haben, haben zeitgleich an ihrer Organisation gearbeitet. Darum geht es in Kapitel 8, schneiden wir die alten Zöpfe ab.

# 8. ORGANI-SATION
# KLUGE PROZESSE ETABLIEREN

Wie häufig laden deine Apps neue Versionen herunter? Und wie oft werden Prozesse, Tätigkeiten und Geschäftsmodelle im Unternehmen überprüft und erneuert? Warum ist die Norm der 5-Tage-Woche so lange nicht erneuert worden? Wird regelmäßig Überflüssiges gestrichen?

---
Wird Platz geschaffen, um die nächste Version zu entwickeln und zu implementieren?

---

„Der Grundgedanke, dass man einfach Arbeitsabläufe effizienter machen kann, um so mit den Mitarbeitern in eine Win-Win-Situation zu kommen, das hat für mich den Ausschlag gegeben", sagt die Geschäftsführerin Constanze Szabo. In der Dr. Eberhardt GmbH in Kahla ist die 4-Tage-Woche auch als Dankeschön ans ganze Team gedacht, und eingesparte Zeit geht an alle.[366]

## ALTE ZÖPFE MODERNER MENSCHEN

Die Einführung einer 4-Tage-Woche ist eine unternehmerische Entscheidung. So wie es eine unternehmerische Entscheidung war, von einer 6-Tage-Woche auf eine 5-Tage-Woche umzusteigen. Wetten, dass auch damals gesagt wurde: Unmöglich! Geht nicht!

Eine 4-Tage-Woche ist nur eine Frage der richtigen Planung. Wenn der Arbeitsalltag schlanker wird und sich das Team auf die wirklich wichtigen Aufgaben konzentrieren kann, kann das sogar zu einem höheren Umsatz und Gewinn führen. Es ist eine unternehmerische Entscheidung, Prozesse und Abläufe zu ändern, Öffnungszeiten zu reduzieren, alte Zöpfe abzuschneiden und gewonnene Zeit ans Team zu verschenken.

Die Landschlachterei Isermann GmbH in Kirchgellersen bei Lüneburg trifft eine Entscheidung und ändert ihre Öffnungszeiten. Durch die zeitlichen Freiräume kann ein Teil des Teams dienstags bis freitags arbeiten, die anderen mittwochs bis samstags.³⁶⁷ Wünsche zu erfüllen, ist das Kerngeschäft der mehrfach ausgezeichneten Metzgerei mit Partyservice.³⁶⁸ Innovation im Umgang mit den Mitarbeitenden schafft eine gute Basis für Kundenservices.

Auch die ECA Innsbruck Steuerberatung kürzt die alten Zöpfe und die Öffnungszeiten. Freitags bleibt die Kanzlei geschlossen. Im März 2022 wurde auf eine 4-Tage-Woche umgestellt.³⁶⁹

Mit der 4-Tage-Woche werden alte Zöpfe abgeschnitten. Zöpfe waren seit dem 16. Jahrhundert ein beliebter Kopfschmuck von Männern. Im 18. Jahrhundert war der Zopf sogar die offizielle Haartracht von Soldaten. Doch die von Friedrich Wilhelm I. von Preußen eingeführte Mode wurde von seinem Nachfolger Friedrich II. wieder abgeschafft. Mit den Zöpfen verschwand auch die Macht des Alten.³⁷⁰

Nun wird es richtig bitter, denn in Bonn wurde der alte Zopf der Samstagsöffnung abgeschnitten. Rosi Titzmann öffnet ihren Friseursalon einfach nicht mehr. Seit 1986 hat sie jeden Samstag mit wilden Zotteln und alten Zöpfen gekämpft. Damit ist jetzt Schluss. 2022 traf sie eine unternehmerische Entscheidung, die sie selbst überrascht hat: geöffnet wird Dienstag bis Freitag. Im Interview mit Thomas Langer, Friseurfreund auf YouTube, erzählt sie, wie sie zuerst selbst von ihrer Idee geschockt war. Auslöser war die Klage des bekannten Friseurs Mario Krankl, dass junge Menschen samstags nicht mehr arbeiten wollen. Das brachte sie ein Wochenende lang um ihren Schlaf. Beim Grübeln fiel ihr auf, dass auch sie selbst nicht begeistert ist, wenn sie samstags um acht Uhr den Salon aufschießen muss. Und dann fielen ihr die Kundinnen und Kunden ein, die samstags früh auch eher einsilbig kamen. „Es kann mir keiner erzählen, dass die Leute glücklich darüber sind, am freien Tag früh im Friseursalon zu sitzen." In wenigen Tagen reifte die Entscheidung, donnerstags länger zu arbeiten und samstags zu schließen. Im Team kamen zuerst Bedenken. „Was machen dann unsere Kunden?" Rosi teilte ihre Gedanken und Berechnungen mit. Plötzlich kam Schwung ins

Team: „Dann kann ich samstags meine Eltern besuchen." „Und ich kann samstags ausschlafen." Seit dem 18. Juni 2022 ist der Plan umgesetzt, alle arbeiten drei Stunden weniger pro Woche und sind begeistert: „Was für ein Lebensgefühl. Was für eine Befreiung." Das gute Gefühl überträgt sich, eine Kundin sagte: „Mega gute Idee, ich muss nicht mehr am Samstag zu euch kommen."[371] Die Stammkunden sind alle – bis auf eine Kundin – bei Rosis Team geblieben, und der Umsatz gibt der Veränderung auch Recht.

„Heute sind fast alle Menschen froh, wenn sie Samstag und Sonntag ausschlafen und entspannen können", stellen auch die Friseurinnen Aysegül Akkaya und Susann Zazzi fest. Samstagstermine sind gar nicht mehr so beliebt wie früher. Folgerichtig wird im Salon Hairz in Essen ab April 2023 der Samstag gestrichen und die 4-Tage-Woche umgesetzt.[372]

In Graz führte die Stylistin Aichbauer in ihrem Salon Hairgott im Oktober 2021 die 4-Tage-Woche ein. Auch sie bekommt positive Rückmeldungen: „Die meisten freuen sich über die längeren Öffnungszeiten unter der Woche, weil sie dann leichter Zeit haben. Wir haben gemerkt, dass die Leute den Samstag in den letzten Jahren lieber mit Freizeit verbracht haben als beim Friseur."[373]

Bereits seit Februar 2020 arbeitet das Team von Artwork Hairdresser in Augsburg in einer 4-Tage-Woche – von Dienstag bis Freitag. Die Inhaberin Mona Zimmermann berichtet, dass die meisten Kunden die neuen Öffnungszeiten gut finden und sogar mehr Geld bezahlen. Dazu mehr in Kapitel 12 ‚Ertrag'.

Für den Friseur Bernd Ritter ist die 4-Tage-Woche schon lange ein alter Zopf. Seit 2019 arbeitet er dienstags bis freitags. „Ich habe einfach die Augen aufgemacht", sagt er dem Westfalen-Blatt: „Seniorinnen, die bislang jede Woche einmal am Samstag zum Friseur gegangen sind, gibt es in dieser Anzahl nicht mehr. Der Kunde ist ein moderner Mensch geworden. Auch ältere Menschen nutzen den Samstag vielfach anders. Wer ins Einkaufszentrum geht, sitzt nicht hier. Ich habe bereits viele Glückwunschmails bekommen. Die Kunden rechnen es uns hoch an, damit etwas für die Familien zu tun", sagt Bernd Ritter.[374]

Wünsche, Gewohnheiten und Rahmenbedingungen ändern sich. Wie Firmen alte Zöpfe abschneiden, um dem Bedürfnis nach Freizeit zu begegnen, ist frei gestaltbar. Es ist eine Frage der Organisation und der Bereitschaft, umzustrukturieren und kluge Prozesse zu schaffen.

**Jede Firma kann eigene, passende Spielregeln entwickeln.**

Wie groß die Auswahl an flexiblen Zeiten ist, zeigt das 4. Kapitel mit vielen gestaltbaren Freiräumen.

Auch Rudnick in Aurich – ein Einzelhändler auf 15.000 m² Verkaufsfläche mit Tradition seit 1953, schneidet alte Zöpfe ab. „Wir haben die Ladenöffnung auf täglich 10 bis 18 Uhr verkürzt." Seit August 2022 gibt es zwei Arbeitszeitmodelle zur Wahl: 4 Tage je 9 Stunden oder fünf Tage je 8 Stunden. „Diejenigen, die 4 Tage und damit ein paar Stunden weniger arbeiten, bekommen weiter ihr bisheriges Gehalt. Denjenigen, die 5 Tage arbeiten, zahlen wir eine Gehaltserhöhung von 10%", berichtet Gründer-Enkel Ludwig Rudnick in der TextilWirtschaft.[375] Im Oktober 2022 zieht Ludwig Rudnick in der NWZonline eine erste Bilanz: „Das neue System läuft bei uns richtig gut. Unsere Mitarbeiter sind zufriedener und keiner, der sich für das 4-Tage-Modell entschieden hat, wollte wieder in das alte System zurück." Sein Unternehmen hat 20 neue Leute eingestellt. Ludwig Rudnick verändert laufend die Organisation, um am Ball zu bleiben. Die Modernisierung der Aufenthaltsräume mit Lounge-Ecken ist das nächste Projekt. „Unser Ziel ist es, dass unsere Mitarbeiter gerne und zufrieden bei uns arbeiten."[376]

In der Würzburger Firma jo's büro für Gestaltung wurde die 4-Tage-Woche Mitte 2020 getestet. Die Arbeitszeit wurde auf 36 Stunden reduziert. Das war die unternehmerische Entscheidung von Johannes Breidenbach. Er hat damit zwei Ziele verfolgt. Allen Teammitgliedern wünschte er privat mehr Lebensqualität, und in der Firma erwartete er, Motivation und Effizienz im Team zu steigern. Mitarbeiter Hannes erzählt, wie er die Neuorganisation der Arbeit erlebt hat: „Das System, die Wochenstunden zu komprimieren und auf vier statt fünf Tage zu splitten finde ich einen sehr mutigen, aber richtigen Schritt. Was ich gelernt habe, ist eine effizientere Nutzung der Zeit. Ich habe gelernt, meine Tage genauer zu planen, Deadlines besser zu setzen und vor allem habe ich noch mehr gelernt, einzuschätzen, welche Zeit man für welche Art von Aufgabe benötigt. Dadurch konnte ich den Tag besser strukturieren und meine Aufgaben in einem sehr gut getakteten Zeitplan erarbeiten. Dieses Learning ist für mich ein sehr wichtiger Punkt bei der 4-Tage-Woche. Durch den Verlust eines kompletten Arbeitstages sollte an Projekte und Aufgaben ganz anders herangegangen werden. Das betrifft auch die Kommunikation zwischen allen Projektbeteiligten. Noch mehr als zuvor müssen alle immer auf dem gleichen Stand sein, um einen guten Projektverlauf zu garantieren."[377]

Viele Kritiker der 4-Tage-Woche behaupten, dass es unmöglich sei, in weniger Arbeitszeit die gewünschte Leistung zu erbringen. Die Praktiker von jo's büro und von der Steuerberatungsfirma SKS zeigen, dass es eine Frage der Organisation und unternehmerischer Entscheidungen ist. Über den SKS-Weg zur 4-Tage-Woche erfährst du auf den folgenden Seiten. Passende Spielregeln können zu weniger Arbeitsstunden, weniger Stress, mehr Freizeit und sogar mehr Leistung führen.

## STEUERBERATUNG ÄNDERT DAS SPIEL

SKS ist eine Steuerberatung, gegründet 2010 mit Sitz in Berlin, Dresden und Kiew.[378] Im Herbst 2020 liest Dmytro Sonkin, Managing Partner von SKS, einen Artikel über die 4-Tage-Woche in Neuseeland. Zusammen mit Elisabeth Seifert, zweiter Managing Partnerin, entscheiden sie spontan, die 4-Tage-Woche in ihrer Kanzlei auszuprobieren. SKS beschäftigt damals 29

Mitarbeiterinnen und Mitarbeiter in Berlin und Dresden. Sie starten eine dreimonatige Testphase mit zunächst nur drei Angestellten. Das Ergebnis: In vier Tagen schaffen sie mehr als zuvor an fünf Tagen. Um allen im Team drei Tage Freizeit zu ermöglichen, stellt SKS neue Spielregeln auf; die Arbeit wird neu organisiert

> Es gibt sogenannte „Stille Stunden". Das sind zwei Zeitblöcke, in denen keiner im Team telefonisch erreichbar ist. Nur ausgewählte Nummern werden durchgestellt, zum Beispiel die von den Kindern.
>
> Die fokussierte, stille Zeit ist vormittags von 10 bis 12.15 Uhr und nachmittags von 14 bis 15 Uhr. Diese Fokus-Zeiten führt SKS an allen vier Arbeitstagen durch.
>
> Mittags gibt es eine Pflichtpause, während der kein Zugriff auf die Server besteht. Diese Zeitfenster werden für den sozialen Austausch mit Kolleginnen und Kollegen genutzt oder auch für einen Gang an die frische Luft – in Berlin ist das Büro am Kudamm, und in Dresden liegt das Büro direkt an der Elbe, die zum Spazierengehen einlädt.
>
> Es gib auch E-Mail-freie Zeiten. Die Server sind so eingestellt, dass E-Mails nur zweimal pro Tag zugestellt werden.

Am 1. April 2021, ein gutes halbes Jahr nach der ersten Idee, führt SKS die 4-Tage-Woche für alle ein. Die neuen Regeln ermöglichen Fokussierung ohne Ablenkung. Die Produktivität steigt. Das liegt unter anderem daran, dass die 4-Tage-Woche immer einen Einfluss auf die internen Abläufe hat. Firmen mit 4-Tage-Woche sind in der Regel besser aufgestellt, weil sie vor deren Einführung die Prozesse überprüft und neu sortiert haben wie SKS. Alte Spielregeln wurden gestrichen und ersetzt. Mit den veränderten Regeln können sie das Team wieder neu begeistern. Die Fluktuation sinkt. Die neue Mission von SKS lautet nun: „Wir leben nicht, um zu arbeiten. Es gibt andere wichtige Themen wie Freizeit." Auch Dmytro selbst findet nun mehr Ausgleich beim Segeln, bei Fahrradtouren und beim Skiurlaub mit der Familie.

SKS profitiert auch von einem weiteren Vorteil, den die Einführung der 4-Tage-Woche mit sich bringt: Das Recruiting bekommt enormen Auftrieb. Wie die ganze Branche ist auch SKS ständig auf der Suche nach weiteren Kollegen. Als Dmytro Sonkin erstmals über die 4-Tage-Woche liest, ist ihm sofort klar, dass die Firma mit mehr Freizeit nicht nur intern, sondern auch extern punktet. Da die wenigsten Steuerberater die 4-Tage-Woche anbieten, gewinnt SKS tatsächlich ein Alleinstellungsmerkmal und bekommt so viele Bewerbungen, so dass sie auswählen können. Sechs neue Kolleginnen und Kollegen sind inzwischen an Bord. Als noch bedeutender schildert Dmytro Sonkin die interne Wirkung. Wer die 3-Tage-Freizeit genießt, bleibt bei SKS. Keiner wird zu einem anderen Arbeitgeber wechseln, der weiterhin an 5 Tagen arbeiten lässt.

War es schwierig, die 4-Tage-Woche bei SKS zu implementieren? Anfangs war die Reaktion im Team auf die Idee nicht begeistert: „Wie soll das denn gehen? Wie sollen wir die ganze Arbeit schaffen?" Die Geschäftsleitung nahm die Sorgen und Ängste ernst. Die Lösung war, Rahmenbedingungen zu schaffen, die eine Fokussierung leicht machen. Die Ruhe wurde nicht dem Zufall überlassen, sondern aktiv gestaltet und festgelegt. Heute können sich alle 35 Angestellten das Leben ohne die 4-Tage-Woche nicht mehr vorstellen. Alle wollen das neue Spiel weiterspielen.

> Die 4-Tage-Woche ist freiwillig und wird vom ganzen Team genutzt.
>
> Statt 40 Stunden arbeiten alle 34 Stunden mit vollem Lohn, achteinhalb Stunden pro Tag.

Fokus- und Erholungszeiten sind geregelt.

Wer vorher schon in Teilzeit gearbeitet hat, bekommt eine 15-prozentige Lohnerhöhung.

Alle im Team entscheiden selbst, ob sie im Büro oder zuhause arbeiten. Die meisten sind zwei Tage im Homeoffice und zwei Tage im Büro. Aber auch vier Tage im Homeoffice, vier Tage im Büro und alles dazwischen ist möglich.

SKS hat das Spiel geändert und das Ziel erreicht: zufriedenere Mitarbeiter mit mehr Freizeit – ohne Leistungsabfall. Diese Aussage kann SKS treffen, weil sie mit der Software Igentis die Produktivität genau misst.[379] Diese harmoniert gut mit DATEV, der zentralen Software in der Steuerberatung. Die regelmäßigen Soll-Ist-Vergleiche zeigen eindeutig, dass es im Vergleich zu der 5-Tage-Woche mit 40 Stunden keinen Leistungsabfall gibt. In der ersten Zeit sorgte die anfängliche Euphorie sogar dafür, dass mehr geschafft wurde. Heute hat sich die Arbeitsleistung aller eingependelt, die 4-Tage-Woche ist Alltag geworden.

SKS hat durch die Einführung der 4-Tage-Woche sogar noch mehr geschafft:

SKS positionierte sich als innovativer, lernbereiter Arbeitgeber.

Die Firma konnte aus einer Fülle an Bewerbungen sechs neue Mitarbeiter auswählen.

Kein Mitarbeiter hat die Firma verlassen.

Das Ziel war ursprünglich ein gleichbleibender Umsatz – doch der Umsatz von SKS wächst jedes Jahr um 20 %.

Zur Einführung der 4-Tage-Woche gehört mehr als nur die Verkündung neuer Arbeitszeiten. Die Mannschaft wurde neu aufgestellt mit neuen Regeln. Das neue Spielfeld erhöht die Produktivität. „Zu den Besten von morgen gehören jene, die sich heute flexibel und lernbereit an die Herausforderung der neuen Arbeitswelt anpassen. Das Arbeitsleben ist dynamischer denn je. Die Digitalisierung gibt ein neues Tempo und neue Möglichkeiten vor. Aufgabenstellungen werden immer komplexer und individueller. Dieser Wandel fordert Innovationsfreude und Kreativität", sagt Dmytro Sonkin.[380]

> „Alles richtig gemacht", lautet das Fazit von Elisabeth Seifert und Dmytro Sonkin.

## ERFOLGSFAKTOR BESTEHENDES TEAM

Was brauchst du neben Innovationsfreude und Kreativität, wenn du dein Unternehmen fit für kommende Herausforderungen machen willst? Die Strategie-Expertin Kerstin Friedrich glaubt ans Team: „Viele glauben, dass sie die ‚richtigen' Leute brauchen. Die gute Nachricht ist: Die ‚Richtigen' sind schon da. Damit sich diese voll entfalten können, muss man das System und die Spielregeln ändern – das Verhalten ändert sich automatisch."[381]

Mit anderen Worten: Wenn du etwas ändern willst, arbeite mit den Menschen, die bereits da sind. Sie kennen alle Abläufe, die Kunden und das Geschäftsmodell. Sie wissen alles. Nutze ihr Wissen.

„Unser Erfolg stützt sich auf unser hochspezialisiertes, loyales Team von über 100 Mitarbeiterinnen und Mitarbeitern, die ihre Erfahrung und Innovationskraft täglich aufs Neue für die Moser Holzindustrie einsetzen. Auf sie vertrauen wir auch in Zukunft."[382] Die 4-Tage-Woche bei Moser in St. Michael im Lungau ist ein glaubwürdiger Ausdruck dieser Wertschätzung. Tradition seit 1957 wird verbunden mit neuen Entwicklungen in der Personalentwicklung. Die 3-Tage-Freizeit bewirkt, dass das Team montags gut erholt und fleißig anpackt [383] und dass das Team immer alles gibt.[384]

Auch beim Autohaus Markötter arbeiten bereits die ‚richtigen' Leute. Um sie angemessen zu fördern, verändert der Arbeitgeber das System: „Neue Zeiten brauchen neue Strukturen. Deshalb haben unsere rund 240 Mitarbeitenden ab Januar 2023 die Möglichkeit, bei gleichbleibendem Gehalt pro Woche nur noch an 4 statt wie zuvor an 5 Tagen zu arbeiten. Wir reduzieren die wöchentliche Arbeitszeit um 10 %. Weniger Effizienz bedeutet das trotzdem nicht – im Gegenteil. In Zeiten von wandelnden Geschäftsmodellen und anderen sozioökonomischen Herausforderungen ist diese Neustrukturierung für unser Unternehmen ein wichtiger und notwendiger Schritt."[385] Das Autohaus Markötter mit sechs Standorten von Bielefeld bis Paderborn ändert das System und stärkt die ganze Organisation, denn sie ist nun noch attraktiver für die 240 Menschen, die bereits dort arbeiten.

---

**Verändere nicht die Menschen, sondern das System für wirksame Veränderungen.**

---

Um Menschen zu gewinnen, mit ihnen zu arbeiten, streichen Alexandra und Manuel Steigmeier im Restaurant Fahr in Sulz Bei Künten radikal die Öffnungszeiten: „Das Restaurant an der Reuss hat nur noch von Donnerstag bis Sonntag geöffnet. Steigmeier begegnet dem Fachkräftemangel mit einer 4-Tage-Woche."[386]

> Donnerstag & Freitag 11:00 bis 14:30 Uhr, 18:00 bis 23:00 Uhr
> Samstag 11:00 bis 23:00 Uhr
> Sonntag 11:00 bis 22:00 Uhr
> *Montag bis Mittwoch geschlossen.*[387]

„Mit neuen Arbeitsmodellen und menschlicher Führung zu attraktiven Arbeitsplätzen in der Gastronomie", beschreibt das Magazin marmite das Ziel dieses mutigen Schritts.[388]

Auch der Handwerksbetrieb Elektro Edringer in Maring-Noviand an der Mosel wurde zur Einführung der 4-Tage-Woche mutig umgestaltet. Neueste Technologie wurde mit 75 Jahren Tradition verbunden. „Meine Mitarbeiter werden so behandelt, wie ich selbst auch behandelt werden möchte", sagt der Junior-Chef Christopher Edringer.[389] In seinem Handwerksbetrieb, den er in der vierten Generation betreibt, führte er die 4-Tage-Woche ein, um die Mitarbeiter zu entlasten und die Firma als Arbeitgeber attraktiver zu machen. Die Arbeitszeit reduzierte er von 40 auf 38 Stunden mit vollem Gehalt.

Damit die 3 freien Tage garantiert ungestört bleiben, hat er eine ganz einfache Idee umgesetzt: Die Kundendienstmonteure, Obermonteure und Meister verfügen über Smartphones, die von der Firma gestellt werden. Auf jeder Baustelle ist immer ein Ansprechpartner von Edringer für Kunden und Partnerfirmen erreichbar. So muss niemand seine private Rufnummer weitergeben. An freien Tagen bleibt das Firmenhandy ungenutzt. Diese Trennung zwischen beruflichem und privatem Smartphone hält freie Tage auch wirklich komplett arbeitsfrei.

> Die garantierte Erholung wird mit weiterer technischer Ausstattung unterstützt.

Edringer hat viel Geld in digitale Prozesse investiert, in Tools, iPad-Tablets und in eine gemeinsame Cloud. Das erleichtert die Planung und Dokumentation auf Baustellen. Die Maße kommen einfach aufs Foto, das ist einfacher als das Ausdrucken und Herumtragen der Baupläne. Auch die digitale Unterschrift, mit der extra Wünsche der Kunden direkt auf der Baustelle dokumentiert und bestätigt werden, ist ein großer Zeitgewinn und minimiert Missverständnisse nach dem Motto: „So war das gar nicht gemeint." Ein extra Bonbon bekommen Kunden zum Abschluss des Auftrags: Die komplette Fotosammlung als Erinnerung mit allen Leistungen der Firma Elektro Edringer. Die neuen Prozesse und technischen Geräte liefern ohne Mehraufwand einen guten Extra-Service für Kunden.

Diese technisch-digitalen Änderungen erleichtern die Arbeit und Abläufe. Das gehört mit zu Edringers Rundum-Paket für sein Team. Auch JobRäder haben sie. Da die Elektrotechnik immer komplexer wird, ist es immer wichtiger, gute Mitarbeiter zu halten. Natürlich unterhalten sich Handwerkerinnen und Handwerker unterschiedlicher Firmen und Gewerke auf den Baustellen und vergleichen die Konditionen. Es gibt viel Austausch über die Arbeitsbedingungen. Freizeit wird immer wichtiger, und gleichzeitig muss das Gehalt fair sein.

Die 4-Tage-Woche wurde bei Elektro Edringer ein halbes Jahr lang geplant und im Team besprochen. Eine Probephase lief einen Monat. Im Ergebnis gibt es Team A, das von Montag bis Donnerstag arbeitet und Team B, das von Dienstag bis Freitag auf den Baustellen ist. Monatlich findet ein Wechsel beim freien Wochentag statt, so dass die Angestellten mehrfach im Jahr vier Tage Freizeit am Stück nutzen können. Elektro Edringer ist also an allen fünf Werktagen für die Kunden erreichbar. Und weil in der Vergangenheit schon am frühen Freitagnachmittag Schluss war, sind sie mit den neuen Zeiten sogar länger erreichbar. Außerdem arbeitet jeder Mitarbeiter effektiv 1,5 bis 2 Stunden pro Woche länger auf den Baustellen montags bis donnerstags. Die unproduktiven Fahrzeiten am kurzen Freitag fallen weg.

**Brauchte die Firma Elektro Edringer ein neues Team, um die neuen Spielregeln umzusetzen?**

Die ‚richtigen' Leute waren schon da und bereit zur Veränderung. Alle sind von der 4-Tage-Woche begeistert, und sie genießen es, sehr viel erholter zu sein und mehr Zeit für ihre Familien zu haben. Christopher Edringer stellt sogar einen echten Motivationsschub fest.

Hier kommt noch einmal Strategie-Expertin Kerstin Friedrich zu Wort: „Der Mensch ist in seinem Wesenskern ein Sozialwesen, das auf positive soziale Resonanz angewiesen ist. Wir brauchen weder Druck noch Kontrollen, um gute Arbeit zu leisten; wir wollen von Natur aus erfolgreich sein und als Team gewinnen."

Als größte Hürde erwies sich die gerechte Regelung der Feiertage zwischen dem Montag-bis-Donnerstag- und dem Dienstag-bis-Freitag-Team. Denn jedes Jahr verteilt der Zufall die extra freien Tage wie zum Beispiel Himmelfahrt oder Weihnachten anders. Was passiert, wenn ein Team in einem Jahr zufällig besonders häufig von Feiertagen profitiert? Bei dieser Betriebsgröße wird das kollegial untereinander gelöst, und mittags wird zusammen gegrillt – auch das stärkt die Arbeitskultur.

Edringers Einzugsgebiet geht von der Mosel bis nach Luxemburg. Bisher sieht er sich als Vorreiter in der ganzen Region. Die Presse ist auch schon aufmerksam geworden. Und Instagram schafft mehr Reichweite als er dachte.

## ENTSCHEIDUNG FÜR INVESTITIONEN

Christopher Edringer hat mit iPads für die Baustellen, digitalen Unterschriften und einer zentralen Firmen-Cloud die Prozesse optimiert. Den Zeitgewinn gibt er seinen Angestellten zurück und schafft zusätzlich hohe Zufriedenheit durch mehr Freizeit. Das neue System, das er geschaffen hat, basiert auf zwei unternehmerischen Entscheidungen:

> Die Bedürfnisse im Team werden ernst genommen und so weit wie möglich erfüllt.

> Es wird in Technologie investiert, die das Beste aus dem vorhandenen Potenzial im Team herausholt.

Thomas Meyer, Chef einer Wiener Marketing-Agentur hebt den Wert von Tools für gute Prozesse hervor: „Es ist für mich unverständlich, dass wir in Zeiten, in denen Unternehmen über so viele Tools und Möglichkeiten wie Sales-Management-Systeme, Automatisierungen und interne Kommunikation zur Produktivitätssteigerung verfügen, als Gesellschaft weiter an der

40-Stunden-Woche festhalten. In meinen Augen ist das antiquiert. Ich bin überzeugt: Wenn wir so viele Möglichkeiten haben, um Prozesse zu verkürzen, muss es doch möglich sein, die gleiche Leistung mit einer geringeren Arbeitszeit zu erbringen."[390]

Auch die Wiener Video-/Filmfirma whatchado hat nach einem Weg gesucht, gleiche Leistung bei weniger Arbeitsstunden zu bringen. Im Jahr 2020, zu Anfang der Corona-Pandemie, gab es für whatchado weniger Projekte und Kurzarbeit. Das ganze Team nutzte die Zeit, um alle Arbeitsprozesse auf den Prüfstand zu stellen. Was lief gut? Was konnte verbessert werden? Geschäftsführer Jubin Honarfar sprach mit allen Mitarbeitern. Auf der Basis neuer Tools und Prozessabläufe wurde 2021 die 4-Tage-Woche geplant und Anfang Januar 2022 für das gesamte Team eingeführt.[391]

Alle Änderungen, die neuen Tools, eine neue eigene App und neue Abläufe sparen zusammen einen ganzen Tag Arbeitszeit ein:

> Die Buchhaltung und Rechnungslegung wurden neu aufgesetzt.
>
> Für Sales und Kundenkontakte wurde das CRM, ein Customer-Relationship-Management von Hubspot neu eingeführt und damit das alte von Salesforce ersetzt.
>
> Ein neues Tool wurde kreiert, so dass Kunden ihre Daten selbst einstellen und Filme einbinden können.
>
> Eine neue Video-App für Kunden wurde gelauncht.
>
> Wenn es mal Produktionsspitzen gibt, werden sie outgesourct.

---

Weil die Organisation vereinfacht ist, läuft alles einfacher.

„Ich kann es nicht oft genug betonen: Jedes Unternehmen sollte regelmäßig alle Prozesse optimieren – und im Idealfall die gewonnene Zeit den Mitarbeiterinnen und Mitarbeitern schenken", ist Jubin Honarfar überzeugt. Für whatchado war bei der Planung einer 4-Tage-Woche klar, dass nicht mehr 40 Stunden gearbeitet wird.

Seit Januar 2022 ist freitags für alle frei, die Arbeitszeit ist bei vollem Gehalt auf 32 Stunden reduziert. Teilzeitkräfte können wählen, ob auch sie ihre Stundenzahl reduzieren oder eine Lohnerhöhung bekommen wollen. Das gilt auch für den Auszubildenden bei whatchado. Mit der Wirtschaftskammer wurde im Vorfeld geklärt, dass die Firma sicherstellt, in weniger Arbeitszeit dem Azubi in der Firma alles beibringen zu können, was im Lehrplan steht.

Mutige Tatkraft führte zu unternehmerischen Entscheidungen und Investitionen – und diese führten zum Erfolg. Jubin Honarfar ist mit der Transformation zufrieden:

> „Der Erfolg kommt durch motivierte Mitarbeiter, sinnvolle Projektorganisation und Tools für gute Zusammenarbeit."

Die Erfolge sind messbar:

Mehr Gesundheit, weniger Krankentage.

Das Team ist motivierter als zuvor, das zeigt eine anonymisierte, interne Umfrage.

Umfang der Video-Produktion und Umsätze sind gleichgeblieben.

Auf den Inhalten seiner Plattform misst whatchado 20 % mehr Klicks.

> Zwei neue Mitarbeiter wurden eingestellt,
> die *time to hire* wurde halbiert.

Weil whatchado auf seiner Video-Plattform unter anderem Berufe und Firmen vorstellt, steht sie bereits im Fokus von Auszubildenden, Fachkräften und Arbeitgebern, und ihr Beispiel von einer 3-Tage-Freizeit entfaltet besonders große Wirkung. Der Erfolg der 4-Tage-Woche bei whatchado erfährt auf diese Weise schnell eine große Verbreitung.

Von Rocco Funkes Versprechen, mehr Zeit mit seinem neugeborenen Sohn zu verbringen, erzähle ich ausführlich im 2. Kapitel. Auch in seinem Handwerksbetrieb für Leckortung und Bautrocknungsservice wurden die Prozesse erneuert. Die neuen Tablets sind schneller als die alten, das macht sich bei der ständigen Nutzung bemerkbar. Eine noch größere Rolle spielt die konsequente Eliminierung von Zeitfressern durch optimierte Arbeitsabläufe.

> Der gängige Spruch „Haben wir schon immer so gemacht"
> wurde gestrichen.

Das Team begann, alte Trocknungs-Weisheiten zu hinterfragen und zu experimentieren. Das hat den Weg zur Innovation im Trocknungs-Business eröffnet. Zum Beispiel hat es alle sehr überrascht, dass es auf den Baustellen völlig ausreicht, *ein* Loch pro Arbeitsschritt zu bohren statt wie bisher zwei Löcher. In einer großen Trocknung werden nun statt 64 Löcher nur noch 32 gebohrt – mit demselben Ergebnis.[392] Ein weiterer Zeitfresser war das minutenlange Suchen nach Ausrüstungsgegenständen. Jetzt steht die Ausrüstung in jedem Transporter am gleichen Platz und alle Trocknungsgeräte wurden neu sortiert. Solche „Lappalien" summieren sich pro Woche zu vielen Stunden! Die neuen Abläufe und Spielregeln haben die 4-Tage-Woche erst möglich gemacht.

„Zu Beginn hatte ich große Angst, dass das Konzept nicht funktioniert, dass wir Kunden verlieren, Geld verbrennen und die Mitarbeiter nicht zufrieden sind", sagt Funke.[393]

> Ob es klappt oder nicht, weiß man bei unternehmerischen Entscheidungen und Investitionen nie vorher, immer nur im Nachhinein.

Rocco Funke hat seine Organisation mutig weiter entwickelt mit allen Risiken eines offenen Ausgangs. Und es hat funktioniert! Die Mitarbeiter sind zufriedener, motivierter und arbeiten effizienter. Unterm Strich bekommen sie 25 % mehr Lohn pro Stunde als vor der Einführung der 4-Tage-Woche.[394] Funkes Firma konnte zwei neue Fachkräfte einstellen und dabei aus 60 Bewerbungen auswählen. „Kein Problem mit Fachkräften und Krankenstand", berichtet die Eichsfelder Allgemeine.[395]

Die Werbeagentur agencylife in Wien übersetzt Unternehmensziele in digitale Leistungskennzahlen, sogenannte KPI, also Key-Performance-Indikatoren. Prozesse zu analysieren und anzupassen, ist also der Arbeitsalltag bei agencylife. Ein Jahr lang optimierten sie gemeinsam alle internen Prozesse, dann startete die 4-Tage-Woche.

Das Motto der Agentur, *people first*, ist keine hohle Phrase. Das merkt man schon, wenn man die Agentur betritt. Das Büro ist einladend hell, groß und mit hohen Decken. Man fühlt sich sofort wohl. Es liegt wenige Schritte vom berühmten Wiener Naschmarkt entfernt. Auf dem bekanntesten Markt Wiens sorgen 120 Marktstände und Lokale vom Morgengrauen bis zum Sonnenuntergang für ein buntes kulinarisches Angebot.[396] Das Büro liegt also zentral und die Möglichkeit, in den Pausen das Lieblingsessen zu verspeisen, ist nirgendwo größer in Wien.

> Der besondere Ort und die großzügigen Räume bieten gute Argumente, dort arbeiten zu wollen. Hinzu kommen Spaß beim gemeinsamen Arbeiten, 32 Stunden und volles Gehalt.

Der Geschäftsführer Alex Kucera erzählt, dass Kunden spüren, dass die Kolleginnen und Kollegen viel entspannter sind. Das Team ist durch die extra

Erholung motivierter und hat gemeinsam viel Spaß, das steckt an und springt über. Kucera spricht vom Work-Life-Flow. Nur an etwa vier Freitagen pro Jahr wird noch gearbeitet, die anderen 48 sind wirklich frei. Die Kunden spielen das Spiel mit, in der ganzen Agentur kommen nur noch etwa 5 E-Mails an Freitagen im Monat rein, die auftragsrelevant sind. Natürlich war es die größte Unsicherheit und Herausforderung, in weniger Zeit den Umsatz zu erwirtschaften. Das Jahr 2022 ist das Geschäftsjahr mit dem höchsten Umsatz seit der Gründung 2017. Kucera hat seine Organisation agencylife mutig weiter entwickelt mit allen Risiken eines offenen Ausgangs.[397]

> Noch einfacher und risikoärmer ist die Einführung
> einer 4-Tage-Woche im Handwerk.

## INEFFIZIENTER HANDWERKER-FREITAG

Es ist auffällig, dass aktuell im Handwerk besonders viele Betriebe auf eine 4-Tage-Woche umstellen. Täglich kommen neue Betriebe hinzu. In Handwerksbetrieben ist die Einführung erstaunlich einfach, da viele Handwerksbetriebe am Freitag nur bis 11 Uhr oder 13 Uhr arbeiten. Das ist zwar unrentabel, aber dieses ungeschriebene Gesetz wurde lange nicht hinterfragt. Die schlechte Gewohnheit ist für Betriebe ineffizient und kostenintensiv.

> Die unrentable Tradition ist eine Steilvorlage
> für die 3-Tage-Freizeit im Handwerk.

„Wir sind jetzt viel produktiver als früher. Freitags wurde nur den halben Tag gearbeitet, da saß man viel Zeit im Auto und hatte wenig Zeit auf der Baustelle.", berichtet Jannek Schrick.[398]

Auch für das Team der Firma Bruns MSR-Technik GmbH in Haselünne im Emsland war bis vor kurzem am Freitagmittag bereits Feierabend. Auf einer bis zu 50 Kilometer entfernten Baustelle für ein paar Stunden zu arbeiten, hat sich häufig nicht gelohnt. Zu viel Arbeitszeit wurde für die Anreise aufgewendet. Die klassischen Arbeitszeiten zu überdenken, hatte daher für Elektrotechnikermeister Dieter Bruns und seinen Sohn Marco vorrangig wirtschaftliche Gründe.[399] „Die Umstellung auf die 4-Tage-Woche wurde im gesamten Team besprochen und getestet. Die Bedingung: Das normale Pensum muss trotzdem geschafft werden. Da der Freitagnachmittag sowieso frei war und die Kollegen montags bis donnerstags abends immer mal wieder eine Überstunde drangehängt hatten, war das Projekt nach kurzer Testphase beschlossen."[400]

Ähnlich war es bei der ETH Elektrotechnik Hacker & Hammerschmid GmbH. Vor dem Start der 4-Tage-Woche wurde am Freitag sogar nur von 7 bis 11 Uhr gearbeitet. Zwei der vier Stunden Arbeitszeit waren reine Fahrzeit zur Baustelle, und nur zwei Stunden wurde effektiv gearbeitet. Woche für Woche summierten sich immense Kosten. Mit der 4-Tage-Woche spart die ETH Elektrotechnik alle An- und Abfahrten am Freitag, und von Montag bis Donnerstag wird effektiv auf den Baustellen gearbeitet. Mit dem Effekt, dass nebenbei auch noch Sprit gespart wird.[401] Dazu mehr im 12. Kapitel.

Die Bottroper Heizungs- und Sanitärprofis von der Helmut Lakenbrink & Sohn Nachf. GmbH haben ebenfalls festgestellt, dass ein kurzer Freitag nicht viel bringt. „Bisher wurde freitags von 8 bis 13 Uhr gearbeitet. In der kurzen Zeit die Arbeitsmontur zu wechseln und Fahrzeuge zu be- und entladen war für die meisten Mitarbeiter eher demotivierend."[402] Auch für das Büroteam war der Freitag schon immer kompliziert. Gar nicht so einfach, Termine zu legen, ohne dass die Arbeitszeit überschritten wird! Die Chefs Markus Lakenbrink und Sebastian Vermöhlen hatten bereits auf dem Schirm, dass das Verhältnis von Aufwand und Produktivität nicht stimmte. Als die Mitarbeiter den Wunsch nach einer 4-Tage-Woche äußerten, stießen sie bei ihnen auf offene Ohren. „Freizeitgestaltung ist ein wichtiger Faktor für Berufstätige. Auch die Erholung in einer immer stressigeren Welt ist immens wichtig – so versuchen wir Gefahren wie z.B. Überlastungen oder Burnout zu vermeiden", sagt Lakenbrink. Und Vermöhlen ergänzt: „Wir haben ein tolles, motiviertes Team zusammen und wollen mit allen noch viele Jahre gemeinsam an einem Strang ziehen."[403]

Freitag nachmittags gewinnt Hildmann Bad & Heizung inzwischen die meisten Neukunden. Das ist die Zeit, wenn andere Betriebe geschlossen sind, weil die klassische 5-Tage-Woche Freitag am Mittag endet. Peer Hildmann hat wie Christopher Edringer ein System aus rotierenden Teams geschaffen, die sich Montag und Freitag mit freien Tagen abwechseln. So ist sein Sanitär- und Heizungsservice auch Freitag nachmittags erreichbar. Er hört viel Lob von Kunden für seinen verbesserten Service. Mehr von Peer Hildmanns veränderter Organisation erfährst du im nächsten Kapitel 9 zu Spielregeln.

Und auch das Rathaus in Gerasdorf bei Wien hat den ineffizienten Freitag gestrichen. Der Freitagvormittag sei kaum genutzt worden. Nun ermöglicht die 4-Tage-Woche am Donnerstag einen weiteren langen Tag für die Bürgerinnen und Bürger. „Vor allem für die Berufstätigen stellen die neuen Öffnungszeiten eine deutliche Verbesserung dar", betont die Stadtgemeinde. Das Rathaus werde nach dem Jahreswechsel nicht nur am Dienstag, sondern auch am Donnerstag bis 19.00 Uhr geöffnet sein. Gerasdorf sieht sich als Vorreiter und führt nach eigenen Angaben als „eine der ersten Gemeinden in Österreich" Anfang 2023 die 4-Tage Woche im Rathaus ein. Durch die Umstellung sollen zudem Strom- und Heizkosten eingespart werden. Energie werde durch die Änderung deutlich eingespart, da die Heizung bereits am Donnerstagnachmittag reduziert wird. Laut Bürgermeister Alexander Vojta soll der Erfolg dieses Projektes nach einem Jahr überprüft werden.[404]

---

Die Bürgerinnen und Bürger – also die Kundinnen und Kunden des Rathauses sind zufrieden.

---

## KUNDEN SCHÄTZEN GUTE LEISTUNG

Wie sehen es andere Kunden? Sind sie weiterhin zufrieden mit ihrem Dienstleister nach der Umstellung? Oder sind sie genervt? Befürchten sie, dass alles länger dauert? Könnte die Qualität leiden?

„Alle Kunden finden, dass das der richtige Weg ist. Sie spüren die entspannte Atmosphäre und auch die Zufriedenheit der Mitarbeiterinnen und Mitarbeiter. Es sind alle happy – was will man mehr?!", schwärmen die Inhaber vom Braunschweiger Haarwerk Sascha Vollmer und Silvio Christall.[405]

Auch die beko GmbH rechnet mit zufriedenen Kunden: „Unterm Strich versprechen wir uns von der 4-Tage-Woche, die Servicequalität der beko für die Kunden noch weiter zu erhöhen – getreu der Gleichung: Zufriedener Mitarbeiter ist gleich zufriedener Kunde." Die beko GmbH in Monheim im Landkreis Donau-Ries will die Work-Life-Balance verbessern und erhofft sich davon produktivere, gesündere und zufriedenere Mitarbeiter.[406]

Die Kunden des Sanitär-Handwerksbetriebs Schmauser im bayrischen Hilpoltstein zwischen Nürnberg und Ingolstadt haben die Umstellung zur 4-Tage-Woche gar nicht gemerkt.[407] Stammkunde Bernhard Strobel sagte, er habe nicht den Eindruck gewonnen, dass sich sein Bauvorhaben in die Länge gezogen hätte.[408] Zuerst wurden probeweise neue Termine nur noch von Montag bis Donnerstag vergeben, und auch die Lieferanten mussten die Bestellungen an diesen Tagen liefern. Den Kunden fallen die verkürzten Wochen oft gar nicht auf, sie profitieren sogar von der komprimierten Montagezeit. Da packen oft alle Kollegen am Donnerstag noch gemeinsam mit an.[409] Die Kunden sind weiterhin zufrieden ...

... und das Team ist wieder zufrieden. Eine der Anlagenmechanikerinnen will die langen Wochenenden auch mal für eine Städtereise nutzen, ohne Urlaub nehmen zu müssen. „Da haben sie sich was Gutes einfallen lassen, unsere Chefs und wir sind sehr zufrieden. Damit kann ich, glaube ich, für alle sprechen", sagt sie.⁴¹⁰ Und einer der Monteure stellt fest, dass die von 9 auf 9,5 Stunden verlängerte Arbeitszeit von montags bis donnerstags keinen großen Unterschied macht, man habe früher ja sowieso oft eine halbe Stunde mehr auf der Baustelle gearbeitet. Die Chefs kommen auch auf ihre Kosten. Die Firma hat im ersten Halbjahr an vier Tagen mehr Umsatz gemacht als vorher an fünf.⁴¹¹ Nur eine Gruppe findet die 4-Tage-Woche bei Sanitär Schmauser nicht so toll, das ist die Konkurrenz. Die sieht sich im Zugzwang, weil ihre Beschäftigten sehen, dass auch andere Arbeitszeitmodelle möglich sind.

Auch die auf Mess-, Steuerungs- und Regelungstechnik spezialisierte Bruns MSR-Technik GmbH macht gute Erfahrungen mit den Reaktionen der Kunden. Gegenüber Geschäftspartnern, Architekten und Kunden kommuniziert Marco Bruns ganz offen, dass seine Mannschaft freitags nicht auf Baustellen fährt. „Gestört hat das bislang niemanden", sagt er. Die Kunden hätten dafür Verständnis und seien flexibel, was die Auftragsausführung anbelangt." Durch gute Abstimmung mit anderen Gewerken gibt es auch in der Zusammenarbeit mit anderen Betrieben keine Probleme. „Alles eine Frage der Planung", betont Marco Bruns.⁴¹²

Ein weiteres Beispiel für zufriedene Kunden ist die „Schneiderei" in Leonding bei Linz. „Die Kunden sind begeistert von den neuen Öffnungszeiten – Dienstag bis Freitag von 9 bis 20 Uhr", schreibt Christoph Goll.⁴¹³ Auch der Gas-Wasser Installateur-Meister Alfred Keller aus Überlingen am Bodensee stellt fest: „Die Kunden freuen sich, dass bei uns zukunftsorientiert gedacht wird."⁴¹⁴

Das Team der Supply-Chain-Beratung Aflexio macht die Erfahrung, dass ihre Kunden sie an den freien Freitag erinnern, wenn in Meetings ein Kollege versehentlich ein Meeting am Freitag vorschlägt. Wie die Kunden auf die 4-Tage-Woche reagieren würden, war tatsächlich eine Sorge. Als das Aflexio-Team 3-Tage-Freizeit plante, wurden die Antworten auf kritische Fragen von Kundenseite gründlich vorbereitet. Doch es kamen keine. Ganz im Gegenteil! Die Reaktionen waren von Interesse und Begeisterung bestimmt.[415] Mehr über Aflexio im Kapitel 1 ‚Menschen' und Kapitel 12 ‚Ertrag'.

Die Klagenfurter Buchhandlung Heyn bekam 150 begeisterte E-Mails von Kunden. Sie feierten die Entscheidung, montags zu schließen, weil sie dem Team den zusätzlichen freien Tag gönnen. Das Heyn-Team macht daraus die Aktion „Montags lesen wir für dich". Jeden Dienstag wird auf Instagram das Dienstagsbuch vorgestellt. Ein neuer Service, den die Kunden zu schätzen wissen.[416]

Die reduzierten Öffnungszeiten der Hofbäckerei Hömberg schaden ihrem Umsatz nicht. Montag, Donnerstag und Sonntag bleibt der Laden zu, die gute Qualität lockt die Kunden am Dienstag, Mittwoch, Freitag und Samstag an. Die 4-Tage-Woche ist kein Problem, und der Umsatz ist gleichgeblieben, denn an den vier geöffneten Tagen wird jeweils mehr gekauft als zuvor.[417]

Auch die Brotpuristen in Speyer haben an nur vier Tagen geöffnet. Begeisterte Fans warten auf das leckere Brot, das Dienstag bis Freitag ab mittags frisch duftet. Sebastian Däuwel ist der Gründer der Bäckerei und setzt auf:

> Digitalisierung – der Backplan verrät online,
> wann welches Lieblingsbrot gebacken wird.

> Fokussierung – ein kleines Sortiment steht für ihn
> für Qualität mit echtem Backhandwerk.

> Neue Wege – das Streichen der Nachtarbeit war ein Umdenken: „Immer mehr regionale Bäckereien müssen schließen, es fehlt an Personal und Nachwuchs. Um dem Bäckerei-Sterben entgegenzuwirken, muss das Handwerk umdenken und neue Wege gehen," sagt der Chef-Brotpurist.[418]

Eine 4-Tage-Woche schließt nicht aus, dass es am freien Tag für Kunden eine Notbetreuung gibt. Die Wirtschafts- und Steuerkanzlei Rose & Partner in Hamburg geht diesen Weg. 25 Angestellte haben freitags frei. Falls Mandanten ein wichtiges Anliegen haben, gibt es einen Ansprechpartner. Dieses Extra wird aber viel seltener in Anspruch genommen, als man zuvor gedacht hatte.[419]

Die Beispiele zeigen: Kunden bekommen auch nach Einführung einer 4-Tage-Woche weiterhin gute Leistungen. Sie loben sogar explizit solche Betriebe und gönnen dem Team die 3-Tage-Freizeit. Spätere Öffnungszeiten funktionieren, wenn der Geschmack des Brotes den Gaumen erfreut.

Das Rad der Veränderung dreht sich weiter. Wer ist darauf vorbereitet? Wer schafft auch die nächste Krise? Betriebe, die die 4-Tage-Woche eingeführt haben, zeigen, dass sie lernfähig sind und sich verändern können.

> Sie haben ihre Prozesse geprüft und unnötige Reibungen und Zeitverluste abgeschafft.

Sie haben das, was keinen Sinn mehr macht – oder nie gemacht hat – aus den Abläufen gestrichen und durch Besseres ersetzt. Sie haben das Handwerk der Veränderung geübt und neue Spielregeln etabliert. Sie haben sich aktuellen Marktbedingungen bestens angepasst und sind auch resilienter gegenüber den nächsten Krisen. Mit anderen Worten: Sie sind wettbewerbsfähiger als die Konkurrenz und befinden sich in der Pole-Position im Rennen um attraktive Mitarbeitende und die beste Kundschaft.

> Die Pole-Position mit einer 3-Tage-Freizeit ist viel mehr als nur eine veränderte Arbeitszeit.

Werden solche Betriebe schlechte Zeiten besser überstehen als Unternehmen, die ungebremst so weitermachen wie zuvor? Vermutlich ja. Sie sind in der Lage, noch mehr Überflüssiges zu streichen und schneller neue Spielregeln zu etablieren. Das geänderte Spiel zieht die besten Mitspielerinnen und Mitspieler an. Auch deshalb wird sich die 4-Tage-Woche schnell verbreiten.

# 9
# SPIELREGELN
# BRECHEN UND ERSETZEN

Stell dir vor, die drei Freunde Max, Katie und Anna spielen Siedler von Catan. Plötzlich ruft Max „Schachmatt!" Er behauptet, er habe gewonnen. Der Spaß wäre allen vergangen. Mit Regelbrechern zu spielen, macht keinen Spaß. Das bringt nur Konflikte, Streit und Wut mit sich. Schnell gilt man als Spielverderber.

> Klare Regeln grenzen ein, und innerhalb der Grenzen ermöglichen sie Milliarden spannende Spielzüge.

Auch im Fußball gibt es klare Grenzen – und gleichzeitig eine unendliche Vielzahl an Spielzügen und überraschenden Torschüssen. Unser gesamtes Leben funktioniert nach Spielregeln, auf die sich Menschen verständigt haben: Fahrpläne und Öffnungszeiten, Arbeitsverträge und Lohntarife, Ampelphasen und Gesetze. Eine der wichtigsten weltweit geltenden Spielregeln ist die Uhrzeit. Die Zeitzonen ermöglichen Verabredungen, Reisen und Lieferungen.

Spielregeln geben unserem Verhalten einen Rahmen. Wer die Regeln verstanden hat, kann mitspielen. Werden sie von vielen Menschen akzeptiert, ist das der Standard. Ein neuer Standard braucht viele Mitspielerinnen und Mitspieler.

> Werden neue Spielregeln etabliert, wird das Neue normal.

Die 4-Tage-Woche ist ein Spiel mit neuen Regeln. Schon eine geänderte Wortwahl kann neue Spielregeln einführen. Die Bäckerei Kolls, die 20 Filialen mit 150 Mitarbeiterinnen und Mitarbeitern rund um Quickborn betreibt, hat weder „Kunden" noch „Verkäuferinnen und Verkäufer". In der Folge ist der Umsatz gestiegen.

Kunden heißen jetzt „Gäste" und das Verkaufspersonal sind „Gastgeberinnen und Gastgeber." In Stellenanzeigen werden „Gastgeber (m/w/d) für unser Team" gesucht; die Worte „Verkäuferin" und „Verkäufer" sowie „Kunde" wurden komplett gestrichen. Mit den neuen Worten kam automatisch eine neue Haltung: Gästen schenkt man ein besonders gutes Erlebnis, sie fühlen sich bei Gastgebern viel wohler als bei Verkäufern. Mit den neuen Wort-Spielregeln sind in der Bäckerei Kolls sechs Erfolge messbar:

> Umsatz, Trinkgeld und die Zahl der Bewerbungen sind gestiegen.
>
> Personal-Fluktuation, Krankschreibungen und Personalkosten sind gesunken.

Worte transportieren eine Überzeugung. Sowohl den Gästen als auch den Gastgebern – und damit dem ganzen Unternehmen – geht es nun besser. Ein dreifacher Nutzen durch zwei Worte.

---
Regeln zu brechen, schafft Raum für neue Regeln.

---

## SPRENGKRAFT DURCH VERÄNDERUNG

Nur mit Regelbrüchen ist Veränderung möglich. Martin Luther King gilt heute als ein gefeierter Held. Sein Geburtstag ist sogar ein offizieller Feiertag in den USA. 1967, ein Jahr vor seiner Ermordung, hält er eine Rede in einer Schule.[420] In der Aula schwärmt er davon, wie seine Eltern ihn selbstbewusst erzogen haben: „Du bist jemand!" Zur Schule fährt er im Bus, dort sitzen Schwarze immer hinten, denn die Sitze vorne sind für Weiße reserviert, selbst wenn kein Weißer im Bus ist. Der Schüler Martin Luther King träumt von einer Zeit ohne Trennung, so erzählt er. In seinem Tagtraum sitzt er selbstbewusst auf den vorderen Sitzen, denn er ist jemand. Seine Fantasie bricht die Regeln und gibt ihm die Kraft, eine Realität zu sehen, die noch nicht erlaubt ist. Für das FBI gilt er zu Lebzeiten als *„the most dangerous Negro of the future in this Nation"*, so ein FBI-Memo von 1963. Er wird beobachtet wie ein Top-Terrorist. In den folgenden Jahrzehnten ändert sich die

Einstellung grundlegend. Heute ziert ein Zitat vom damals „gefährlichsten Schwarzen für die Zukunft dieses Staates" das Hauptquartier des FBI: „*The time is always right to do what's right.*"[421] Doch dies ist nur ein Etappensieg, die „Black Lives matter"-Bewegung zeigt, dass noch viele Spielregeln geändert werden müssen. Martin Luther Kings legendärer und revolutionärer Satz „*I have a dream*" ist heute domestiziert. Viele nutzen ihn, obwohl sie die aktuellen Spielregeln gerne beibehalten würden.

**Wer von bestimmten Regeln profitiert, will sie nicht ändern. Wer neue Spielregeln haben will, muss um sie kämpfen.**

Der Streit um Veränderung hat immer Sprengkraft. Vor 200 Jahren arbeiten Kinder in rußigen Schornsteinen. Das ist damals normal. Sie sind klein und wendig und damit perfekt geeignet, enge Schornsteine von innen vom Ruß zu reinigen. Es war praktisch, sinnvoll und folgerichtig. Wie sollte es auch anders gehen? Hausbesitzer zementierten diesen Status quo, denn ihre rußfreien Kamine waren ihnen wichtiger, als Kinder zu schützen. Doch dann wurden die Spielregeln verändert: 1834 verbot das britische Parlament den Schornsteinfegern, Kinder unter 14 Jahren zu beschäftigen. Die Hausbesitzer schrien laut auf. Ihr Eigentum sei in Gefahr, wenn ihre Schornsteine nicht von Kindern gesäubert würden.[422]

Viele von ihnen ignorierten das Gesetz, denn 14-Jährige, die in die Schornsteine passten, waren kaum zu finden. Schäden für die Wirtschaft müssten verhindert werden, sagten sie, und der Fachkräftemangel ließe keine Spielräume zu. Die britische Regierung war anderer Meinung. Sie setzte das Gesetz durch und stärkte so die Rechte der Kinder. Allerdings war das nur in England so. In Norditalien wurden Kinder noch bis zum Zweiten Weltkrieg in Schornsteine gezwungen. Barfuß stiegen die „Spazzacamini" in die Schlote, wo sie die Rußschicht abklopften und abraspelten. Arme Bauernjungen aus der Schweiz wurden als lebende Kaminbesen vermietet. Zu essen bekamen sie nichts, damit sie weiter in die schmalen Kamine passten. Die Kinder lebten von Essensresten, die sie sich zusammenbettelten. Viele starben durch die rußige Atemluft und die Anstrengung. Bis in die Mitte des 20. Jahrhunderts war es erlaubt und ein gutes Geschäft, Kinder in die Schornsteine zu schicken.[423]

Sind diese Beispiele nicht etwas zu hoch gegriffen, wenn es in diesem Buch doch nur um die Einführung der 4-Tage-Woche geht? Was haben Spazzacamini und Martin Luther King mit unserem Arbeitsmarkt zu tun? Es geht doch nur um die 3-Tage-Freizeit.

Bei Spielregeln geht es immer um die Frage: Was ist normal? Wer spielt welches Spiel? Wer diktiert die aktuellen Regeln? Und wer hat ein Interesse an Veränderung? Manche meinen, wenn alle länger arbeiten würden, dann gäbe es genug Fachkräfte. Industriepräsident Siegfried Russwurm forderte 2022, „dass Vollzeitbeschäftigte künftig 42 Stunden arbeiten sollen – statt wie jetzt 37,5 oder 40 Stunden."[424]

---

Ungerechte Teilzeit-Regelungen und Verteilung von Care-Arbeit, Überforderung, Schlafmangel, Burnout, Klimawandel und auch Gesundheitsprävention werden alle außen vorgelassen.

---

Sonst könnte die Forderung nach 42 Stunden Vollzeitarbeit kaum ernst gemeint sein. Wir reden über riesengroße Herausforderungen. Da wirkt die Debatte um eine Erhöhung der Arbeitszeit wie aus der Zeit gefallen. Die Befürworter dieser Sichtweise profitieren entweder von den alten Spielregeln oder sie haben nicht genügend Fantasie, um Alternativen zum Gewohnten in Betracht zu ziehen.

Der Gegenentwurf zur Steigerung der Arbeitszeit heißt Streichen und Ausmisten. Davon erzählen alle Beispiele in diesem Buch. Sie belegen, dass gerade die Reduktion nicht nur eine Verbesserung der Leistungsfähigkeit, Gesundheit und Lebensqualität bringt, sondern auch die Zufriedenheit der Kunden erhöht. Dass Herr Russwurm fordert, mehr Zeit bei der Arbeit zu verbringen, ist Teil eines immer wiederkehrenden Spiels der Interessenkonflikte.

> Jede Verbesserung der Arbeitsbedingungen musste gegen Widerstände erkämpft werden.

Zum Glück profitieren in den 97,3% der Betriebe, denen ich dieses Buch widme, sowohl Mitarbeitende als auch Gründerinnen, Inhaber und Chefinnen von der Zeitreduzierung. Sie gestalten selbst die Spielregeln in ihren Betrieben. Deshalb gewinnt die 4-Tage-Woche besonders in kleinen und mittelständischen Betrieben an Tempo in der Umsetzung. Sie können es einfach machen.

Das Restaurant & Hotel Hohenzollern in Bad Neuenahr-Ahrweiler[425] sucht mit der 3-Tage-Freizeit Mitspielerinnen und Mitspieler: „Sous Chef (m/w/d) mit der Leidenschaft, hochwertige Produkte in genussvolle, kreative Gerichte zu verwandeln, und dem Wunsch, Verantwortung in der Küche zu übernehmen."[426] In Schmallenberg sucht das Hotel & Gasthof Hubertushöhe Koch/Köchin (m/w/d). Wichtig ist ihnen „Kreativität und der Wille, unseren Hausgästen den Aufenthalt kulinarisch zu einem Erlebnis zu machen. Sie haben freie Hand in Einkauf und Menügestaltung", lautet das weitgehende Versprechen. Kreativität und verantwortungsvolle Gestaltung werden gewünscht – geboten wird dafür: „Eine ausgewogene Work-Life-Balance ist uns sehr wichtig. Daher können wir diese Stelle auch im Rahmen einer 4-Tage-Woche mit vollem Gehalt vergeben."

Das neue Spiel verlangt Leidenschaft, Verantwortung, Kreativität und bietet dafür mehr Zeit zum Krafttanken und Durchatmen, so wie in Erfurt in der Agentur Samt & Seidel: „Dass wir auch Zeit zur Aneignung von neuem kreativem Input und Pausen zum Durchatmen brauchen, wird gern vergessen", begründet Agenturinhaber Christian Seidel den Schritt, im April 2022 die 4-Tage-Woche zu starten: „Wir wollen unserem Anspruch an unsere eigene Innovationsfähigkeit gerecht werden. Außerdem beginnt der beste Weg,

Änderungen im Denken, Handeln und damit auch im Arbeiten herbeizuführen, an der eigenen Position."[427]

Ganz simpel auf den Punkt gebracht: „Ich will, dass es meinen Mitarbeitern gut geht, dass sie ausgeruht sind und kreativ sein können", erklärt die Hairstylistin Gina Aichbauer vom Salon Hairgott in Graz.[428] Damit etabliert sie neue Regeln.

> Regelbruch bedeutet nicht regellos zu agieren. Alte Regeln werden gestrichen und durch neue ersetzt, das ist kreativ.

Auch Paul Urchs, der gleich seine Geschichte erzählt, ist kreativ beim Schaffen neuer, attraktiver Arbeitszeiten. Dabei verfolgt er selbst klare Regeln.

> Er vertraut seinen Teams.

> Er greift ihre Ideen und Initiativen auf.

> In ihr Spiel mischt er sich nicht ein, denn sie sind die Profis im Service für Kunden.

> Er kümmert sich um das Spielfeld und schafft die bestmöglichen Rahmenbedingungen, damit alles möglichst reibungslos laufen kann. Dazu gehören auch die neuen Arbeitszeiten.

## LOCKER BLEIBEN, NICHT LOCKERLASSEN

„Arbeit muss so gestaltet werden, dass Mitarbeiter gerne dort arbeiten. Menschen merken sofort, ob sie ernst genommen werden oder nicht." sagt Paul Urchs im November 2022.[429] Er ist Geschäftsführer im Hotel Adula in Flims, Schweiz. „Früher war nicht alles besser, das ist Bullshit", sagt er. Herr Urchs bezeichnet sich auch im etablierten Vier-Sterne-Hotel als Entrepreneur mit Gründergeist, das bedeutet: „Wir passen uns den neuen Bedingungen an." Wie geht er mit Wandel um? Er betrachtet das Spielfeld und seine Teams. Dann überlegt er, wie er die Ideen, Initiativen und Abläufe bestmöglich unterstützen kann, ohne sich einzumischen. Mit seiner Arbeit schafft er den Rahmen und das Spielfeld, während die Teams im Hotel die Leistung für die Kunden schaffen.

„Die Leistung kommt immer vom Team."

„Hotels verkaufen Emotionen an Gäste. Dafür suchen wir Mitarbeiter, sie machen den Erfolg, sie schaffen die Emotionen für die Kunden. Wir Vorgesetzten stellen den Rahmen und die Ressourcen, damit die Teams bestmöglich arbeiten können. Wir erbringen als Leitung eine Dienstleistung für die Mitarbeiter, und das Team erbringt die Dienstleistung für die Gäste. Nur so kann die Organisation ihren Zweck erfüllen."[430]

Praktisch sieht das so aus. Das Hotel Adula wird von zehn Teamleitern geführt. „Der Dreh- und Angelpunkt sind die Teams, sie bringen das Hotel voran. Und die Teamleitungen bringen die Teams voran." schwärmt Paul Urchs.[431] Für ihn ist genau das Unternehmertum. Gemessen wird Erfolg in der Zufriedenheit der Gäste.

„Sind die Mitarbeiter zufriedenen, sind die Gäste zufrieden."

„Die Teamleiter bringen Ideen der Mitarbeiter und der Gäste intern zur Weiterentwicklung ein. Darauf wird geachtet und gehört. Sie wissen es besser als der Chef.", sagt Paul Urchs. „Auch junge Menschen sind nicht faul. Sie wollen arbeiten, und sie wollen weitergebildet werden. Sie haben hohe Ansprüche an Arbeitgeber, und das ist gut so. Wird dieser hohe Anspruch vom Arbeitgeber wertgeschätzt, dann bringen sich die Mitarbeiter – jung wie alt – auch voll ein."

Ein Beispiel, wie Wünsche der Gäste und Ideen der Teams zusammenwirken: „Wir haben im Team beschlossen, das ganze Hotel neu auszurichten, um unser Angebot zu verjüngen, mit der Zeit zu gehen und so auch neue Gästegruppen anzusprechen. Es gibt immer mehr, besonders junge Leute, die vegan oder vegetarisch essen, die sich bewusster und leichter ernähren möchten. So ist die Idee ‚La Clav' entstanden."[432]

Paul Urchs gibt zu: „Früher war ich als Chef ein Drecksack vor dem Herrn. Zum Glück hatte ich gute Chefs und habe von ihnen gelernt. Heute bin ich Dienstleister für meine Teamleiter, und die Teamleiter die Dienstleister der Teams. Um auf die Wünsche nach flexiblen Arbeitszeiten einzugehen, hat das Hotel ein eigenes Modell für flexible Arbeit entwickelt. Entscheidend ist, zu wissen, was wir wollen. Dann entwickeln wir ein Modell, das wir testen."[433] Stolperfallen können dabei Gesetze sein – in der Schweiz gelten andere Arbeitsgesetze als in Deutschland – sowie der Arbeitsinspektor und die Gewerkschaft. „Die haben wir alle frühzeitig mit ins Boot geholt."

Das Modell wird angenommen, im November 2022 nutzen 35 Prozent der 75 Mitarbeiter die FlexWork im Hotel Adula: „Das Ziel sind 60 Prozent. Die Presse hat sich darauf gestürzt, und neue Bewerbungen gab es dadurch auch schon. Die Teamleiter haben am Konzept mitgewirkt. Nicht alle waren begeistert. Mein Motto lautet: ‚Locker bleiben. Und dabei nicht lockerlassen.' Die Hausdame war anfangs ganz dagegen. Nach ein paar Wochen kam sie, und führte die FlexWork von sich aus in ihrem Team ein. Druck hätte da gar nichts bewirkt. Im Gegenteil. Sie musste sich selbst davon überzeugen."[434]

Alle Mitarbeiter wählen selbst zwischen einem normalen Arbeitsvertrag und der FlexWork. In der FlexWork wird die Woche durch fünft geteilt. Jeder Tag macht 20 Prozent aus, die 4-Tage-Woche sind entsprechend 80 Prozent der Arbeitszeit. „Wir haben im Hotel Adula eine elektronische Zeiterfassung, in der Plus- und Minuszeiten festgehalten werden. In Spitzenzeiten sind auch mal sechs Tage notwendig und zu Weihnachten können auch 140 Prozent

Arbeit anfallen. In der Hochsaison bewährt sich das FlexModell besonders", berichtet Paul Urchs: „Als die Verbesserung in solchen Hochsaison-Wochen mit viel Arbeitslast positiv erlebt wurde, hat das auch interne Skeptiker überzeugt. Wenn Menschen erleben, dass die Veränderung ihre Arbeit tatsächlich verbessert, dann machen sie gerne mit."

Eigene Erfahrungen überzeugen, dass es doch gut geht. Welches Spiel spielst du? Welches Bild hat die Führungskraft, die du kennst oder die du bist, von sich selbst und den Aufgaben der Führung? Wird das Team gefördert oder bevormundet? Schießt du jedes Tor selbst oder setzt du auf die beste Mannschaft und trainierst dein Team?

## FÜHRUNG ALS DIENSTLEISTUNG

Ist Führung *law and order* oder *leading by listening*? So wie Paul Urchs ist auch Thomas Dettling, Senior Partner Digital Transformation bei Siemens Energy, ein Anhänger der zweiten Variante. Er tweetet: „Führung ist Dienstleistung, damit das Team Bestleistung bringen kann. Führung ist kein Privileg, Führung ist Dienstleistung und Aktion. Der Begriff Führungskraft setzt sich aus Führung und Kraft zusammen."[435]

Sandro Rende, Geschäftsführer der Gebrüder Rende Gerüstbau GmbH, beschäftigt mehr als 70 Mitarbeiter. Für ihn besteht die Aufgabe der Leitung in der Entwicklung der Mitarbeiter, so dass sie ihre beste Leistung bringen können. In der Personalentwicklung sieht er für sich als Chef die wichtigste Aufgabe. Er will die bestmöglichen Strukturen schaffen, in denen bestmöglich gearbeitet werden kann.[436]

Tanja und Michael Nöth leiten die Firma NSI-Technik in Acholshausen südlich von Würzburg, die im Bereich Sanitär-Heizung-Klima und Trinkwasserdesinfektion tätig ist. Seit März 2021 kann bei NSI die 4-Tage-Woche gewählt werden und dabei sogar monatlich zwischen einer 4-Tage- und

5-Tage-Woche gewechselt werden. Die Stundenzahl ist in beiden Fällen dieselbe. „Es ist manchmal etwas mehr Aufwand bei der Planung und Organisation, aber auch das wird schnell zur Routine", schreibt Tanja Nöth.[437]

Die Mitarbeiter profitieren auch von vielen weiteren Aufmerksamkeiten:

> Festgehalt und feste monatliche Stundenzahl, in der Sanitär-Heizung-Klima-Branche ist das nicht selbstverständlich.
>
> Arbeitskleidung sowie Essen und Getränke werden zur Verfügung gestellt.
>
> Die Mitarbeiter und Mitarbeiterinnen bekommen kleine Geschenke zu Ostern und Nikolaus, einen Adventskalender und Aufmerksamkeiten zu ihrem Geburtstag.

Und noch etwas zeigt die Wertschätzung, die das Unternehmer-Ehepaar ihrer Belegschaft erweist: „Wenn mein Mann und ich über unsere Angestellten reden, sagen wir immer ‚unser Kollege/unsere Kollegin', denn ohne unser Team wären wir nicht da, wo wir heute stehen", sagt Tanja Nöth. Und über ihr Verständnis von Unternehmensleitung als Dienstleistung schreibt sie: „Unsere Tipps für andere Führungskräfte sind, die Mitarbeiter/Kollegen mit Respekt zu behandeln, ehrlich und auf Augenhöhe zu kommunizieren, öfters darüber nachdenken, was sie den ganzen Tag leisten – körperlich sowie geistig!"[438]

Diese Auffassung von Führung folgt anderen Spielregeln. Es wird nicht alles besser gewusst in der Leitung, und von der Mannschaft wird nicht erwartet, genau das zu tun, was ihr aufgetragen wird. Mit den neuen Spielregeln, voll auf ihr Team zu setzen sowie deren Erfahrungen und Wünsche ernst zu nehmen, fährt die Firma NSI-Technik deutlich besser. „Wir sehen uns immer als ein großes familiäres Team", sagt Tanja Nöth. Das behaupten zwar viele Firmen, doch Nöths zeigen, wie es tatsächlich geht.

Bei NSI-Technik haben die neuen Spielregeln viel in Bewegung gebracht: Mitarbeiter und Mitarbeiterinnen sind entspannter und ausgeglichener, die Stimmung ist besser, der Umgangston freundlicher. Wenn jemand durch Krankheit ausfällt, springen andere ein, ohne dass sich schlechte Stimmung verbreitet. Und wenn es mal Überstunden gibt, wird auch das angenommen. Zu Tanja Nöth und ihrem Mann Michael kommt die Wertschätzung, die sie ihren Angestellten erweisen, wieder zurück: „Wir als Arbeitgeber bekommen eine Wertschätzung von unserem Team und dies gibt uns das Gefühl, dass wir als Chefin und Chef auch gute Arbeit machen."

Auch in diesem Beispiel fehlt nicht die öffentliche Aufmerksamkeit. Die Einführung der 4-Tage-Woche bei NSI war der regionalen Zeitung „Main-Post" einen Artikel und eine Instagram Story wert. Das brachte den Nöths Werbung und auch viel Lob von Geschäftspartnern, Kunden und Bekannten sowie neue Bewerbungen und neue Aufträge. Und weil Michael Nöth Dozent an der Handwerkskammer für Unterfranken ist und den Kurs für Meister im SHK-Handwerk unterrichtet, wird auch auf diesem Weg die Idee der 4-Tage-Woche multipliziert und kommt unter die Leute.

Tanja und Michael Nöth, Jana Koske von Aflexio – Kapitel 1 und 12, Grit Pauling – Kapitel 2 und 4, Thomas Dettling, Sandro Rende und Paul Urchs sind Leitungspersönlichkeiten, die nach neuen Spielregeln spielen. Die 4-Tage-Woche ist *eine* von vielen neuen Spielregeln. Was sie verbindet:

Menschenfreundlichkeit und Fairness,

eine wertschätzende Haltung gegenüber den Kolleginnen und Kollegen,

die Schaffung von Rahmenbedingungen, die sicherstellen, dass Mitarbeiter gerne im Unternehmen arbeiten und Kunden gerne kommen.

„Zufriedene Mitarbeiter sind der Motor jedes Unternehmens. Da mir das Wohl unseres Teams am Herzen liegt, habe ich mich zur Feel-Good-Managerin weiterbilden lassen. Das erlernte Wissen habe ich schrittweise in unserem Familienbetrieb angewandt", sagt Katharina Eiche, Personalentwicklerin bei der Eiche Malerbetrieb GmbH in Düren.[439] Seit September 2020 wird dort wahlweise freitags oder montags das Wochenende verlängert. „Kurzfristige Krankmeldungen sind zurückgegangen, die Effizienz unseres Teams ist gestiegen, dies zeigen uns auch die betriebswirtschaftlichen Ergebnisse. Wir haben vermehrt Bewerbungen von qualifizierten Fachkräften erhalten. Für unseren Betrieb war es die richtige Entscheidung", resümiert Roland Eiche, der den Familienbetrieb als Malermeister in 3. Generation führt. Sohn Johannes Eiche steht schon in den Startlöchern.[440]

## GUT FÜR KUNDEN + TEAM + FIRMA

Führung ist Dienstleistung für die Fachkräfte im Unternehmen, die ihrerseits gute Leistungen für die Kunden umsetzen. Sind die Kunden zufrieden, geht es dem Unternehmen gut. Das ist ein Dreiklang:

**Das Unternehmen erfüllt die Bedürfnisse der Mitarbeiter.**
Damit Unternehmen, Firmen, Organisationen, Stiftungen und Vereine ihren Zweck erfüllen können – zum Beispiel Hausbau, Heizungsreparatur, ambulante Pflege, regional angebautes Gemüse, Nachhilfeunterricht – werden Menschen eingestellt, die innerhalb der Arbeitszeiten bestimmte Leistungen erbringen. Im Gegenzug bietet das Unternehmen Ressourcen zum Arbeiten, ein Gehalt, Urlaubstage und Benefits wie Diensträder, Sportgutscheine, Mittagessen und Betriebsrenten an. Am wichtigsten ist vielen Menschen ein vertrauensvolles und wertschätzendes Klima, eine positive Stimmung.

**Zufriedene Mitarbeiter erfüllen die Bedürfnisse der Kunden.** Dazu nutzen sie ihre Fähigkeiten, Kompetenzen, Qualifikationen und Erfahrungen. Mit ihrer Produktivität, Leistungsfähigkeit und Lernbereitschaft schaffen sie wertvolle Angebote und vertrauensvolle Services.

**Zufriedene Kunden erfüllen die Bedürfnisse des Unternehmens.** Nur wenn Produkte und Services genutzt werden, läuft das Spiel rund. Nur wenn Angebote überzeugen, bezahlen Kunden dafür, und dann können Unternehmen mit dem Ertrag arbeiten und Mitarbeiter beschäftigen.

Dieses Trio spielt zusammen: Arbeitgeber, Beschäftigte und Kunden.

---
Erfolg gibt es nur zu dritt.

---

Auch wenn Kunden die Arbeit unterm Strich bezahlen, besitzen die Mitarbeiterinnen und Mitarbeiter die Schlüsselrolle. Ohne sie geht gar nichts. Sie sind das verbindende Element. Wenn die Leitung im Betrieb einen guten Job macht, schafft sie gute Rahmenbedingungen zum produktiven Arbeiten. Mit den optimalen Mitteln und Tools wird der Kunden bedient. Stimmt der Kreislauf, läuft das Geschäft.

Die Mai + Mosbach GmbH in Merzig im Saarland wurde 2022 mit dem renommierten Elmar-Preis der Elektrobranche als Top Arbeitgeber ausgezeichnet.[441] Der Preis wird an Elektrohandwerksbetriebe vergeben, die ihre Unternehmensmarke stringent weiterentwickeln. Mai + Mosbach bezeichnen sich als zukunftsorientiertes Unternehmen mit über 50 Mitarbeitern. Sie bieten abwechslungsreiche und herausfordernde Aufgaben und – TROMMELWIRBEL – „die Wertschätzung, die du verdienst."[442] Dazu kommen messbare Angebote:

Überdurchschnittlich hoher Lohn
4-Tage-Woche
Weihnachtsgeld
Regelmäßige Lohnerhöhungen
Hochwertiges Qualitätswerkzeug
Sicherer Job mit unbefristetem Arbeitsvertrag
Verschiedene Weiterbildungsmöglichkeiten
Familienfreundlicher Kita-Zuschuss
Betriebliche Altersvorsorge und Krankenzusatzversicherung
Geregelte Arbeitszeiten und pünktlicher Feierabend
Langfristige Einsatzplanung
Voll ausgestatteter Firmenwagen
Zuschuss für dein Fitnessstudio
Komplette Arbeitskleidung inkl. Sicherheitsschuhe
Team-Events
Und noch vieles mehr!"[443]

Bei Mai + Mosbach geht die Leitungsfähigkeit der Beschäftigten Hand in Hand mit Qualitätswerkzeug und persönlicher Wertschätzung durch die Leitung. So wird es ein gutes Spiel für die Kunden.

Die Schieferer Bau GmbH in Landeck, Tirol verbindet gute Stimmung im jungen Team mit einem modernen Fuhrpark. Sie versprechen rasche Entscheidungen und ein offenes Ohr für Anliegen – „wir finden für alle Probleme eine passende Lösung und immer einen Weg, über Dinge zu sprechen". Abwechslungsreiche, spannende Projekte finden trotz Zeitdrucks in einem guten Arbeitsklima statt.[443] Die 4-Tage-Woche gehört auch zum Gesamtpaket und ist darin ein Puzzleteil, damit Angestellte bestmöglich zur Zufriedenheit der Kunden arbeiten.

Die Billig GmbH in Rösrath bei Köln tritt an bei Trocknung, Leckage und Schadstoffen. Sie bietet ihren Monteuren rund um die 4-Tage-Woche eine unbefristete Festanstellung mit überdurchschnittlicher Vergütung ohne Reisetätigkeit für Montagen, da alle Projekte im Umkreis des Standorts sind, eine professionelle Arbeitsausstattung mit modernen technischen Geräten und eine neuwertige Fahrzeugflotte, Firmenhandy, PKW und berufliche Fort- und Weiterbildung. Zum Sommerfest und zur Weihnachtsfeier sind auch die Familien willkommen. Wenn Menschen dieses Gesamtpaket rund um eine 3-Tage-Freizeit anziehend finden, werden sie sich bewerben.[445]

> Zieht die Firma Mitarbeitende an, kann sie den Kunden
> ihre Leistungen erbringen und Umsatz generieren.

Peer Hildmann, Inhaber von Hildmann Bad & Heizung in Kronberg bei Frankfurt am Main, sieht die Sache genauso: „Es geht im Unternehmen immer um drei Säulen: Gutes für Mitarbeiter. Gutes für Kunden. Gutes für die Firma."[446] Weil Gehaltssteigerungen endlich sind, bietet Hildmann mehr Freizeit an.[447]

> Mehr Freizeit führt zu zufriedenen Mitarbeitenden,
> die im Betrieb bleiben und gute Leistung bringen, ...
>
> ... führt zu zufriedenen Kunden und Weiterempfehlungen ...
>
> ... führt zu mehr Gewinn für Hildmann Bad & Heizung

Hildmann spielt auch nach einer weiteren Regel, die für ein wertschätzendes Spiel steht: Lass die Mitarbeiterinnen und Mitarbeiter selbst entscheiden, ob sie wollen. Im Januar 2019 erwähnte Peer Hildmann bei einer Kick-Off-Veranstaltung für sein Team nebenbei die Idee einer 4-Tage-Woche. Sofort kamen Contra-Stimmen aus der Belegschaft. Hildmann notierte sich alle Gegenargumente und ließ sich drei Monate Zeit, um zu recherchieren und Antworten zu finden. Als er dem Team seine neuen Überlegungen präsentierte, wollten plötzlich alle 20 Angestellten die 4-Tage-Woche. Hildmann hatte Ungereimtheiten eliminiert; jetzt hatten alle das Prinzip verstanden und fanden auch keinen Haken mehr. Und weil er kein

So-machen-wir-das-jetzt-und-basta-Chef ist, lässt er jedes Jahr erneut darüber abstimmen, ob die 4-Tage-Woche beibehalten werden soll.[448]

Die Hildmann-4-Tage-Woche sieht so aus: Zwei Gruppen wechseln sich regelmäßig ab mit „freitags frei" und „montags frei". So ergeben sich immer wieder 4 freie Tage am Stück – ohne dass ein Urlaubstag verbraucht werden müsste. Als die Umsetzung der neuen Spielregeln überzeugend gelöst war, waren alle von den Vorteilen überrascht. Denn es ist ein Unterschied, ob die 4 freien Tage auf dem Papier stehen, oder ob du sie wirklich genießen kannst.

Und noch eine Überraschung gab es: Freitagnachmittags gewinnt Hildmann Bad & Heizung heute die meisten Neukunden. Also genau dann, wenn andere Betriebe bereits zu sind, weil die klassische 5-Tage-Woche im Handwerk traditionell freitagmittags endet. Hildmanns rotierende Mitarbeiter sind auch freitags immer erreichbar. Ergebnis: Gleicher Umsatz. Gewinn erhöht, denn alle Projekte laufen mit weniger Fahrzeiten. Peer Hildmann engagiert sich auch gerne für lokale Projekte, unter anderem hat er mit 4.000 Bäumen zur Aufforstung eines Mischwalds in Kronberg beigetragen.

Peer Hildmann hat gelernt, auch eine weitere Spielregel zu befolgen: Kommuniziere Veränderungen gegenüber allen Partnern. In seinem Fall waren es Architekten und Bauherren, die informiert werden mussten, dass am Montag andere Gesichter zu sehen sind als am Freitag. Die Erfahrung zeigt: Sein Unternehmen hält auch mit der 4-Tage-Woche die Zeitpläne am Bau ein.[449]

Und nun noch eine letzte Spielregel, die zum Hildmann-Beispiel passt: Bietest du etwas Gutes an, muss das sichtbar werden. Wenn du unsichtbar bist, bekommst du keine Kunden und auch keine Bewerbungen. So macht er auch auf seinen Fahrzeugen Werbung für die 4-Tage-Woche.

Wer nach Hildmanns 4-Tage-Regeln spielen möchte, kann das von ihm lernen. Mit seiner Firma Peermodum.de hilft er Handwerksbetrieben bei der richtigen Umsetzung.

> Peer Hildmanns Vision: Bis 2030 arbeiten alle Handwerksbetriebe in einer 4-Tage-Woche.

## EIN SPIEL, BEI DEM JEDER GEWINNT

Tausende Firmen bieten bereits eine 3-Tage-Freizeit an und haben die Spielregeln geändert. Die 4-Tage-Woche erweist sich als Spiel, bei dem jeder Mitspieler gewinnt.

**Mehr** Freizeit bei gleichem Gehalt
**Mehr** Gesundheit
**Mehr** Zeit für Familie, Hobbys, Freunde
**Mehr** Entspanntheit und Freundlichkeit im Team
**Mehr** Zeit für Sport und gesundes Essen
**Mehr** Geschlechtergerechtigkeit
**Mehr** Produktivität durch weniger Bullshit-Jobs
**Mehr** Leistungsfähigkeit durch mehr garantierte Erholung
**Mehr** Zeit für Weiterbildung und Entwicklung

**Vorteile für Arbeitgeberinnen und Arbeitgeber: MEHR**

**Mehr** Gesundheit, weniger Krankenstand
**Mehr** Entspanntheit und Freundlichkeit im Team
**Mehr** Produktivität, weniger Stress
**Mehr** Leistungsfähigkeit durch mehr Erholung
**Mehr** mediale Aufmerksamkeit
**MEHR BEWERBERINNEN UND BEWERBER**
**Mehr** positive Unternehmenskultur
**Mehr** Bleiben, weniger Fluktuation
**Mehr** Umsatz und Gewinn möglich
**Mehr** Motivation, zusätzlicher Kick
**Mehr** Nachhaltigkeit, weniger $CO_2$
**Mehr** krisensicheres Geschäftsmodell
**Mehr** Zeit für Weiterbildung und Entwicklung
**Mehr** zufriedene Kundinnen und Kunden

**Vorteile für die Kundinnen und Kunden: MEHR**

**Mehr** freundliche, motivierte Teams auf Baustellen
**Mehr** guter Service durch mehr Fachkräfte bei Handwerksbetrieben und in anderen Dienstleistungen
**Mehr** freundliche Bedienung beim Lieblingsbäcker, im Hotel, beim Friseur
**Mehr** kompetente Services durch Zeit für Weiterbildung und Entwicklung
**Mehr** Leistungsfähigkeit der Dienstleister durch mehr garantierte Erholung
**Mehr** kreativ-leckere kulinarische Erlebnisse von gesunden Köchinnen und Köchen
**Mehr** effiziente Abläufe beim Steuerberater, in Rathäusern und Bürgerämtern
**Mehr** effiziente Dienstleistungen mit weniger Löchern bei Gebäudetrocknung
**Mehr** Zeit für das Wesentliche, weil die Arbeit in guten Händen ist.

Wie sind die 151 Firmen im Buch mit den neuen Arbeits- und Öffnungszeiten gestartet?

Erstens: Alle haben es gemacht. Zweitens: Viele haben zuerst das Leben und Arbeiten mit einer 3-Tage-Freizeit ausprobiert und einen Monat oder ein Jahr lang die 4-Tage-Woche getestet. Um solche Experimente geht es jetzt.

# 10. EXPERIMENTE
## ERLEBEN MIT EMOTIONEN

Jede neue Entwicklung, jede Brücke, jeder Rad-Schnellweg, die effizienteste Solarzelle der Welt mit 47,6 % Wirkungsgrad[450] und auch jede Veränderung der Arbeitszeit startet ins Leben als Ideen-Baby.

> Auch der Eiffelturm war mal ein Baby – eine Idee im Kopf von Gustave Eiffel, bevor 10.000 Tonnen Material zu dem Pariser Wahrzeichen wurden.

Jede Idee ist wie ein Baby, und Babys sind kleine, hilflose Wesen, die viel Liebe und Zuwendung brauchen. Kritik an Ideen ist so sinnlos wie die Kritik an einem Baby.

> Ideen können weder laufen noch Klavier spielen, doch sie stecken voller verborgener Talente.

Diese Potenziale gilt es zu entdecken, zu trainieren und weiterzuentwickeln. Im Experiment reift die Idee zum Kleinkind. Kinder probieren aus, sie erleben vieles zum ersten Mal. Genauso neu ist das Erleben von Ideen als Prototypen und in Pilotprojekten. Niemand kann wissen, wie das Experiment ausgeht. Wer weiß, wie das Experiment läuft, versucht nichts Neues. Testläufe helfen dabei, Kosten zu minimieren. Experimente mit Ideen-Babys werden möglichst frühzeitig und damit kostengünstig durchgeführt, bevor das Projekt teuer wird.

Ausprobieren bringt Überraschungen. Manche Ideen verschwinden sang- und klanglos, sie finden keine Resonanz und werden ausgesiebt. Wirkungslose Ideen, die im Versuch nicht funktionieren, werden gestrichen. Andere Ideen-Kleinkinder reifen im Experiment zu rebellischen Jugendlichen – in der Sichtweise der etablierten Erwachsenen. Das Neue muss immer gegen Bestehendes ankämpfen. Das Gewohnte und Vertraute – der Platzhirsch – will kein Stück vom Kuchen freiwillig abgeben. Das neue Spiel braucht zuerst genug Menschen, die nach den neuen Regeln mitspielen. Dann wird das Wilde zahm und selbst etabliert. Vorher ist es kein Erfolg.

> Erfolgreiche Experimente mit Ideen führen zu neuen, etablierten Spielregeln.

Alle Betriebe, ob Start-up, Handwerk oder Konzern, müssen regelmäßig mit neuen Ideen den Wandel meistern. Ist dein Team gut aufgestellt und es läuft, ist die beste Zeit und Basis, um vorhandene Ressourcen gezielt für Experimente einzusetzen und die Weiterentwicklung regelmäßig anzustoßen.

Wer hingegen in Krisen hektisch und übereilt ohne die Zeit für Pilotprojekte und Prototypen reagiert, kommt oft zu spät. Mit Experimenten lernst du Neues und kannst sowohl deine persönliche Leistungsfähigkeit als auch die deiner Firma verbessern. Such dir dazu leckere Zutaten und vielversprechende Rezepte und teste, ob's schmeckt! Neue technologische Anwendungen wie Augmented Reality und KI-Software verändern die alten, bewährten Prozesse. Auch das Streichen von Überflüssigem wird zuerst experimentell ausprobiert und verändert bei Erfolg die Spielregeln.

## DIE W.O.R.K.-EXPERIENCE

Jede Entwicklung startet im aktuellen Status quo, also im laufenden Spiel und im bestehenden Geschäftsmodell. Der Wandel ist erst erfolgreich, wenn die neuen Angebote und Spielregeln als „das neue Normal" etabliert sind – sonst verpufft das Neue wirkungslos.

Ich nenne den Ablauf der Entwicklung W.O.R.K. – zusammengesetzt aus den Begriffen **W**elt – **O**ptionen – **R**esonanz – **K**ey-Faktoren. Diese Worte stehen für die vier Schritte, die je einen spezifischen Beitrag zur Weiterentwicklung leisten.

> **W steht für die Welt, in der wir leben.** Der aktuelle Status quo basiert auf etablierten Angeboten, Routinen und Strukturen. Das ist die Welt, wie wir sie täglich erleben.

In ihr werden Angebote gemacht, Leistungen erbracht und Wertschöpfung, Umsätze und Gewinne generiert. Auch unsere Wünsche, Bedürfnisse und Erwartungen sind in der Welt zuhause. Genauso wie Erfahrungen und Kompetenzen. Durch die Unterschiede der Interessen, Bedürfnisse und Sichtweisen entstehen in der Welt Konflikte. Sie führen zu Krisen und neuen Herausforderungen, die neue Ideen und Projekte anstoßen. Doch die Beharrungskräfte der Welt, so wie sie aktuell „normal" ist, sind sehr groß. Das Gewohnte ist vertraut und bietet scheinbar mehr Sicherheit.

**O steht für überraschende Optionen.** Wildes Fragen öffnet den Blick für außergewöhnliche Entdeckungen. Die Vorstellungskraft baut Türen und Fenster in die Mauern des Etablierten. Grenzen werden mutig überschritten. Auf einmal werden Lösungen und Orte gesehen, die bisher keiner kennt. Wer das Neue sieht, ist ein Spinner und eine Visionärin, und wer in „W" verhaftet ist, reagiert intuitiv mit „das geht nicht". Zutaten aus der bekannten Welt werden neu kombiniert. Das Neue basiert immer auf Fragen, Anregungen und Materialien aus „W". Ob irgendeines der Ideen-Babys einmal groß werden wird, weiß noch keiner. Darum geht es in O gar nicht. Es geht um die Freude, spannende Rezepte und Talente zu entdecken.

**R steht für Resonanz.** In Experimenten wird getestet und erlebt, wie eine Idee wirkt, wenn man sie sehen, fühlen, hören, anfassen, schmecken, riechen, anziehen, werfen und tragen kann. Die Resonanz zeigt, welche Effekte erzielt werden. Dann kann ausgewertet werden, welcher Nutzen in Pilotprojekten und mit Prototypen von Menschen erlebt wird. Wird ein neuer Ablauf wie geänderte Öffnungs- und Arbeitszeiten von Mitarbeiterinnen und Mitarbeitern, Kunden und Kundinnen positiv angenommen? Oder werden sie abgelehnt und brauchen noch mal eine Rundumerneuerung? Diese Phase bietet Raum und Zeit zum Hobeln, Schleifen, Feilen, Nachbessern und Reifen. Die meisten Ideen werden nicht weiterverfolgt, weil die Resonanz anders ausfällt als gedacht. Bei der 4-Tage-Woche fällt auf, dass fast alle Betriebe nach einem Testlauf nicht zurückgehen zur 5-Tage-Woche, sondern bei der 3-Tage-Freizeit bleiben.

**K steht für Key-Faktoren.** Die Key-Faktoren der Idee sind der Gamechanger und der Kern des Neuen. Key-Faktoren eröffnen neue Potenziale wie Erholung, mehr Gesundheit, Erweiterung der Zielgruppen, vereinfachte Rezepturen, günstigere Vertriebswege, höhere Lebensqualität, mehr Spaß beim Spielen, vereinfachte Lieferketten, neue Umsatzquellen, treuere Kunden. Mithilfe von Fans – Early Adopters – wird das neue Spiel gestartet und populär gemacht. Das Ziel ist die Etablierung in der Welt, sonst waren die Ideen und Experimente umsonst. Nun geht es auch gegen bereits etablierte Angebote in „W". Hohe Burgmauern der Platzhirsche bewachen die Märkte. Ist das neue Spiel einfacher, attraktiver, günstiger oder leckerer? Dann wird zugegriffen und mitgespielt.

---

Das Ziel ist erreicht, wenn das neues Spiel mit den neuen Regeln in der Welt etabliert ist.

---

Wichtig ist in Unternehmen, Vereinen und in jeder Gruppe die Kommunikation darüber, in welchem Schritt sich ein Team, ein Meeting, eine Entwicklung aktuell befindet. Ohne diese Klarheit reden und handeln alle aneinander vorbei. Werden gerade talentierte Ideen-Babys gesammelt und revolutionäre Visionen gesehen? Oder werden bereits Experimente durchgeführt mit messbaren Kriterien? Oder wird die Resonanz ausgewertet, um daraus neue

Regeln abzuleiten? Wird das neue Spiel bereits trainiert, können neue Ideen sogar nerven. Training braucht Fokus, sonst wird das Neue nie in der Welt etabliert.

Begeisternde Ideen-Babys, Testversuche mit Resonanz, die Auswertung mit handfesten Kriterien, neue Key-Faktoren: Alles ist wichtig und trägt zum Erfolg bei, wenn die Schritte gut getrennt und untereinander kommuniziert werden. Sorge für Klarheit im Team.

> Laufen alle Experimente gut?
> Ja, denn es gibt immer ein Ergebnis.

Laufen alle Experimente so, wie man dachte, dass es funktioniert? Nein. Sonst wäre es kein echter Testlauf mit etwas Neuem.

Führen alle Experimente zu neuen Key-Faktoren und erfolgreichen Spielregeln? Nein, die wenigsten.

Die meisten Experimente überraschen. Was überrascht, hat Potenzial, neuen Mehrwert zu bieten. Was Testpersonen positiv überrascht, wird weitergeführt. Was beim Ausprobieren nicht funktioniert, wird weiterentwickelt oder aussortiert.

Über das Buchcover zu diesem Buch haben rund 200 Menschen abgestimmt. Die ersten vier Entwürfe sind alle gefloppt. Es kam sogar häufig die Antwort „keins der vier" und besonders störte die Farbe Rot. Habe ich das geahnt? Nein. Es war eine Überraschung. Deshalb frage ich andere! In der zweiten Abstimmungsrunde mit vier komplett neuen Entwürfen hat das aktuelle Cover haushoch die Goldmedaille gewonnen und mehr Stimmen bekommen als die anderen drei Cover-Designs zusammen. Entscheidung getroffen. Und nun seht ihr die finale Arbeit vom Cover-Profi Martin Zech, der auch das ganze Buch designt hat. Danke!

Die 4-Tage-Woche ist für die meisten Unternehmen noch absolutes Neuland, für andere aktuell ein Experiment mit neuen Arbeitszeiten und wieder andere Firmen haben die 3-Tage-Freizeit bereits erfolgreich etabliert und können sich gar nicht mehr vorstellen, wie es früher anders möglich war.

## GEHT NICHT = GEHT *NOCH* NICHT

„Geht nicht" bedeutet oft: Die Idee wurde gar nicht verstanden. Intuitiv lehnen Menschen häufig alles ab, was sie nicht kennen. Denn jeder neue Versuch verbraucht menschliche Energie und kann zudem tatsächlich auch ein negatives Erlebnis auslösen. Es ist offen. Und es ist definitiv nicht einfach, sich etwas Neues vorzustellen, wenn man es nie mit eigenen Augen gesehen hat.

> Das macht Experimente so wertvoll, weil nicht Worte überzeugen müssen, sondern Erlebnisse Menschen für sich gewinnen können.

Für viele Menschen ist es unvorstellbar – weil sie es nicht sehen und anfassen können, in nur 4 Tagen Vollzeit zu arbeiten. Das ganze Leben galt die 5-Tage-Woche als normal! Das hat oft zur Folge, dass sogar Angestellte, die selber von einer 4-Tage-Woche profitieren würden, dem Vorschlag skeptisch gegenüberstehen. Sie haben Angst, dass noch mehr Stress auf sie zukommt und dass sie ihren Kunden nicht gerecht werden können.

Das sind ernstzunehmende Bedenken. Es ehrt die Kolleginnen und Kollegen, dass ihnen der Kundenservice so wichtig ist. Dennoch ist eine Veränderung nie die Frage, ob es geht oder ob es nicht geht. Es ist die Frage, ob dich die Vorteile überzeugen oder die Nachteile abhalten. „Geht nicht" ist immer falsch, denn die Geschichte zeigt: Früher oder später wurde es gemacht. Deshalb sollte dich ein „Geht nicht" nie davon abhalten, es auszuprobieren. Dass die 4-Tage-Woche prinzipiell geht, zeigen die 151 Betriebe in diesem Buch und Tausende mehr, die es auch bereits tun.

> „Geht nicht" bedeutet immer, „geht NOCH nicht" –
> bis es gemacht wird.

Statt „Geht nicht" kannst du sagen: „Ich will nicht." Es nicht zu wollen, ist völlig okay, denn es ist dein Beruf, deine Firma, deine Freizeit, dein Leben und deine Entscheidung. Aber könnte es nicht sein, dass du ein paar Mal zu oft in deinem Leben sagst: „Ich will nicht"?

Mit deinen Kriterien misst du, ob die 4-Tage-Woche für dich mehr Vor- oder mehr Nachteile bringt.

- **Es ist deine Zusammenarbeit!**
- **Es sind deine Arbeitszeiten!**
- **Es ist deine Entscheidung!**
- **Es ist dein Menschenbild!**
- **Es ist dein Rahmen!**
- **Es ist dein Cocktail!**
- **Es ist dein Leben!**
- **Es ist dein Spiel!**

Welches Team passt zu welchen Spielregeln? Wer findet welches Modell attraktiv? Jedes Spiel findet Menschen, die mitspielen. Mal sind es mehr, mal sind es weniger. Werden 3-Tage-Freizeit und 4-Tage-Arbeit der neue Standard? Wird Vollzeitarbeit neu definiert und Geschlechter-Gerechtigkeit ermöglicht? Wird mehr Zeit für Erholung etabliert? Lernen wir, auf unsere Gesundheit zu achten? Werden wir auf einer gesunden Basis unsere Leistungsfähigkeit regelmäßig trainieren und steigern?

> In einer Welt, die wir mit unserer Arbeit immer
> schneller verändern, werden wir auch die Art des
> Arbeitens neu gestalten müssen.

Jeder Status quo ist irgendwann veraltet und überholt. Längst steht die Innovation vor der Tür und überholt die Gewohnheit. Veränderung sollte uns weder überraschen noch stressen. Sie ist normal.

Geht alles?

---
Die meisten Experimente enden anders als man dachte. Und das ist positiv.

---

Geht NOCH nicht, bedeutet nicht, dass alle Experimente funktionieren. Im Gegenteil, es geht darum, auszuprobieren und so lange zu experimentieren, bis man weiß, wie es geht. Wüsste man den Ausgang bereits vorher, bräuchte man keine Testläufe. Im Experiment zu scheitern, ist kein Fehler, sondern eine Erfahrung. Es geht also um offene experimentierfreudige Erlebniskulturen in Unternehmen, um diese gezielt weiterzuentwickeln. Die meisten Experimente müssen scheitern. Dafür macht man Experimente.

Der Motorradhersteller KTM hat seinen Pilotversuch zur 4-Tage-Woche Anfang 2023 wieder eingestellt. „Vier Monate lang wurde im oberösterreichischen Mattighofen 1 Tag weniger gearbeitet. Statt wie gewohnt von 6 bis 14 Uhr und 14 bis 22 Uhr an 5 Tagen die Woche wurde mit zwei Schichten zwischen 4 bis 24 Uhr gearbeitet. Auf Dauer habe das zu einer Mehrbelastung der Beschäftigten geführt", berichtet DerStandard.at.[451]

Ist das Experiment gescheitert? Nein! Es ist die Erfahrung, dass die 4-Tage-Woche in dieser Firma mit diesen verlängerten Schichten zwischen 4 bis 24 Uhr so nicht funktioniert. Jeder Testlauf bringt Erkenntnisse.

Anders als KTM, die die 40 Wochenstunden auf 4 Tagen verteilt hatten, hat die Wiener consult24 GmbH die Arbeitszeiten stark reduziert. Im Probelauf wurde 32 Stunden an 4 Tagen gearbeitet. Doch auch die consult24 hat ihren Testversuch zur 4-Tage-Woche Anfang 2023 beendet. „Wir mussten feststellen, dass der Workload nicht bewältigbar war. Wir sind seit 1.1.2023 wieder auf die 38,5h Woche zurückgegangen. Wir waren da wohl zu euphorisch und hatten auf 32 Wochenstunden reduziert. Wenn wir es wieder einführen, dann mit 36 Wochenstunden, also 4 mal 9 Stunden. Derzeit ist aber nicht absehbar, wann wir das wieder angehen werden", berichtet Stefan Herbeck, Geschäftsführer der consult24.[452]

War das Experiment falsch? Nein, denn es hat Erkenntnisse gebracht. 32 Stunden war für consult24 zu stark gekürzt. Mit 36 Stunden hätte es funktionieren können.

Bitwings in Neumarkt südöstlich von Nürnberg hat 2021 die 4-Tage-Woche getestet. „Das Konzept wurde den Mitarbeitern als freiwilliges Pilotprojekt vorgestellt - nahezu alle Vollzeitkräfte nehmen teil. Von Juli bis Dezember 2021 arbeiten sie eine verkürzte Arbeitszeit bei gleichem Lohn", berichtet nordbayern.de.[453] „Das IT-Unternehmen ist montags bis freitags durch ein rollierendes System immer besetzt. Dafür sind jeden Tag zwei bis drei Schreibtische leer. Nach sechs Monaten Testphase zieht der Geschäftsführer Wolfgang Geng ein gemischtes Fazit: ‚Die Erträge der Mitarbeiter sind leicht zurückgegangen.' Die Testphase für die 4-Tage-Woche hat er verlängert bis Sommer 2022. Die Zahlen müssen auch passen. Das ist das A und O", berichtet der Bayerische Rundfunk.[454]

Testen. Testen. Testen. 2021 war Bitwings mit dem einjährigen Pilotversuch noch ein Pionier, weil es kaum Vorbilder im DACH-Raum gab. 2023 sind wir viel weiter. Firmen, die jetzt eine 4-Tage-Woche einführen wollen, können von Hunderten und bald Tausenden Betrieben quer durch alle Branchen lernen, die bereits Arbeit mit mehr Freizeit getestet und etabliert haben.

Viele Betriebe starten die 4-Tage-Woche mit einer Probephase. Schmeckt die Suppe? Zu salzig? Zu fad? Liegt sie schwer im Magen? Oder ist sie die perfekte Mischung? Theoretisch ist das nicht zu beantworten. Wenn die Mitarbeiterinnen und Mitarbeiter die Vor- und Nacheile erlebt haben, entscheiden sie erneut: Wollen wir zurück zum alten System oder nach den neuen Regeln weiterspielen? In der Praxis stellt sich heraus, was wirklich funktioniert. Erlebnisse wirken eindrücklich – positiv wie negativ.

> Die 3-Tage-Freizeit lernt man kennen, indem man sie mit allen Sinnen erlebt. Dann weiß man, was man hat.

## ÜBERZEUGUNGSKRAFT DER TESTLÄUFE

Wird die 4-Tage-Woche im Betrieb getestet, möchten sowohl die Teams als auch die Leitung fast immer bei den neuen Arbeitszeiten bleiben.

Der Handwerksbetrieb Elektro Edringer in Maring-Noviand hatte eine vierwöchige Probephase.

Das Hotel Der Blaue Reiter in Karlsruhe-Durlach hat zwei Monate als Testphase genutzt.

Christian Hömberg, Inhaber der Hofbäckerei Hömberg im Sauerland, schreibt: „Wir hatten die 4-Tage-Woche zunächst als Test für die Sommerferien 2022, und danach haben wir sie beibehalten."[455]

Auch das Düsseldorfer Unternehmen Cargo Truck Direct testet mit den gut 30 Beschäftigten die 4-Tage-Woche. Die Arbeitszeit wurde von 45 auf 40 Wochenstunden reduziert bei gleichem Gehalt. „Gar nicht so einfach, die Schichten so zu planen, dass mit der gleichen Mitarbeiterzahl alle Aufgaben bewältigt werden – ohne negative Folgen für die Kunden."[456] „Es war knifflig, aber da wir für Innovation bekannt sind, gehen wir auch hier als Erste diesen Weg und freuen uns über das Ergebnis unserer Planung", sagt der Geschäftsführer Muhammet Altindas.[457]

Die Billbee GmbH in Twistetal reduzierte die Wochenarbeitszeit von 40 auf 30 Stunden bei gleichem Gehalt. Geschäftsführer David Pohlmann erklärt:

„Die einzige Vorgabe, die wir im Rahmen der 30 Stunden haben, ist, dass an mindestens 4 Tagen pro Woche gearbeitet wird. Die 30 Stunden sollen also beispielsweise nicht auf zwei Tage à 15 Stunden verteilt werden."[458] In einer sechsmonatigen Testphase, die im Sommer 2020 begann, überprüften alle Beteiligten das Vorhaben und probierten aus, ob die verbesserten Prozesse und die angepassten Rahmenbedingungen auch wirklich funktionierten.[459] Der Test glückte, und die Motivation aller Beteiligten stieg. Das Team genießt die Flexibilität, und Billbee freut sich über 0 % Fluktuation.

In der Firma von Tischlermeister Jannek Schrick in Wesertal bei Göttingen wird von montags bis donnerstags 38 Stunden gearbeitet. Täglich 7 bis 17 Uhr. Schrick erzählt: „Anfangs gab es viel Skepsis: Wird's funktionieren? Nach zwei Monaten Probelauf habe ich mit allen gesprochen. Mit den positiven Erfahrungen wollten alle bei der 4-Tage-Woche bleiben."[460]

> Riecht gut, schmeckt gut, tut gut, sieht gut aus, läuft.
> Auf Experimente reagiert der ganze Körper mit allen Sinnen.

Schmeckt die Suppe nicht, wird die Skepsis verstärkt und der Teller weggeschoben. Dann hat man es wenigstens probiert. Umgekehrt kann sich die Skepsis in ein leckeres neues Erlebnis wandeln. Ein Erlebnis kann man nicht ungeschehen machen – und plötzlich ist es normal, am Freitag nicht mehr zu arbeiten wie für Jannek Schricks Team: „Wie schnell sich alle an den freien Freitag gewöhnt haben, merke ich, wenn wir ganz selten auch mal freitags arbeiten müssen. Früher kam das ab und zu am Samstag vor. Heute finden wir es ungewohnt, wenn wir freitags einspringen."[461]

Die Steuerberatung SKS hast du im 8. Kapitel bereits ausführlich kennengelernt. Die zwei Zeitfenster am Tag ohne Anrufe und ohne E-Mails ermöglichen dem Team, 2-mal am Tag fokussiert zu arbeiten. Mit welchen Worten hätte man die Wirkung dieser „Stillen Stunden" erklären sollen? Erst als alle erlebt haben, dass mit Fokussierung die Aufgaben auch in weniger Zeit gut zu bearbeiten sind und die Qualität nicht leidet, sind alle für die dauerhafte Einführung der neuen Arbeitszeiten.

Die Wirkung von Worten ist beschränkt und eindimensional. Experimente erlauben profunde Reaktionen. Wenn der ganze Körper signalisiert, wie gut sich das Experiment anfühlt und wie erholt man montags zur Arbeit kommt, dann kommt auch der Kopf an Bord und ersetzt das „Geht nicht"-Gefühl mit dem Erfahrungswissen: „Es ist besser als zuvor!"

> Statt das Unbekannte mit Worten zu erklären, ist es viel einfacher, Menschen etwas erleben zu lassen, damit die eigene Erfahrung sagt: Es geht.

Mit allen Sinnen wird wahrgenommen, wie die 4-Tage-Woche ankommt:

> Machen 4 Tage mehr Stress als 5?
> Bietet die 3-Tage-Freizeit deutlich mehr Erholung als 2?
> Steigert die Erholung die Produktivität oder
> bleibt die Leistung dieselbe?
> Was sagen die Kunden?
> Bricht der Umsatz weg?

Dachdecker- und Zimmerermeister Sascha Rathje wollte für sein Team weniger Arbeitsstunden ohne Lohneinbuße. Er sagt: „Ich habe viele Modelle durchgespielt und gerechnet."[462] Doch welche Variante würde die beste sein? Eine Stunde weniger pro Tag arbeiten? Oder doch eine 4-Tage-Woche? Er wusste nicht, wie sich ein freier Tag mehr pro Woche anfühlt. Also hat er sich ab und zu mal einen freien Freitag gegönnt. Im Selbstversuch wurde die 3-Tage-Freizeit real. Jetzt konnte er sich vorstellen, wie eine 4-Tage-Woche auch bei seinem Team ankommen würde. Als nächstes probierte sein Team aus, ob es schmeckt. Und es schmeckt! Seine ganze Geschichte liest du im Kapitel 12 „Ertrag".

Auf Instagram verkündet die Nett GmbH Schlosserei in Kelberg: „Nach innerbetrieblicher Umfrage und einem Testzeitraum von 2 Monaten hat sich die Unternehmensleitung der Nett GmbH Mitte November dazu entschieden, ihren Mitarbeitern mehr Work-Life-Balance zu geben und führt nun dauerhaft die 4-Tage-Woche in den Abteilungen Produktion, Montage, Beschichtung und Verwaltung ein. Demnach sind wir ab sofort freitags nicht mehr für Sie da, dafür jedoch an den anderen Wochentagen mit ausgedehnten Öffnungszeiten. Unsere neuen Öffnungszeiten sind: Montags – donnerstags 06:00–16:00 Uhr. Wir bitten um Verständnis und sind besonders stolz, mit welchem Fleiß und Elan unsere Kollegen die verbleibenden 4 Arbeitstage der Woche nutzen!"[463]

Das ganze Team wurde in die Entscheidung einbezogen, und im Testzeitraum konnten alle überprüfen, ob die Erwartungen erfüllt werden. Das sind zwei einfache Handwerkzeuge des Experimentierens: Einbeziehen und ausprobieren.

„Anfangs wurde die 4-Tage-Woche intern als Experiment kommuniziert", schreibt Annemarie Gauster, Geschäftsführerin des Restaurants „Dreizehn by Gauster" in Graz. Auf Tripadvisor bekommen das Team und die Speisen mit 310 Bewertungen volle Punktzahl.[464] Bei diesem Erfolg die gewohnten Routinen zu ändern, ist ein reales Risiko. Aber Gauster wagt das Experiment. Alle Vollzeit-Angestellten waren von Anfang an für die 4-Tage-Woche mit 40 Wochenstunden. Doch die ersten Erfahrungen waren gemischt:[465]

> 10-Stunden-Arbeitstage in der Gastronomie gehen an die Substanz. Besonders an starken Geschäftstagen oder an heißen Sommertagen sind die Mitarbeiter abends müde, machen weniger Umsatz und machen alles für die Schließung fertig, statt die Gäste bis zum Schluss aufmerksam zu betreuen. „Teilweise werden gewisse Arbeiten am Abend nicht mehr ordentlich erledigt", sagt Gauster.[466]

Dennoch sind die Mitarbeiter begeistert und wollten unbedingt an der 4-Tage Woche festhalten. Sie sind motivierter und auch bereit, im Notfall an einem fünften Tag einzuspringen. Die Anzahl der Bewerbungen ist gestiegen, und die 4-Tage Woche ist für manche Bewerber ausschlaggebend.

Annemarie Gauster hat sich beim Abwägen der Vor- und Nachteile dafür entschieden, die 4-Tage-Woche beizubehalten. Für sie hat das Experiment gezeigt, dass die Vorteile überwiegen. Auf der Basis des Experiments konnte die Planung verbessert werden.

> „Anfangs war es für uns als Arbeitgeber in der Umsetzung nicht immer einfach, vor allem bei Urlaubszeiten oder krankheitsbedingten Ausfällen. Bei der Dienstplanerstellung mussten wir ein neues System finden zur Einteilung der Mitarbeiter."
>
> Es stellte sich heraus, dass die Dienstplanerstellung durch die längeren Arbeitszeiten pro Tag sogar einfacher wurde.[467]

In einem sechsmonatigen Versuch hat die seerow GmbH im schweizerischen Solothurn mit ihren zehn Angestellten die 4-Tage-Woche getestet. Gearbeitet wurde 35 statt 42 Wochenstunden. Und es bleibt dabei. Als zusätzlicher freier Tag kann der Montag oder der Freitag gewählt werden, so finden die Kunden an jedem Wochentag Ansprechpartner.[468]

Anfang Oktober 2022 startete die Adito Software GmbH aus Geisenhausen bei Landshut einen Testlauf und reduzierte die Arbeitszeit für alle 150 Angestellten auf 36 Stunden. Eine 4-Tage-Woche kann gewählt werden. Erste Stimmen nach zwei Monaten sind positiv. Geschäftsführer Tobias Mirwald ist optimistisch, dass die gesteckten Ziele des Pilotprojekts erreicht werden: „Wenn es weiterhin so gut klappt, steht einer langfristigen 36-Stunden-Woche nichts im Weg. Es freut mich, dass unsere Mitarbeiter mehr Freizeit und Ausgleich zum Arbeitsalltag erhalten."[469]

Virpy Richter vom Affiliate Netzwerk Awin AG betont, dass das Experimentieren weiter geht, um am Ball zu bleiben: „Damit eine 4-Tage-Woche langfristig funktionieren kann, muss man fortlaufend aus den Erkenntnissen lernen und entsprechende Anpassungen vornehmen."[470]

## ISLAND, IRLAND, UK, BELGIEN, SPANIEN

Weltweit wird getestet, gemessen und ausgewertet. Alle Experimente zeigen positive Effekte. Überrascht?

Hier ein Überblick über die größten Experimente weltweit:

In Island lief das längste Experiment von 2015 bis 2019. Über 2.500 isländische Vollzeitbeschäftigte aus Behörden, Pflege- und Bildungseinrichtungen nahmen teil. Eine Kontrollgruppe arbeitete 40 Stunden, die Experimentalgruppe 4 bis 5 Stunden pro Woche weniger bei gleichem Gehalt. Mit Tests und Interviews wurden die Arbeitsleistung, Work-Life-Balance und das Wohlbefinden erhoben.[471]

In Neuseeland startete 2019 die Fondsgesellschaft Perpetual Guardian einen Testlauf. Für alle 240 Beschäftigten wurde eine 4-Tage-Woche mit 30 statt zuvor 37,5 Stunden eingeführt. Zwei Universitäten aus Auckland begleiteten das Experiment. Die Firma bekam mehr als 350 Anfragen von Unternehmen aus 28 Ländern, die sich für den Modellversuch interessierten.[472]

In Spanien startete 2021 ein Testlauf, der 2 Jahre lang mit 6.000 Angestellten aus 200 Firmen läuft.[473] In den Betrieben wird 32 Stunden pro Woche gearbeitet, und mindestens ein halber Tag pro Woche muss frei sein.[474] Sollten Betriebe einen finanziellen Nachteil erleben, springt der Staat mit bis zu 50 Millionen Euro ein.[475]

In Belgien ist der Anspruch auf eine 4-Tage-Woche seit Februar 2022 gesetzlich verankert.[476] Belgische Angestellte können selbst entscheiden, ob sie an 4 oder 5 Tagen pro Woche arbeiten wollen und beantragen dies bei ihrem Arbeitgeber.[477] Die Wochenarbeitszeit bleibt unverändert und wird dann auf 4 Tage verteilt.

In Großbritannien wurde von Juni bis Dezember 2022 das Modell 80 % Arbeitszeit und 100 % Lohn von knapp 3.000 Mitarbeitenden in 70 Unternehmen getestet. Ein Fokus des Experiments lag auf dem Befinden der Teilnehmenden. Erforscht wurde, welche Auswirkungen die 4-Tage-Woche auf Arbeits- und Lebenszufriedenheit, Gesundheit, Schlaf, Energieverbrauch, Reisen und andere Aspekte des Lebens hat.[478]

Ebenfalls 2022 sind 33 Unternehmen und knapp 1.000 Mitarbeitende vorwiegend aus Irland und den USA von Forschungsteams aus Boston, Cambridge und Dublin im 4-Tage-Experiment begleitet worden. Unter den Firmen: IT-Unternehmen, Gastronomie, Bauunternehmen.[479]

In Südafrika sagte die größte Management- und Technologie-Beratungsfirma IQbusiness für einen Probelauf 2023 zu. Getestet wird mit der Organisation *4 day week global* das Modell 100 – 80 – 100, also 100 % Lohn, 80 % Zeit, 100 % Arbeitsergebnisse.[480]

In Portugal findet von Juni 2023 bis Dezember 2023 ein Testlauf statt. Unternehmen konnten einen Antrag zur Teilnahme stellen. Es gibt keine finanzielle Unterstützung vom Staat, der lediglich „technische und administrative Unterstützung für den Übergang" garantiert.[481]

Welche Ergebnisse haben die Experimente gebracht? Was wurde gemessen? Hier die Auswertungen aus Island (2015-2019), Irland, USA (2022) und Großbritannien (2022):

Islands vier Jahre langer Testlauf zeigt fundierte, messbare Erkenntnisse. Die Personalwirtschaft berichtete 2021 über die Erfolge: „Wenig überraschend verbesserte sich die Work-Life-Balance der Studienteilnehmerinnen und -teilnehmer, denn schließlich hatten sie auf einmal mehr Zeit für Hobbys, Familie und Entspannung. Gleichzeitig stieg in den meisten Fällen die Produktivität beziehungsweise das Servicelevel oder blieb zumindest gleich. Das hatten zwar andere Studien auch schon gezeigt, aber wohl noch nie in diesem Maßstab."[482] Gudmundur Haraldsson, Forscher bei Alda, kommentiert das Experiment: „Die kürzere Arbeitswoche in Island zeigt uns, dass es in der heutigen Zeit nicht nur möglich ist, weniger zu arbeiten, sondern auch progressive Veränderungen möglich sind."[483] Die positiven Ergebnisse für die Teilnehmenden waren so überzeugend, dass nach Abschluss der Versuchsreihe für 86 % aller arbeitenden Isländerinnen und Isländer das Recht auf verkürzte Arbeitszeiten bestehen blieb, berichtete das ZDF 2021.[484]

Große mediale Wellen schlug 2022 das Experiment, an dem weltweit 33 Unternehmen mit knapp 1.000 Beschäftigten teilnahmen und das wissenschaftlich von Teams aus Boston, Cambridge und Dublin begleitet wurde. Der Münchner Merkur stellte die gründliche Vorbereitung heraus: „Damit die Umstellung von 40 auf 32 Stunden die Woche auch wirklich für alle Mitarbeiter klappt, gehörte zu dem Pilotprojekt eine zweimonatige Vorbereitungsphase, in der die Beteiligten für eine 4-Tage-Woche gecoacht wurden. Teilgenommen haben überwiegend kleine Unternehmen mit weniger als 50 Mitarbeitern."[485] „Zwei Drittel der Betriebe wollen der Umfrage zufolge nach der sechsmonatigen Testphase definitiv an der 4-Tage-Woche bei voller Bezahlung festhalten, andere tendieren dazu oder sind noch unentschlossen. Keines der Unternehmen gab an, definitiv wieder zur 5-Tage-Woche zurückkehren zu wollen."[486]

> Die frischeste Zutat zum Cocktail in diesem Buch stammt vom 21. Februar 2023. Lass dir das britische Experiment schmecken!

Diverse Medien berichten über die Ergebnisse aus Großbritannien 2022. Dort hatten „rund 2.900 Beschäftigte ein halbes Jahr lang einen Tag pro Woche weniger gearbeitet – bei vollen Bezügen. Forscher legten jetzt Ergebnisse ihrer Studie vor, die viele Unternehmen ins Grübeln bringen dürften", provoziert und prophezeit der Spiegel.[487] „Deutlich weniger Stress und weniger Burnout-Fälle bei den Mitarbeiterinnen und Mitarbeitern, keine Umsatzeinbrüche bei den Unternehmen: Das ist das Ergebnis", so der ORF.[488] Über einen massiven Rückgang von Krankmeldungen und Fluktuation berichtet ntv: „Die Krankheitstage gingen demnach während des Testzeitraums um 65 % zurück und die Zahl der Angestellten, die in dieser Zeit das Unternehmen verließen, fiel um 57 %. Die gesteigerte Produktivität und ein höherer Umsatz überzeugten 56 von 61 Unternehmen, die verkürzte Arbeitszeit auch nach dem Experiment beizubehalten."[489] Und wie lief es finanziell? „Durchschnittlich stieg der Umsatz der beteiligten Unternehmen der Analyse zufolge während der Testphase um 1,4 Prozent, heißt es in einer Mitteilung der Universität Cambridge", so das ZDF.[490]

## ENTSCHEIDUNG: WER, WIE UND WANN?

Ob ein Experiment als Testlauf, Probephase oder Pilotprojekt bezeichnet wird, spielt keine Rolle. Entscheidend ist die Signalwirkung. Allen Beteiligten ist damit klar, dass sie ein zeitlich begrenztes, überschaubares Risiko eingehen. Damit die Entscheidung nach dem Test nicht dem Zufall überlassen bleibt, sollten klare Ziele und messbare Kennzahlen darüber entscheiden, ob das Experiment zum neuen Standard wird oder in der Versenkung verschwindet. Diese Faktoren sollten allen Beteiligten klar sein, bevor es losgeht!

> Wer entscheidet?
> Wie wird entschieden?
> Wann wird entschieden?
> Anhand welcher Parameter und messbaren Kriterien wird entschieden?

Besonders wichtig sind die Kriterien und wer über den Erfolg oder Misserfolg entscheidet. Nach welchen Spielregeln wird gespielt? Nur so werden keine falschen Erwartungen geweckt.

> Werden alle Beschäftigten eingebunden?
> Werden sie zu ihren Erfahrungen befragt, sind aber ohne direkten Einfluss auf die Entscheidung?
> Gibt es ein bestimmtes Gremium an Entscheidern?
> Entscheidet die Geschäftsführung?

Alle vier Formen sind OK und werden im Rahmen der 4-Tage-Woche praktiziert. Bei den Friseuren der „Schneiderei" in Leonding stimmten alle Kolleginnen und Kollegen nach dreimonatiger Probephase gemeinsam ab. „Das war mir sehr wichtig", sagt Inhaber Christoph Goll. „Ich wollte unbedingt, dass alle Mitarbeiter dieses Modell mittragen und somit auch zustimmen."[491]

Und nun zum letzten Punkt auf der Liste: Welche Kriterien untermauern die Entscheidung? Was kann gemessen werden? Wird das Team zur Zufriedenheit, Produktivität und Erholung befragt? Oder stehen die Kennzahlen für Umsatz und Gewinn im Vordergrund? Oder geht es um Erfolge im Recruiting? Was erwartest du? Was sollte im Testzeitraum passieren, damit die 4-Tage-Woche für deine Firma dauerhaft interessant ist? Welche Zahlen werden miteinander verglichen? Was wird als ein Erfolg gewertet, was als Misserfolg?

Das Familienunternehmen Leithäusl, eine Baufirma aus Wien, hat sich mit 450 Mitarbeitenden auf das Experiment eingelassen. Der Anlass, über die 4-Tage-Woche nachzudenken, war die Herausforderung, Fachkräfte zu gewinnen. Einen konkreten Anstoß brachten Experimente in Island und Spanien. In die Überlegungen wurden sofort Mitarbeitende, der Betriebsrat und die Gewerkschaft Bau Holz einbezogen. Bedenken, Fragen und Kritik wurden ernst genommen, recherchiert und beantwortet. Zu den Überlegungen gehörte zum Beispiel:

> Im Winter setzt die Dunkelheit früh ein. Sie könnte den verlängerten 4 Arbeitstagen einen Riegel vorschieben.

> Die Hitze im Sommer – 120 Grad von unten beim Asphaltieren und 45 Grad von oben – könnte Menschen an einem langen 10-Stunden-Tag überfordern.

Was tatsächlich passiert, zeigt keine theoretische Überlegung, sondern nur die Praxis. Indem die Geschäftsführung bei Leithäusl die 4-Tage-Woche als einjähriges Experiment kommunizierte, minimierte sie das Risiko. Alle Beteiligten wussten, wie lange getestet wird und dass alle Mitarbeitenden mitentscheiden.

Die Entscheidung über das Ende am 28.02.2023 oder die dauerhafte Fortführung ab März 2023 lag bei allen Kolleginnen und Kollegen gemeinsam. Ihre Zufriedenheit oder Unzufriedenheit mit den neuen Arbeitszeiten und mit der Qualität der freien Zeit wurden die wesentlichen Kriterien.

Am 1. März 2022 startete das Experiment. Es war völlig offen, wie die Resonanz der Mitarbeitenden auf 4 längere Arbeitstage sein würde. Die Arbeitszeit von 39 Stunden wurde auf vier Tage verteilt, also knapp 10 Stunden pro

Tag. Funktioniert dieses Modell der 4-Tage-Woche mit der körperlich harten Arbeit auf den Baustellen?

> Im April und im November 2022 wurden alle Kolleginnen und Kollegen zu ihren Erfahrungen befragt.

Die Ergebnisse der Umfragen waren besonders interessant, da zuvor keine Baufirma eine 4-Tage-Woche umgesetzt hatte. Die Ergebnisse der zweiten Umfrage im Herbst 2022 würden die Entscheidung bringen.

Monika Leithäusl ist sehr stolz: „Wir sind die Ersten in der Baubranche und haben Strabag und Porr, die beiden großen, bekannten Bauunternehmen, überholt." Sie denkt schon weiter an weitere Experimente und fragt: „Werden wir in Zukunft in Schichten vormittags und nachmittags auf den Baustellen arbeiten, um dem Arbeitsmarkt gerecht zu werden?"[492] Doch bevor weitere Probeläufe gestartet werden, wird nun erst mal der Testlauf mit der 4-Tage-Woche ausgewertet.

## ZAHLEN MESSEN + MEINUNGSUMFRAGEN

Hier die spontanen Reaktionen der Leithäusl-Mitarbeiter auf das Experiment. An der ersten Umfrage im April 2022 nahmen 218 Mitarbeiter und Mitarbeiterinnen freiwillig teil, das sind 63 % der Belegschaft. Die Resonanz war positiv:

> 89 % fanden die neue 4-Tage-Woche gut,
> 11 % nicht.

Auf die Frage „Empfindest du, dass die Firma Leithäusl durch die Einführung der 4-Tage-Woche einen Vorteil zu anderen Firmen hat?" antworten sie:

Sehr großen Vorteil: 33,5 %
Großen Vorteil: 44,5 %
Keinen Vorteil: 22,5 %

Und hier noch einige persönliche Rückmeldungen zu der Umfrage im Frühjahr 2022:

„Bitte im Jahr 2023 die 4 Tage Woche beibehalten! Super!

„Geringere Fahrzeiten, mehr Kurzurlaube möglich."

„Super! So lassen! Will nicht wieder in eine 5-Tage-Woche."

„Die 4 Tage sind schon sehr anstrengend,
aber man hat dann 3 Tage Erholung."

„Kann es mir kaum noch vorstellen, 5 Tage
in der Woche zu arbeiten."

„Für mich bringt die 4-Tage-Woche mehr Vorteile
in meiner Freizeitgestaltung."

„Wir finden, dass die Motivation gestiegen ist, und dadurch hat sich die Arbeitsleistung verbessert. Wenn ich mich mit meinen Weggefährten über dieses Thema unterhalte, verspüre ich ein positives Gefühl. Wir sehen das sehr sportlich, Leistung in 4 Tagen, Pause 3 Tage. Zeit für sich und die Familie! Eine Verbesserung der Lebensqualität. Danke an Leithäusl."

„Für mich als Pendler ist es nur von Vorteil."

„Jetzt habe ich wirklich genug Zeit für meine Familie."

„Bitte nie wieder zurück!"

Auch die betriebswirtschaftlichen Daten sind relevant. Ein paar Fakten:

Andreas Hüttner, betriebswirtschaftlicher Leiter bei Leithäusl, berichtet, dass der Umsatz gleichgeblieben ist. Überstunden wurden bei den Arbeiten in der Baumaschinenwerkstatt um 42% stark reduziert und in einem zweiten Bereich der angestellten Mitarbeitenden der betriebswirtschaftlichen Verwaltung sogar um minus 77 % reduziert.[493]

Von März 2022 bis Dezember 2022 sparte die Firma 202.519 Kilometer Fahrwege.[494]

Medien wie ORF und „Wien heute" werden auf die Firma Leithäusl aufmerksam.

„Andere Unternehmen und Fachverbände schauen neidisch auf uns. Und Freunde sind neidisch, denn bei Leithäusl haben wir jetzt freitags Zeit für Sport.", sagt Andreas Hüttner.

Die Zustimmung zur 4-Tage-Woche war in der ersten Umfrage im April 2022 schon sehr hoch, und sie stieg bis November 2022 sogar noch.[495] So antworteten die Mitarbeiter und Mitarbeiterinnen auf die Frage „Hast du seit der Einführung der 4-Tage-Woche mehr Zeit für Familie, Freunde und Hobbys?":[496]

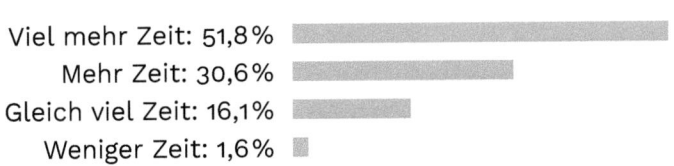

Viel mehr Zeit: 51,8 %
Mehr Zeit: 30,6 %
Gleich viel Zeit: 16,1 %
Weniger Zeit: 1,6 %

Diese persönlichen Rückmeldungen kamen zu der Umfrage im Herbst 2022:

„Eigentlich hätten wir schon vor Jahren auf diese
Idee kommen können."

„Bitte die 4-Tage-Woche lassen."

„Meine Erfahrung ist, dass es grundsätzlich weniger
Diskussionen gibt und die Arbeiter entspannter sind."

„Sollte so bleiben, weil man viel mehr Freizeit hat!!!"

„Hoffe, dass es so bleibt."

„Momentan habe ich mehr Zeit für mich selbst
und der Familie gefällt es mit der 4-Tage-Woche."

„Für mich als Pendler ist die 4-Tage-Woche perfekt."

„Könnt mir nicht mehr vorstellen 5-Tage-Woche."

Und nun das Ergebnis für die entscheidende Frage „Möchtest du wieder auf eine 5-Tage-Woche umsteigen?":

Ja: 6,7%
Egal: 12,5%
Nein: 80,8%

Die 4-Tage-Woche bleibt.

---
Wie anfangs versprochen wurde die Entscheidung
mit den Mitarbeitenden gefällt.

---

Das Experiment wurde in der Firma Leithäusl durch eine Masterarbeit mit dem Titel „*Thank God it's Thursday* – Unterschiede zwischen einer 4- und einer 5-Tage-Woche in Bezug auf die Arbeitszufriedenheit" begleitet. Die Masterarbeit von Lisa Maria Pelzmann verfolgte das Ziel, herauszufinden, ob das Arbeitszeitmodell 4-Tage-Woche mit komprimierten Wochenarbeitsstunden die Arbeitszufriedenheit von Arbeitnehmerinnen und Arbeitnehmern erhöht. Mögliche Unterschiede zwischen physisch und psychisch belastenden Tätigkeiten wurden dabei gezielt untersucht. Um dies zu untersuchen wurde eine quantitative Studie durchgeführt und der verwendete Fragebogen unter anderem auch an alle Arbeitnehmerinnen und Arbeitnehmer der Firma Leithäusl gesendet.[497]

Pelzmann stellt in ihren Auswertungen fest, dass sich die Wirkung der 4-Tage-Woche unterscheidet, abhängig davon, ob die Menschen physisch oder psychisch belastende Tätigkeiten ausüben. „Ein besonderes Augenmerk ist vor allem körperlich schwerer Arbeit zu widmen. Vor allem unter physisch belastenden Tätigkeiten ist das Arbeiten in einer 4-Tage-Woche für die Befragten ansprechend."[498]

---
„Je höher die körperlich belastenden Tätigkeiten,
desto höher die Arbeitszufriedenheit der Arbeitnehmenden
in einer 4-Tage-Woche."[499]

---

Dies bedeutet, dass eine Steigerung der Arbeitszufriedenheit messbar ist bei körperlich belastenden Tätigkeiten – auch mit bis zu knapp zehn Stunden am Tag und an 4 Tagen die Woche. Sie schreibt: „Es wird mutmaßt, dass Arbeitnehmende die längere Regenerationszeit als ansprechend ansehen, obwohl sie an 4 Arbeitstagen körperlich mehr beansprucht werden durch die Erhöhung der täglichen Arbeitszeit. Im Vergleich dazu wird gezeigt, dass psychisch belastende Tätigkeiten den Effekt zwischen der 4-Tage-Woche und der 5-Tage-Woche auf die Arbeitszufriedenheit nicht signifikant moderiert."[500]

Wie sich das Experiment der 4-Tage-Woche bei Leithäusl auf die Zahlen in der Personalgewinnung ausgewirkt haben, liest du im nächsten Kapitel über den neuen Fachkräfte-Reichtum.

# 11. RECRUITING NEUER FACHKRÄFTE-REICHTUM

Ohne Mitarbeiterinnen und Mitarbeiter ist alles nichts. Unternehmen brauchen Fachkräfte zum Erreichen der eigenen Ziele. Aktuell gibt es in der Schweiz, in Österreich und in Deutschland Fachkräfte-Rekorde. Der Status quo ist eindeutig positiv:

D: 45,9 Millionen Erwerbstätige[501] = Rekord
A: 4,49 Millionen Erwerbstätige[502] = Rekord
CH: 5,151 Millionen Erwerbstätige[503] = Rekord

Drei Fachkräfte-Rekorde in drei Ländern. Das ist die höchste Zahl erwerbstätiger Menschen, die es jemals in der DACH-Region gab. Die entscheidende Frage lautet daher: Arbeiten diese Erwerbstätigen in deinem Unternehmen oder in einem anderen?

Er gibt kein Gesetz, das Menschen verpflichtet, in einer bestimmten Firma zu arbeiten. Die Betriebe sind also selbst verpflichtet, attraktive Angebote zu schaffen. Welche Wünsche erfüllst du? 71 bis 96 % der befragten Angestellten wünschen sich eine 4-Tage-Woche – mit Zahlen untermauert im 1. Kapitel. Welche überzeugenden Argumente bietet deine Firma, damit der angebotene Arbeitsplatz überhaupt angesehen wird?

Alles Jammern über Fachkräftemangel ist Zeitverschwendung. Entscheidend ist, ob dein Betrieb interessant, anziehend und sichtbar ist. Stell dir folgende Fragen: Was bietest du? Warum sollte ein Mensch bei dir arbeiten? Sind deine Arbeitszeiten interessant? Sind deine Gehälter fair und transparent? Werden Arbeitskräfte optimal eingesetzt und Bullshit-Jobs verhindert? Fördert deine Firma Gesundheit, Leistungs- und Lernfähigkeit? Bietet dein Betrieb genug Raum für Freizeit und Erholung? Spricht sich deine Arbeitsatmosphäre positiv herum?

Es gibt 23 Millionen Firmen = Optionen
für Erwerbstätige in Europa!

Eine Analyse von Millionen Stellenanzeigen auf der Plattform Anzeigendaten.de der index Internet und Medienforschung GmbH zeigt, dass von Oktober 2021 bis Oktober 2022 rund 6.300 Firmen in gut 46.000 Stellenanzeigen die 4-Tage-Woche angeboten haben. Ausgewertet wurden dazu in dem genannten Zeitraum 24,2 Millionen Stellenanzeigen von 621.000 Firmen in Deutschland.[504]

Die Tischlerei von Nils Grimm bietet die 3-Tage-Freizeit in einem dreimonatigen Probelauf an. Er will mehr Fachkräfte für sein Team gewinnen. „Motivierte Mitarbeiter arbeiten ganz anders. Wenn man etwas mit Freude und Spaß macht, dann arbeitet man anders. Man denkt anders mit. Kaufmännisch zahle ich vielleicht drauf, mental zahle ich nicht drauf, weil ich ein motiviertes Team habe." Seine 15 Mitarbeiter bauen Möbel nach Maß für private wie für Groß-Kunden. „Ich könnte noch viel mehr Mitarbeiter einstellen. Wir müssen rund 20 % der Aufträge absagen, weil wir es einfach nicht schaffen."[505]

## BEWERBUNGEN PRASSELN AUF UNS EIN

Ein paar Schritte weiter ist bereits Malermeister Lehmkuhl aus Lübeck, der schon die Erfolge der 4-Tage-Woche feiert: „Wir haben viele Bewerbungsgespräche und tolle Fachkräfte dazugewonnen", schreibt der Inhaber vom Malerfachbetrieb Klaus Lehmkuhl aus Lübeck.[506] „Absolut der Wahnsinn. Gerade in dieser Zeit unglaublich, wir haben neun Bewerbungen bekommen und vier eingestellt! Es war das Beste, was ich überhaupt in meinem 20-köpfigen Team gemacht habe. Ich sehe es als Chance für das Handwerk."[507]

Punkten konnte auch der Tiroler Friseursalon Anita in Rinn bei Innsbruck durch die Umstellung auf eine 4-Tage-Woche. Vom Team und von den Kunden wird sie sehr positiv angenommen. „Wir haben aus der Not eine Tugend gemacht. Gleich zwei unserer langjährigen Friseurinnen wurden fast zur gleichen Zeit schwanger und die Suche nach neuen, motivierten Mitarbeitern stellte sich als Herausforderung dar."[508]

> „Mit der 4-Tage-Woche konnten wir punkten und gleich zwei Top-Friseurinnen gewinnen."[509]

Nach Monaten ohne eine einzige Bewerbung hat die Steirische Tischlerei Schneider in Mariahof 2021 eine 4-Tage-Woche eingeführt und offensiv beworben. Sofort gab es 50 Fachkräfte, die kommen wollten.[510] Auch 2022 ist der Inhaber der Tischlerei Johannes Forstner weiterhin ein Vorreiter in den Bezirken Murtal und Murau. „Die Arbeitswelt ist im Wandel – Forstner hat das erkannt. Flexibilität zu bieten, sei enorm wichtig."[511]

Die bhatti.pro Steuerberatung aus Kiel gewinnt bereits vor dem offiziellen Start der 4-Tage-Woche neues Personal. „Drei Tage Freizeit wirken. Im letzten Bewerbungsgespräch hat der Bewerber unter diversen Angeboten bhatti.pro als Arbeitgeber gewählt, obwohl wir erst Anfang 2023 damit starten", berichtet Nadim Bhatti.[512]

Das Team von Aflexio in Karlsruhe und Hamburg gewinnt mit ihrem Motto „3F: 3 freie Tage" ebenfalls mehr Bewerbungen: „Nach zwei Monaten mit dem neuen Modell ist unsere Einstellungsquote besser als in den acht Jahren zuvor", sagt Inhaber Martin Pesch. Und die Mitinhaberin Jana Koske ergänzt: „Ich glaube, es ist nicht nur das Thema, das zieht."[513]

> „Es ist der Umstand, dass wir nicht nur reden, sondern es einfach *machen*."[514]

Mutiges Machen zieht an. Die 4-Tage-Woche signalisiert den Angestellten und auch potenziellen Bewerbern, dass sie der Firmenleitung wichtig sind. Auch die BFT Verpackungen GmbH, ein international agierendes Verpackungsunternehmen in Berlin-Lichtenberg, ist schon länger als mutiger Vorreiter in der Branche bekannt. Konsequenterweise hat BFT als erstes Verpackungsunternehmen die 4-Tage-Woche als wichtigen Innovationsbaustein eingeführt. Die Wochenstunden wurden von 40 auf 37 reduziert, auf 4 Tage verteilt sind das je 9,15 Stunden Arbeitszeit. Zwei Gruppen haben monatlich abwechselnd den Montag oder den Freitag frei, so ist die Firma weiterhin durchgängig an 5 Tagen besetzt – sogar mit längeren Öffnungszeiten als zuvor. Die Umstellung gelang ohne Schwierigkeiten.

Geschäftsführer Marcel Heinrichs freute sich, als er feststellte, dass es unterm Strich keinerlei Leistungsabfall gab. „Wir schaffen unsere Arbeit", sagt er. Der größte Benefit war jedoch die gestiegene Attraktivität der Firma. Das betrifft nicht nur die bereits vorhandene Belegschaft, die sich über ein 3-Tage-Wochenende freut. „Nachdem wir auf 4-Tage-Woche umgestellt haben, sind auf einmal die Bewerbungen nur so auf uns eingeprasselt. Vorher konnten wir viele Jobangebote nicht besetzen", sagt Marcel Heinrichs. Und dann fügt er hinzu: „Alle Unternehmen kämpfen um Personal mit ähnlichem Gehalt und Arbeitsbedingungen."[515]

> „Wer qualifiziertes Personal sucht, muss mit Innovation aufwarten."[516]

## SUPERSTAR *DIE MALERIN* HANSEN

Ganz im Norden Deutschlands, im Kreis Rendsburg-Eckernförde, ist die Malermeisterin Jessica Hansen zuhause. Sie ist nicht nur berühmt, weil ihr Betrieb 70 km nördlich vom weltberühmten Heavy Metal Festival Wacken liegt, sondern auch, weil die Bild-Zeitung am 22. Oktober 2022 über sie berichtet: „Fachkräftemangel ist bei uns gestrichen. 20 Angestellte und 25 auf der Warteliste."[517]

Noch im April 2022 hatte sie nur vier Gesellen gehabt, aber Aufträge für mindestens doppelt so viele. Nur ein halbes Jahr später beschäftigt sie 20 Fachkräfte! Und mehr als doppelt so viele, die sagen: „Wir wären auch gerne mit dabei." Warum klagen viele im Handwerk, während Jessica Hansens Malerbetrieb wächst? Was macht sie anders? Du ahnst es: Ihre 4-Tage-Woche ist ein zentraler Baustein ihres innovativen Gesamtpakets, mit dem sie bei Wechselwilligen punkten kann. Wie lief das konkret? Wie brachte sie die Lawine ins Rollen?

Hansens Angestellte arbeiten an vier Tagen rund 36 Stunden und verdienen so viel wie in anderen Firmen bei einer 40-Stunden-Woche. Eine Schicht arbeitet von Montag bis Donnerstag, die andere geht von Dienstag bis Freitag ran. Zwei Beschäftigte blieben auch bei der Fünf-Tage-Woche. Nur kein Dogmatismus."[518]

Doch das ist nicht alles. *Die Malerin* bietet ein Gesamtpaket, und dazu gehört auch, dass die Fahrzeiten zur Baustelle und zurück von ihr bezahlt werden. Jessica Hansen kennt in ihrer Region keinen Betrieb, der das macht.

**Das machen, was andere nicht machen – das ist Innovation.**

Für *Die Malerin* ist klar, dass Fahrtzeiten Teil der Arbeitszeiten sind. Also verlangt sie nicht, dass ihre Angestellten die auf dem Weg zum Arbeitsort verbrachte Zeit hinten dranhängen.[519] Das machen, was richtig ist – das ist für sie aufrichtiges Handeln. Und das kommt gut an. Sie bietet auch einen monatlichen Fahrkostenzuschuss, laufende Fortbildungsangebote, betriebliche Altersvorsorge, übertarifliche Bezahlung, moderne Arbeitsmittel, Arbeitskleidung und ihren familiären Betrieb.[520] Diese Arbeitsbedingungen zeigte *Die Malerin* auf Facebook und Instagram. Sofort sprangen etliche Medien auf die Geschichte an. Das Radio berichtete über sie, Bild und Berliner Zeitung lobten ihren Innovationsmut in höchsten Tönen, und auch auf handwerk.com wurde sie sichtbar.

**Innerhalb kürzester Zeit kamen fünfzig Bewerbungen.**

Die NDR-Nachrichten stellten Hansens Team vor.[521] Eine von ihnen ist die 29-jährige Diana Ahmling, die sich trotz einer Pendelstrecke von 45 Minuten pro Weg für den Betrieb von Jessica Hansen entschieden hat. „Man kennt es nicht, dass man so viel Mitspracherecht hat und dass man so viel geboten bekommt", sagt sie. „Jeder hat gedacht, da gibt es einen Haken." Aber den hat auch ihr Kollege Marcus Hess, der schon seit fast 40 Jahren im Beruf ist, dort noch nicht gefunden. „Druck, Druck, Druck, nur Druck", gab es in seinem vorigen Job, in dem er teilweise sogar in einer 6-Tage-Woche arbeiten musste.

War alles einfach für Jessica Hansen? Hat sie aus einer gesicherten, komfortablen Situation heraus entschieden? Hatte sie genug Rücklagen, um endlos auszuprobieren? Nein, denn was jetzt so locker daherkommt, ist aus der großen Not geboren, die so viele Handwerksbetriebe kennen. „Ich hatte massive Angst, meine Stammkunden zu verlieren", sagt Hansen. Im Frühjahr 2022 mussten ihre Kunden noch ein halbes Jahr warten, bis ihr Auftrag überhaupt angenommen werden konnte. Hansens Versuche, ihr Team zu vergrößern, blieb damals ohne Erfolg. Die wachsenden Sorgen, dass ihr die Kunden abspringen würden, brachten sie in Zugzwang. „Reden half da nicht mehr viel, ich musste mir sofort etwas einfallen lassen", erinnert sich Hansen.[522]

In dieser Not hat sie eine schnelle Entscheidung getroffen und die Idee zur 4-Tage-Woche einfach umgesetzt. Jessica Hansen ist überzeugt, dass Handwerk eine Zukunft hat: „Handfeste, sichtbare Ergebnisse und sinnstiftendes Tun, das Menschen glücklich macht – diesen Benefit suchen heute immer mehr Menschen in der Berufswelt, weshalb das Handwerk zunehmend Berufsumsteiger aus Büroberufen anzieht."[523]

> Handwerk hat die große Stärke, dass man es erleben, anfassen, riechen, schmecken, fühlen und zeigen kann.

Das ist ein wertvolles Vermögen und ein großer Trumpf. Auf Instagram und TikTok gibt es unter #lustaufhandwerk viel zu sehen, hören und erleben. Gute Unterhaltung!

## HANDWERK STIRBT *NICHT* AUS!

Spätestens seit 1984 ist der Fachkräftemangel täglich in allen Medien. Für die Suche nach Auszubildenden titelte der Tagesspiegel bereits 2008 sehr originell: „Lehrstellen bleiben Leerstellen."[524] Dass wir in der DACH-Region sinkende Geburtenraten und somit weniger Nachwuchs haben, wissen wir seit Jahrzehnten. Die Zahlen der heute 15-Jährigen stehen seit 15 Jahren fest. In der Folge sinken die Zahlen in den Schulen und später in Ausbildungsberufen. Hinzu kommt, dass junge Menschen mehrheitlich ein Studium beginnen. Allerdings – TROMMELWIRBEL – brechen hunderttausende ihr Studium ab, und immer mehr Handwerksbetriebe bilden Studienabbrecher aus. Diese bringen sogar Vorteile mit: Sie sind älter, reifer, und sie bleiben nach der Lehre eher im Ausbildungsbetrieb, denn sie verschwinden nicht mehr zum Studium.

Beeindruckend ist ein neuer, starker Trend. Die Zahlen sprechen für eine wachsende Lust aufs Handwerk. In vielen Branchen gibt es 2021 mehr Auszubildende als 2016. Hier einige Beispiele:[525]

> Immobilienvermarktung und -verwaltung +13%
> Bauelektrik +18%
> Sanitär-, Heizung, Klimaschutz +23%
> Vermessungstechnik +25%
> Fliesen-, Platten- und Mosaikverlegung +30,6%
> Dachdecker +36%
> Tiefbau +42%
> Zweiradtechnik +43%

Die Zahl der Auszubildenden, die sich für Erdbewegungsmaschinen wie Bagger interessiert, ist sogar um 67% gestiegen.

Hättest du das gedacht? Während in den Medien und auf Branchentreffen weiterhin viel gejammert wird, gibt es längst eine Gegenbewegung: Handwerk wird wieder attraktiver. Wo innovativ gedacht und gehandelt wird, blitzt wieder der goldene Boden durch.

Nicht nur *#lustaufhandwerk* zeigt 262.000 Einblicke in handwerkliche Berufe auf Instagram. Viele Handwerkerinnen und Handwerker, Handwerksbetriebe und Handwerkskammern zeigen Erlebnisse in Bildern, Storys, Reels und TikToks. Accounts wie dashandwerk, malermeisterandy, zimmerertreffpunkt, holzbau_muschelknautz, luigi_und_mario, hwk_koblenz, hwk_erfurt, handwerkskammerowl, leithaeuslgruppe, galabaujohannschindler, backdirdeinezukunft und Tausende andere Accounts erwecken Handwerk zum Leben. Sie laden ein, mitzumachen.

Auffallend ist die große Anzahl an Frauen im Handwerk, die sich auf Instagram zeigen, um andere jungen Frauen zu inspirieren, auch ins Handwerk zu kommen: dachdeckerin_chiara, dachdeckerin_sina, jenni_vom_dach, schornsteinfegerin_julia, holzbau_tussis, die.tischlerin, frauimhandwerk, malerin.nina, metallbauerin_karo und zimmerin.anna sind nur einige wenige Beispiele. Sehen und Erleben finden längst zu einem großen Teil in den sozialen Medien statt, Instagram und TikTok leisten ihren Beitrag zu steigenden Zahlen in diversen Ausbildungsberufen.

Im Garten- und Landschaftsbau sind die Ausbildungszahlen im August 2021 im zweiten Jahr in Folge gestiegen.[526] Und im Bauhandwerk: Die Zahl der Auszubildenden im Bauhauptgewerbe steigt das fünfte Jahr in Folge. Derzeit absolvieren rund 40.000 junge Menschen eine Ausbildung am Bau. Das sind 1,5 % mehr als im Vorjahreszeitraum. Diese Entwicklung hat auch Felix Pakleppa, der Hauptgeschäftsführer des Zentralverbandes des Deutschen Baugewerbes, auf dem Schirm. Er sagt: „Seit 2017 hält damit der erfreuliche Aufwärtstrend bei den Lehrlingszahlen im Bauhauptgewerbe an."[527]

Zur Trendwende im Handwerk gehört auch, dass seit Neuestem fast die Hälfte der jungen Menschen, die durch ihr Abitur die Hochschulreife erlangt haben, nach der Schule eine Ausbildung beginnen: 47,4 % von ihnen entscheiden sich gleich für eine Ausbildung. Dieter Dohmen, der Autor der entsprechenden Studie sagt: „Von einer mangelnden Attraktivität der Berufsausbildung für Abiturienten kann keine Rede sein."[528] Es steht also genug Nachwuchs in den Startlöchern. Das wirft uns zurück zur Ausgangsfrage in diesem Kapitel.

Arbeiten diese Azubis in deinem Unternehmen oder in einem anderen? Und wie gewinnt man junge Menschen?

Wie das geht, zeigt Peer Hildmann aus Kronberg bei Frankfurt am Main. Er geht in Schulen und stellt seinen Beruf im Sanitärhandwerk und Heizungsbau vor. Persönlich lädt er zur Ausbildung in seinem Betrieb ein. Dabei nutzt er zwei starke, attraktive Bilder. Er erzählt dem Nachwuchs im Unterricht, dass sie bei ihm im Bad- und Heizungsbau so viel verdienen können wie ein Pilot bei Ryanair. Im Umfeld des Frankfurter Flughafens kann er damit punkten, alle kennen dort Piloten. Ganz schön clever! Peer Hildmann übersetzt die Vorteile des Berufs und der Branche in Worte und Bilder, die potenzielle Auszubildende, Bewerberinnen und Bewerber verstehen und attraktiv finden.

Hildmanns zweites Ass im Ärmel ist die Arbeitszeit. Er weiß, dass er in einer Gegend unterwegs ist, in der die Eltern sehr viel arbeiten. Sein Versprechen lautet: „Nach der Ausbildung arbeitet ihr 4 Tage in der Woche – also weniger als eure Eltern." Weniger Arbeitsstunden und ein Gehalt, das höher als gedacht ist, das sind attraktive Aussichten. Fünf Abiturienten hat Peer Hildmann bereits als Auszubildende gewonnen. Hildmann hat sogar noch mehr vor: Langfristig will Hildmann so flexibel werden, dass Mitarbeiter selbst ihre Arbeitszeit bestimmen. Er sagt: „Das ist nur eine Frage der Planung."[529]

Auch der Gas-Wasser-Installateurmeister Alfred Keller aus Überlingen am Bodensee gewinnt Auszubildende mit dem Versprechen einer 3-Tage-Freizeit. 2022 musste er sogar zehn Azubis absagen. „Im Unternehmen waren für das neue Lehrjahr nur noch zwei Azubi-Plätze frei. Und die konnten dank der zahlreichen Bewerbungen schnell besetzt werden. Damit kommt der Betrieb momentan auf insgesamt acht Lehrlinge und Duale Studenten – bei 26 Mitarbeitern.[530]

Dass das Angebot der 4-Tage-Woche den Ausschlag geben kann, bestätigt der Auszubildende Erion Bislimi. Er machte ein Schnupper-Praktikum und fand, dass die Arbeit abwechslungsreich und die Firma attraktiv sei. Zusätzlich überzeugt haben ihn die 3 freien Tage pro Woche. „Ich kann Freitag zum Sport gehen, dann kann ich irgendwo wegfahren und habe ein verlängertes Wochenende", sagt er.[531] So wie Peer Hildmann geht auch Alfred Kellers Team in Schulen, um seinen Betrieb bekannt zu machen. Kürzlich begann bei ihm der zweite BA-Student sein duales Studium.[532] Es reicht eben nicht, da zu sein. Andere müssen dich und deine Firma als attraktiven Arbeitgeber auch sehen.

## STRAHLEN FÜR DIE ÖFFENTLICHKEIT

Jeder kennt VW, BMW und SAP. Aber was ist mit den 97,3 % der kleinen Betriebe, die bis zu 50 Angestellte haben? Sie sind so gut wie unsichtbar. Das ist für sie das Kernproblem in der Personalgewinnung, niemand bekommt mit, was im Unternehmen gemacht wird. Keiner weiß, wie es drinnen ist und was dort geleistet wird. Die Tätigkeiten und die Betriebskultur – ob spannend oder langweilig – sind unsichtbar. Wir alle können nur wahrnehmen, was wir mit unseren Sinnen sehen, hören, riechen, spüren und schmecken. Was wir nicht erleben, bleibt uns verborgen. Schlimmer noch: Das gibt es für uns nicht.

Die folgenden 4 Unternehmen sind sehr medienaffin. Sie zeigen sich in vielen Berichten und steigern so die Wahrscheinlichkeit, dass sie als attraktive Arbeitgeber wahrgenommen werden.

Hotel Blauer Reiter in Karlsruhe-Durlach
Adesso Hair Design und Amici Hair Design, Schweiz
25hours Hotels mit mehreren Standorten in der DACH-Region
eMagnetix, eine österreichische Online-Marketing-Agentur

Im November 2021 wird im Vier-Sterne-Superior-Hotel Der Blaue Reiter in Karlsruhe-Durlach die 4-Tage-Woche als zweimonatiges Pilotprojekt gestartet. 38 Stunden Wochenarbeitszeit bei vollem Gehalt ist das Angebot.[533] Seit Januar 2022 ist das Arbeitszeitmodell fest installiert, zahlreiche Benefits wie Sonn- und Feiertagszuschläge sowie Spät- und Nachtzuschläge bleiben erhalten. Eine Fahrtkostenpauschale ebenfalls. Geschäftsleiter Marcus Fränkle sagt: „Mit dem flexiblen Arbeitszeitenmodell können wir somit individuell auf die Bedürfnisse der einzelnen Mitarbeiter eingehen. Die 4-Tage-Woche zeigt einen zukunftsorientierten Weg für die Arbeitswelt von morgen. Wir konnten damit nicht nur die Motivation der bestehenden Mitarbeiter steigern, sondern auch die Attraktivität gegenüber neuen Bewerbern erhöhen."[534]

---

Damit potenzielle Mitarbeiter von den Angeboten erfahren, braucht es mediale Präsenz.

---

Gleich mehrere Veröffentlichungen bringen das Hotel auch öffentlich zum Strahlen. Das Magazin *Startklar* in der Süddeutschen Zeitung gibt Einblicke in die Ausbildung im Hotel.[535] Im First-Class Magazin heißt es: „Auszeichnung Exzellenter Ausbildungsbetrieb mit Bestnote."[536] Im Fachmagazin Küche positioniert sich Geschäftsleiter Marcus Fränkle deutlich zum Thema Löhne: „Fachkräfte werden händeringend gesucht und in Zukunft auch sehr gut entlohnt werden. Wer sich heute für die Gastronomie entscheidet, wird ein Gewinner sein."[537] Mit Veröffentlichungen wie diesen ist das Hotel regelmäßig medial präsent. Sie sind nicht nur kostenfreie Werbung, sie stärken auch das öffentliche Arbeitgeber-Image. „Damit haben wir einen hohen Stellenwert bei den bestehenden aber auch bei den zukünftigen Mitarbeitern eingenommen, und wir erhalten sehr viele Bewerbungen", sagt Marcus

Fränkle.[538] Im Blauen Reiter gehen Mitarbeiterorientierung, Neustrukturierung der Abläufe, 3-Tage-Freizeit für die Mitarbeiterbindung und als Magnet für neue Bewerberinnen und Bewerber Hand in Hand.

Auch das 25hours Hotel in Hamburg wurde überrascht, wie stark sich die 4-Tage-Woche auf die Anzahl der Bewerber und Bewerberinnen auswirkt. Beim Pilotprojekt zur 4-Tage-Woche kam eine 200-fache Anzahl an Bewerbungen. „Wir spüren, dass die 4-Tage-Arbeitswoche einem Bedürfnis der Mitarbeitenden entspricht", sagt Director of Human Resources Kathrin Gollubits. „Auch verschafft uns dieser neue Benefit bessere Chancen bei der Talentsuche und unterstreicht die Positionierung von 25hours als Hotelmarke und innovativer Arbeitgeber."[539] Und in einem weiteren Interview meint sie: „Wir brauchen mehr Mitarbeiter, die bei uns starten, um erfolgreich zu sein."[540] Alle arbeiten ausgeruhter und motivierter. Das schenkt nicht nur den Gästen positive Erlebnisse, sondern auch den Betreibern höhere Umsätze. Inzwischen wurde die 4-Tage-Woche in allen 25hours Hotels der DACH-Region umgesetzt. Viele regionale Medien an den Standorten und auch überregionale Fachmedien berichten über den Vorreiter und machen so die attraktiven Arbeitsbedingungen bekannt.

Nun zu den Schweizer Friseursalons. In einem Dutzend Artikeln und TV-Berichten zur 4-Tage-Woche sind Adesso Hair Design in Rüti am Obersee bei Zürich[541] und Amici Hair Design in St. Gallen[542] präsent. Hier nur einige der Schlagzeilen:

> „Lohn bleibt gleich. Mehr Umsatz und zufriedene Mitarbeiter – Coiffeur führt Viertagewoche ein"[543]

> „Vier Tage arbeiten für fünf Tage Lohn. Eine St. Galler Coiffeurkette geht neue Wege"[544]

> „Amici Hairdesign hat Mutiges vor: Im Coiffeurbetrieb arbeitet man nur noch vier Tage in der Woche – für den vollen Lohn"[545]

„80 Prozent Arbeitszeit, 100 Prozent Bezahlung: Schweizer Frisör setzt auf neues Arbeitsmodell"[546]

„80% Arbeit, 100% Lohn. Warum dieser Zürcher Coiffeur die Viertagewoche anbietet"[547]

„Die große Aufmerksamkeit der Medien ist eine positive Überraschung, und die Bewerberzahlen steigen sowohl quantitativ als auch qualitativ," schreibt die Adesso-Geschäftsleitung der beiden Filialketten an mich.[548]

Die österreichische Marketing-Agentur eMagnetix ist ein 4-Tage-Woche-Urgestein mit Sitz in Bad Leonfelden nahe der tschechischen Grenze. Noch vor wenigen Jahren konnte das Unternehmen offene Stellen nur mit größter Mühe besetzen. 2018 führte die Agentur die 30-Stunden-Woche bei Vollzeit-Gehalt ein. Heute hat die Firma 35 Beschäftigte und bekommt über 100 Bewerbungen pro Stellenausschreibung.[549] Chef Klaus Hochreiter berichtet, die Produktivität sei in seiner Firma um gut ein Drittel gestiegen. Dazu komme ein bemerkenswerter Effekt: Es gibt in seiner Firma keinen Gender Pay Gap.[550] Auch eMagnetix profitiert von vielen medialen Berichten.

Diese vier Beispiele zeigen, dass attraktive Arbeitsplätze mediale Aufmerksamkeit bekommen.

---

Menschen suchen gesunde Unternehmenskulturen.
Aber sie müssen sie auch finden.

---

## GEKOMMEN, UM ZU BLEIBEN

Warum ist Fachkräftemangel nicht so peinlich wie Kundenmangel? Unternehmen, die keine Kunden finden, machen was falsch. Da sind sich alle einig. Aber wenn Fachkräfte fehlen, wird häufig gejammert, statt zu handeln. Unternehmen, die vergeblich nach Fachkräften fahnden, sollten überprüfen, wie attraktiv ihr Angebot ist. Denn wie bei den Kunden geht es auch bei Bewerberinnen und Bewerbern um Angebot und Nachfrage.

Sind die Jobs, Gehälter, Arbeitszeiten und die Unternehmenskultur magnetisch anziehend? Wird auf Bewerbungen schnell und wertschätzend reagiert? Wird die Art der Suche regelmäßig aktualisiert und den neuen Rahmenbedingungen angepasst?

> Wenn ein Unternehmen oder eine Branche Fachkräftemangel beklagt, dann ist das nichts anders als ein Kundenmangel – nur mit einer besonderen Zielgruppe.

Bei Kundenmangel reagieren Firmen professionell und verbessern das Angebot, Marketing und den Vertrieb. Gibt es dagegen zu wenig Interessierte für offene Stellen und Ausbildungsplätze, dann beklagen sich Betriebe bei ihren Verbänden, und die Verbände bei der Politik. Ich frage mich: Wo ist der Unterschied zwischen fehlenden Kunden und fehlenden Fachkräften?

Es gibt kein Recht auf Bewerbungen. Es ist wie bei jedem Angebot, es gibt eine Nachfrage oder eben keine. „Arbeitgeber müssen sich bei Arbeitnehmern bewerben", sagt Daniela Meeth, Leitung Organisation und Personal bei der Helmut Meeth GmbH in Wittlich.[551] In diesem Unternehmen werden Fenster und Türen auf hoch automatisierten Hightech-Fertigungsstraßen gebaut und dann auf Baustellen montiert. Allein in der Produktion sind 20 Stellen unbesetzt. Meeth hat den ersten Schritt getan: Sie hat erkannt, dass sie für potenzielle Bewerber attraktiv und sichtbar werden muss.

Christian Keller, der Handwerksbetriebe beim Recruiting berät, stellt fest: „Ich kenne keine Maßnahme, die bei der Suche nach neuen Mitarbeitern so gut funktioniert wie die 4-Tage-Woche."[552] Die 4-Tage-Woche führt zu neuen Bewerbungen. Und genauso wichtig ist die Motivation und Bindung innerhalb des Unternehmens.

> Mitarbeiterbindung ist die kostengünstigste Form der Personalgewinnung.

Die 4-Tage-Woche sorgt dafür, dass die Beschäftigten gerne im Unternehmen bleiben.

Die Steuerberatung SKS in Berlin und Dresden konnte mit der 4-Tage-Woche von 29 auf 35 Angestellte wachsen. Das liegt nicht nur daran, dass das Unternehmen so viele Bewerbungen bekommt und sie passende Mitarbeiter auswählen können. Zudem liegt die Fluktuation bei null. Viele Bewerbungen von außen und keine Fluktuation innerhalb des Unternehmens – das ist das perfekte Dreamteam. Bei SKS hat die 4-Tage-Woche zur Bindung der Beschäftigten beigetragen, denn keiner will mehr zurück zur 5-Tage-Woche. Da kaum eine Steuerberatung 3 Tage Freizeit anbietet, gibt es keinen Grund, zu wechseln.[553]

Eine gute Mitarbeiterbindung führt dazu, dass Angestellte nicht zu anderen Arbeitgebern wechseln. Ist das Unternehmen attraktiv für das bestehende Team, steigt die Wahrscheinlichkeit, ein Bewerbermagnet zu werden. Du solltest dich also fragen:

> Wie kann ich meinem Team etwas Gutes tun?
> Wie sorge ich dafür, dass sie nicht durch Burnout krank werden?
> Wie kann ich den Krankenstand und die Fluktuation senken?

> Die Überlegungen beginnen immer bei den Menschen, die bereits im Unternehmen sind.

Attraktivität ist messbar. Gunther Olesch hat 20 Jahre Erfahrung im Personalbereich des Elektrotechnik-Unternehmens Phoenix Contact in Blomberg, das weltweit 20.300 Menschen beschäftigt.[554] Er nennt konkrete Zahlen: „1. Gewinnen von qualifizierten Mitarbeitenden: Deutsche Unternehmen konnten 2019 nur 74 % des Personalbedarfs erfüllen. Phoenix Contact: 95 %. 2. Binden von qualifizierten Mitarbeitenden: 2019 betrug die Fluktuation deutschlandweit 10,8 %. Bei Phoenix Contact: 1,0 %."[555] Beides sind für ihn messbare Ergebnisse einer exzellenten Unternehmenskultur.

Auch Marco Bruns von der Bruns MSR-Technik sieht die 4-Tage-Woche als Instrument für beides: Generieren von Bewerbungen *und* Mitarbeiterbindung. „Wir nutzen es aktiv in Stellenanzeigen auf unserer Website und in den Social-Media-Kanälen", sagt er.[556] In Vorstellungsgesprächen fragt er bewusst nach der Motivation für die Bewerbung in seinem Betrieb und bekommt zur Antwort, dass die 4-Tage-Woche tatsächlich einer der Hauptgründe für die Bewerbung sei. Und noch etwas macht ihn zufrieden: „Wir haben eine geringe Fluktuation."

Dass die 4-Tage-Woche dem Mitarbeiterschwund entgegenwirkt, hat sich auch die Küchenbrigade im Park-Hotel Winterthur in der Schweiz zunutze gemacht. Seit sie Vollzeitarbeit in 4 Tagen anbietet, ist das Problem nahezu behoben. Hoteldirektor Philipp Albrecht meint hierzu: „Betriebe müssen Rahmenbedingungen schaffen, damit die Vereinbarkeit von Beruf und Familie verbessert wird."[558]

Beim Fördergurt-Service von Andreas Groß im sächsischen Vierkirchen arbeiten 40 von 100 Angestellten in einer 4-Tage-Woche. Er hat keine Nachwuchssorgen und auch die Fluktuation im Unternehmen ist gering.[559]

## UNTERNEHMENSKULTUR IST TRUMPF

Die 4-Tage-Woche einführen, und automatisch ist alles im grünen Bereich? Ganz so einfach ist es nicht. „Menschen suchen gesunde Unternehmenskulturen. Wer nicht bereit ist, ein gutes Umfeld für seine Mitarbeiter zu schaffen, wird untergehen. Der Fachkräftemangel zwingt uns Unternehmer quasi dazu, neue Wege zu beschreiten. Was für eine wunderbare Chance!", sagt Daniel Dirkes, der Handwerksbetriebe berät.[560]

Christoph Goll, der in Leonding bei Linz den Friseursalon Schneiderei betreibt, ist der Meinung, dass zu einem guten Umfeld mehr gehört als nur eine 4-Tage-Woche, um Mitarbeiter zu begeistern und auch neue zu gewinnen.[561]

Zu einer guten Unternehmenskultur gehört mehr:

> Wie gehen die Menschen miteinander um?

> Ist die Stimmung bedrückend oder motivierend?

> Freut man sich morgens auf die Arbeit,
> auf das Team und auf die Kunden?

> Freut man sich auf große und helle Räumlichkeiten
> oder sind sie dunkel und eng?

> Fördert das Spielfeld gute Arbeit oder werden
> Menschen ausgebremst und demotiviert?

Die 4-Tage-Woche ist ein wichtiger Baustein, aber eben auch nicht alles.

> Warum sollte ich bei euch arbeiten? –
> der Dreh- und Angelpunkt im Personalmarketing.

Das Angebot bestimmt die Nachfrage. Werden Wünsche erfüllt, kommen Menschen. Verändern sich Wünsche, und die Angebote halten nicht mit, gehen Menschen zu den veränderten Angeboten, die zu den neuen Wünschen passen. Geht dein Angebot auf alte oder neue Wünsche ein?

Immer mehr Erwerbstätige nutzen ihre Freiheit zum Nein: „Ich habe meinen letzten Job gekündigt, weil mir mein Arbeitgeber kein Homeoffice genehmigt hat, obwohl ich jeden Tag fast drei Stunden in öffentlichen Verkehrsmitteln unterwegs war. Seither fahre ich 15 Minuten mit dem Rad zur

Arbeit bei einem neuen Arbeitgeber und habe definitiv mehr Schlaf!", lautet ein Kommentar auf Xing.[562] Er stammt von einer Frau, die nun täglich 150 Minuten Fahrzeit spart. Das sind 12 Stunden mehr freie Zeit pro Woche! Ihr ehemaliger Arbeitgeber hat nicht verstanden, dass er ihr Diener ist und nicht umgekehrt. Früher war es normal, Hunderten Bewerberinnen und Bewerbern abzusagen. Inzwischen vergleichen Fachkräfte die Angebote und sagen schlechten Rahmenbedingungen ab.

Dürfen Beschäftigte ihren Hund mit ins Büro bringen? „Etliche Studien haben in den letzten Jahren die positiven Auswirkungen von Hunden auf ihr Umfeld belegt. Wenn Elly mich anstupst, ich ihr durchs Fell wuschele, wird mein Blick weich, die Stimme liebevoll", sagt Markus Beyer, Vorsitzender des Bundesverbands Bürohund e.V.[563] Darfst du deinen Hund mit ins Büro bringen?

> Hand aufs Herz, ist dein Angebot attraktiv? Würdest du dich bei deinem Betrieb bewerben, dort anfangen und bleiben?

Ein weiterer wichtiger Indikator für eine gute Unternehmenskultur ist die Wahrscheinlichkeit, ob Angestellte ihren Arbeitgeber empfehlen würden. Im Podcast Feuer & Flamme erzählt Katharina Zander, Head of People & Culture bei dem Internetunternehmen F&P von #32istdasneue40 und ihrer Mitarbeitersuche: „F&P sucht Top-Talente wie Software-Entwickler. Mit #32istdasneue40 verschaffen wir uns Vorsprünge. Aktuell sind wir mit der 4-Tage-Woche die Vorreiter in Leipzig und in Oberfranken." Sie selbst will ihre gewonnene Freizeit nutzen, um am Freitag Klavier zu spielen und nebenberuflich als systemische Coachin zu arbeiten.[564]

Seit Oktober 2022 arbeiten bei der F&P GmbH alle mehr als 180 Angestellten in Leipzig und in Selbitz an 4 Tagen 32 Wochenstunden für 100 % Gehalt.[565] Einen Monat nach Einführung der 4-Tage-Woche führte Katharina Zander zusammen mit ihrem Team eine Umfrage zum Stresslevel unter den Mitarbeitenden durch. Sie berichtet: „136 von 170 haben teilgenommen, von denen sagen 94,4 %, dass sie sich gut auf ihre Arbeit konzentrieren können. Über 93 % geben an, dass sich Privatleben und Beruf gut vereinbaren lassen. Die aktuelle Produktivität im Vergleich zur 5-Tage-Woche wird von 58 % ‚unverändert' und je 21 % ‚etwas höher' und ‚etwas niedriger' eingeschätzt."[566] Damit sie weiterhin weiß, wie die Stimmung ist, wird die Umfrage alle drei Monate als *Pulse Check* wiederholt. „Wir haben die Umstellung im Vorfeld intensiv in den Teams begleitet, und auch künftig wird es Anpassungen geben, um auf die individuellen Bedürfnisse hinsichtlich der 4-Tage-Woche eingehen zu können", sagt sie.

> Nur wer die Wünsche der Beschäftigten kennt, kann sie auch bedienen.

Der Aufwand lohnt sich. Katharina Zander ist mit den Zahlen zufrieden: „Die Weiterempfehlung von uns als Arbeitgeber liegt im Schnitt bei 9,27/10, die allgemeine Zufriedenheit bei 9,08/10, und der Bewerbungseingang hat sich über mehrere Monate auf das 2,5-fache erhöht." F&P-Geschäftsführer Dr. Ingmar Ackermann stiftet an: „Ich möchte jedem Unternehmer und jeder Unternehmerin Mut machen, sich für neue Modelle zu öffnen. Der Wunsch nach flexiblen Arbeitszeitmodellen nimmt zu und zur Aufrechterhaltung der eigenen Wettbewerbsfähigkeit gilt es, attraktive Angebote für die Mitarbeitenden zu entwickeln. Ich empfehle, den Weg hin zur 4-Tage-Woche oder anderen flexiblen Arbeitszeitmodellen gemeinsam mit den Mitarbeitenden zu erarbeiten. Das steigert das Commitment."[567] Genau das ist der Kern der Sache: Eine gute Unternehmenskultur, die die Wünsche der Angestellten hört und berücksichtigt, erzeugt Commitment, und das macht Arbeitnehmer und Arbeitgeber glücklich.

## FACHKRÄFTEREICHTUM IST MÖGLICH

Robin war früher Hotelkellner. „Ich habe 50 Stunden in der Woche gearbeitet und bin täglich bis zu 20 Kilometer gelaufen", sagt er.[568] Ganz viel Hackeln und Hatschen für ganz wenig Geld – so nennt man das in Österreich – ist für viele Fachkräfte in der Hotellerie bitterer Alltag. Robin zog die Konsequenz und verließ den Betrieb und sogar die Branche. Inzwischen arbeitet er in einem Job mit guten Arbeitszeiten und viel mehr geregelter Freizeit.

Je mehr Beschäftigte einem Betrieb den Rücken kehren, desto mehr Arbeit müssen die anderen stemmen. Manuel Uguet, der Geschäftsführer des Salzburger Parkhotels Brunauer hatte die Wahl: entweder der Belegschaft mehr Arbeit aufdrücken – oder bessere Arbeitsbedingungen anbieten. Er entschied sich für die zweite Variante. Wie ungewöhnlich das ist, zeigt der erste Schock der Beschäftigten. „Die konnten gar nicht glauben, dass da kein Haken dran ist", erzählt Uguet. Seit Mai 2022 arbeiten die 43 Angestellten des Parkhotels 36 Stunden pro Woche an 4 Tagen bei vollem Lohnausgleich.[569] Auch Uguet musste sich die Augen reiben, als plötzlich mehr Bewerbungen eintrudelten. „Sogar *viel* mehr Bewerbungen", sagt er. „Wir haben das erst nicht geglaubt." Er ist überzeugt: Wer Fachkräfte bekommen möchte, muss ihnen etwas bieten, und die 4-Tage-Woche ist ein Baustein. „Inzwischen können wir uns die Kandidatinnen und Kandidaten wieder aussuchen."[570] Er hat kein Verständnis für Hoteliers, die lautstark in den Medien jammern, dass niemand bei ihnen arbeiten möchte. „Das könnte ich auch machen, aber das hilft ja nichts."

Die österreichische Baufirma Leithäusl ist mit Einführung der 4-Tage-Woche Vorreiter in der Baubranche. Die Erfolge in der Personalgewinnung können sich sehen lassen. Direkt nach dem Start im März 2022 wurde eine Steigerung der Bewerbungseingänge gemessen. Die Bewerbungszahlen stiegen um bis zu 529 %, die Einstellungen um bis zu 500 %.[571]

| Bewerbungen | März | April | Mai | Juni |
|---|---|---|---|---|
| 2021 | 60 | 43 | 55 | 14 |
| 2022 | 72 | 52 | 116 | 74 |
| **Steigerung** | **120 %** | **121 %** | **211 %** | **529 %** |

| Einstellungen | März | April | Mai | Juni |
|---|---|---|---|---|
| 2021 | 6 | 4 | 1 | 1 |
| 2022 | 8 | 3 | 5 | 4 |
| **Steigerung** | **133 %** | **75 %** | **500 %** | **400 %** |

Auch bei der gevekom GmbH in Dresden kommt Bewegung ins Recruiting: „Es sind viele auf uns aufmerksam geworden, die uns nicht auf dem Schirm hatten. Der Zulauf an Bewerbungen aufgrund dieser Aktion stieg deutlich an.", schreibt Frank Wegner, Head of People & Happiness. „Die 4-Tage-Woche ging im September 2022 bei uns ins Rennen, wir haben dafür viel Werbung in den Social-Media-Kanälen gemacht und erhielten sehr guten Zuspruch. Zuvor hatten wir eine interne Umfrage durchgeführt, um herauszufinden, wie Mitarbeitende das Angebot finden und ob sie selbst eine 4-Tage-Woche in Anspruch nehmen würden. Es gab positive Rückmeldungen. Auch wer sie nicht nutzen will, findet es gut, dass es die Möglichkeit bei uns im Unternehmen gibt. Aktuell nutzen ca. 30 Prozent unserer Belegschaft das Angebot. In der Umsetzung mussten wir keine nennenswerten Hürden überwinden. Wichtig war für uns, dieses neue Modell in der Belegschaft bekannt zu machen. Wer die Möglichkeit hat, sollte es wirklich einmal probieren."[572]

Das Waldhotel Tannenhäuschen in Wesel zwischen Essen und der niederländischen Grenze gewinnt „konstant Bewerbungen, was sicherlich ein Effekt der 4-Tage-Woche ist.", schreibt der Hoteldirektor Dirk Salzsieder.[573] „Seit Mai 2022 stellen wir abteilungsweise um. Der Service ist Anfang 2023 dran. Die Kolleginnen und Kollegen freuen sich über den weiteren freien Tag und planen ihre Freizeit neu. Die Arbeitszeit wurde auf 36 Stunden reduziert bei vollem Gehalt! Wir haben viele lange interne Teamgespräche geführt, um Prozesse zu ändern und alte Zöpfe abzuschaffen."

Der Arbeitsmarktexperte Philipp Frey sagt zur 4-Tage-Woche: „Für die Unternehmen ist es die Lösung des Fachkräftemangels."[574]

Ein Tipp zum Fachkräftereichtum, der mit und ohne 4-Tage-Woche funktioniert:

> Wisst ihr, wer sich nicht bei euch bewirbt? Die Mehrheit! Die Mehrheit potenziell passender Kandidaten hat sich nie bei euch beworben.
>
> Was hat jeder Handwerksbetrieb, jedes Hotel und jeder Einzelhändler mehr als Fachkräfte: Kundinnen und Kunden.

Tischlermeister Julius Kapune wollte mit seinem Betrieb wachsen. Weil er keine Bewerbungen bekam, fragte er seine Kunden: „Kennen Sie Tischlerinnen, Tischler, Auszubildende, Praktikantinnen und Praktikanten? Dann empfehlen Sie uns bitte!" Er ist von neun auf achtzehn Angestellte gewachsen. Warum hat es funktioniert? Erfolgreiche Betriebe haben zufriedene Kunden, die gerne eine Empfehlung geben. „50 Prozent unserer Mitarbeiter sind über persönliche Empfehlungen zu uns gekommen", sagt Kapune.[575]

Angenommen, jeder Mensch kennt zehn Freunde, Nachbarn und Verwandte, ehemalige Kolleginnen und Kollegen sehr gut auch mit ihren Qualifikationen. Mal grob gerechnet: Hat eine lokale Handwerksbäckerei 500 Kundinnen und Kunden, kennen sie zusammen 5.000 Menschen sehr gut, unter denen sich mit einiger Wahrscheinlichkeit potenzielle Fachkräfte befinden. Menschen zu fragen, stärkt zudem die Kundenbeziehung. Wie wäre es mit einer Aktion und großem Plakat? „Wer uns eine Fachkraft empfiehlt, bekommt ein Jahr lang Brot und Brötchen umsonst." Der Nebeneffekt einer solchen Aktion: Dieses Angebot wäre sofort Gesprächsstoff in der Stadt. Hängt ein entsprechendes Plakat im Schaufenster, dann können sich auch Passanten beteiligen.

> Ein Friseurladen könnte Empfehlenden ein Jahr lang die Haare umsonst schneiden.

Eine Kfz-Werkstatt bietet drei Inspektionen an.

Ein Autohaus verschenkt drei Wochen Probefahrt mit dem neuesten Elektroauto.

Ein Malereibetrieb streicht das Wohnzimmer für eine erfolgreiche Empfehlung.

Hotels bieten kostenfreie Kurzurlaube.

Restaurants verschenken die nächste Geburtstagsfeier.

Auch Städte und Gemeinden können ihre Kunden – also alle Bürgerinnen und Bürger fragen. Viele Verwaltungen suchen zum Beispiel Teamverstärkung für Kitas und Krankenhäuser, Klärwerke, Rechenzentren, Stromversorgung, Straßen- und Radwegebau. Auf Großplakaten am Rathaus und in Social Media wird dazu aufgerufen, bei der Personalsuche zu helfen. Eine Verbandsgemeinde mit 15.000 Haushalten käme auf 150.000 sehr gute Kontakte. Aachen, Chemnitz und Braunschweig könnten sogar jeweils 2,5 Millionen sehr gute Kontakte über Bürgerinnen und Bürger erreichen.

### Warum gibt es in jeder Branche und Region Unternehmen mit Fachkräftereichtum?

Weil sie sich reinhängen, neue Wege gehen und die Unternehmenskultur attraktiv gestalten. Sie handeln in der Personalgewinnung unternehmerisch. Natürlich werden es Unternehmen nur tun, wenn der Ertrag stimmt. Gehen Umsätze und Gewinne zurück? Bleiben sie gleich? Oder steigen sie mit der 4-Tage-Woche?

# 12. ERTRAG – KRISENSICHER AUFGESTELLT

Jede Firma braucht einen positiven Ertrag, um erfolgreich wirtschaften zu können. Auch Vereine, Stiftungen und gGmbHs brauchen Umsätze, um zu existieren. Sinken die Umsätze mit einem Tag weniger Arbeit? Sinken die Gewinne? Schwächt eine 4-Tage-Woche die Firma? Wenn die Arbeitszeit sogar bei gleichem Gehalt reduziert wird, steht eine Firma doch auf wackeligen Füßen, oder? Spätestens in einer Rezession kann sich kein Betrieb mehr diesen Luxus leisten, sagen Skeptiker.

Rocco Funke spricht in seinem Handwerksbetrieb von einer 25-prozentigen Gehaltserhöhung für das ganze Team, da er im Rahmen der 4-Tage-Woche die Arbeitszeit auf 32 Stunden reduziert hat bei gleichen Löhnen. Wenn bei kräftig gestiegenen Lohnkosten derselbe Ertrag wie zuvor erwirtschaftet werden soll, müssten die Leistung pro Zeit oder die Preise entsprechend steigen. Geht das? Sind Betriebe mit der 4-Tage-Woche möglicherweise viel besser für kommende Krisen aufgestellt als klassische 5-Tage-Betriebe? Dieses Kapitel gibt dir eine Antwort auf diese Fragen.

## POSITIVE BILANZ MIT WENIGER ARBEITSZEIT

Matthias Staders Meisterbetrieb die schreinerei hat die 4-Tage-Woche 2022 eingeführt. Für ihn als Geschäftsführer hat sich die Umstellung gelohnt, berichtet er im ZDF. Die Umsätze sind gestiegen. Betrachtet man den Stundensatz pro Mitarbeiter, so wird wesentlich effektiver als vorher gearbeitet, und die Zahl der Überstunden ist zurückgegangen. „Ich gebe dann auch gerne in den 4 Tagen ein bisschen mehr Gas, weil ich weiß, ich habe den 5. Tag frei", so Mitarbeiter Ingo Renz.[576]

Seit Februar 2020 arbeiten die Angestellten von Artwork Hairdresser in Augsburg in einer 4-Tage-Woche 36 Stunden von Dienstag bis Freitag, der Stundenlohn wurde auf 15 Euro erhöht. Die entstehende Lücke wurde durch leicht erhöhte Preise geschlossen. Die Kunden akzeptieren sie, weil sie wissen, dass das Geld bei den Löhnen im Team ankommt. Die meisten finden die Veränderung sogar gut. Das sei die positivste Überraschung für sie gewesen, schreibt die Inhaberin Mona Zimmermann.[577] „Ich finde eine offene Kommunikation mit den Kunden wichtig, dass sie sich nicht benachteiligt fühlen und auch eine gute Absprache mit dem Team", sagt sie. Beides hat in ihrem Fall gut funktioniert. Team zufrieden, Kunden zufrieden. Das Plus an Freizeit verbringen die Angestellten auch gerne in gemeinsamen Unternehmungen.

Von Augsburg nach Wien. Das Rothen Haarstudio mit Café-Bar steht „für ein gepflegtes Äußeres und eine unkomplizierte Gemütlichkeit".[578] Die 15 Angestellten arbeiten 36 Stunden in der Woche und bekommen dafür das gleiche Gehalt wie zuvor für 40 Stunden. Die Öffnungszeiten sind gleichgeblieben. „Im Vergleich zu den letzten 25 Jahren hat sich die Arbeitseinstellung sehr positiv verändert. Das schlägt sich auch im Umsatz nieder, der im letzten Jahr gestiegen ist. An den 4 Tagen haben die Mitarbeiter mehr Energie", erzählt Rothen. Sie sind gelassener, freundlicher zu den Gästen und eher bereit, zusätzliche Dienstleistungen zu erbringen, einen speziellen Wunsch vom Kunden zu erfüllen oder Aufgaben gleichzeitig zu machen.[579]

Aus dem Friseursalon Anita in Rinn bei Innsbruck berichtet Marco Steiner: „Wir haben bemerkt, dass bei unseren Kunden der Freizeitfaktor auch am Samstag eine immer größere Rolle spielt mit Wandern, Schifahren, Radfahren. Die Mittags- und Abendtermine unter der Woche werden sehr gut angenommen und gleichen den fehlenden Samstag sehr gut aus."[580]

Im Malerhandwerk in Lübeck geht der Ertrag nach oben: „Positiv ist die Entwicklung der Bilanzen. Also alles richtig gemacht", schreibt Thomas Lehmkuhl, Malermeister aus Lübeck: „Die 4-Tage-Woche ist unbedingt empfehlenswert. Mein Team ist von der Arbeitsleistung pro Stunde noch etwas stärker geworden!" Und er fügt hinzu: „Die freie Zeit ist das wertvollste Gut, was wir Menschen haben. Egal in welcher Altersklasse. Das Leben ist kurz genug. Arbeiten im Konzentrat und volle Freizeit. Nur glückliche Mitarbeiter schaffen eine gut funktionierende Firma."[581]

Auch der österreichische Naturkosmetikhersteller Brüder Unterweger GmbH in Thal bei Assling, Osttirol macht positive Erfahrungen. Die Produktivität und damit der Firmenumsatz blieben nicht nur konstant, sie stiegen sogar an. Die Wochenarbeitszeit wurde von 38 auf 36 Wochenstunden reduziert, seit Ende 2017 wird in einer 4-Tage-Woche gearbeitet. Lohnkürzungen gab es nicht. Die Mitarbeiter kommen am Montag motivierter zur Arbeit.[582]

Seit Sommer 2022 ist die Hofbäckerei Hömberg in Menden nur noch an 4 Tagen geöffnet: „Im Vergleich zu vorher hat sich der Umsatz wie erhofft einfach auf die anderen Tage verteilt. Ist also gleichgeblieben. Wir verkaufen keine Brötchen oder Snacks. Kunden bevorraten sich ein- bis zweimal pro Woche mit Brot und Kuchen. Unsere Produkte sind haltbar. Ich selbst habe mit allen Mitarbeitern gesprochen und zugesichert, dass es keine finanziellen Nachteile für sie geben wird. In der Umsetzung gab es keine Hürden. Als Tipp kann ich sagen, dass eine 4-Tage-Woche nur Sinn macht, wenn man dadurch keine Umsatzeinbußen hat. Es muss zu den Produktionsabläufen passen, und die Mitarbeiter sollten von Anfang an einbezogen werden", schreibt Inhaber Christian Hömberg.[583]

Auch bei Rocco Funkes Leckortungs- und Trocknungsfirma ist der Erfolg messbar. Die 25-prozentige Gehaltserhöhung für das ganze Team lohnt sich für das Unternehmen. „In den letzten Monaten liegen die Umsätze rund 30 Prozent über den Vorjahreswerten. Außerdem haben wir im ersten Halbjahr schon 60 Prozent des Umsatzes aus dem gesamten Jahr 2021 gemacht", sagt Funke. Heute erhält er auf eine Stellenanzeige, die er in den sozialen Medien mit der 4-Tage-Woche bewirbt, 60 Bewerbungen.[584] Was hat das mit dem Ertrag zu tun? Ganz einfach! Früher kamen auf eine Ausschreibung drei, vielleicht vier Bewerber. Und nicht immer war der Richtige dabei.

---

Die 4-Tage-Woche senkt die Recruitingkosten und verhindert teure Fluktuation. Das erhöht den Ertrag.

---

Virpy Richter empfiehlt die 4-Tage-Woche, um die Produktivität, die Zufriedenheit und das allgemeine Wohlbefinden der Angestellten zu steigern. Sie ist Chief Financial Officer beim Affiliate-Netzwerk Awin Global mit 17 Standorten und 1.200 Beschäftigten weltweit. Sie hält die 4-Tage-Woche für einen der vielversprechendsten Ansätze für Unternehmen.[585] Das sagt die kaufmännische Leiterin!

## MEHR WIR-GEFÜHL, MEHR UMSATZ

Dachdecker- und Zimmerermeister Sascha Rathje fährt mit der 4-Tage-Woche mehr Umsatz und Gewinn ein. Wie macht er das? Ausgangslage war ein Betrieb, in dem die Stimmung mies war. „Wir standen alle unter Druck", sagt Rathje.[586] „Es wurde oft samstags gearbeitet, was nicht für jeden Mitarbeiter in Ordnung war. Das ständige Kämpfen um Überstunden und die Wochenendarbeit hat die Stimmung im Team enorm belastet. Die Mitarbeiter waren unzufrieden, weil ein Arbeitszwang entstand, und die Motivation war damit im Keller." So geht es vielen Unternehmen. Alle arbeiten auf Hochtouren, es gibt viel Reibung, und niemand weiß, wann der Motor endgültig heiß läuft.

Rathje weiß: Er muss das Ruder herumreißen. Er stellte seinem 14-köpfigen Team seine Idee einer 4-Tage-Woche vor. Die Mitarbeiter besprachen den Vorschlag untereinander und trafen die Entscheidung, mitzuziehen. „Dann sind wir damit auch gleich gestartet", sagt Rathje.

> „Es war gut, die Verantwortung den Mitarbeitern zu übergeben. Nur wenn sie wollen, kann es gelingen."

Die 3 freien Tage pro Woche sorgen für ein ganz neues Arbeitsklima. Der Chef freut sich über die Motivation und hohe Arbeitsmoral seiner Angestellten. Unterm Strich steht sogar ein erhöhter Ertrag. „Das zeigt sich im Arbeitseinsatz und an deutlich mehr Produktivität", erklärt Rathje und hat auch gleich eine von mehreren möglichen Erklärungen bereit: „Arbeiten werden nicht bis zum Freitag gestreckt, um eventuell bis Mittag noch zu arbeiten oder ähnliches. Ich bin mir sicher, dass viele Unternehmer dies auch kennen."

Seit über drei Jahren haben die Dachdecker und Zimmerer bei Rathje 3 Tage in der Woche frei. Hat er gewusst, wie gut die 4-Tage-Woche in seinem Betrieb funktionieren würde? Natürlich nicht, eine 100-prozentige Sicherheit gibt es nicht. Aber er hat seine Möglichkeiten mit den Risiken abgeglichen. „Ich habe mir ausgerechnet, auf wieviel Geld mein Unternehmen verzichten kann", erzählt er. „Für mehr Freizeit und Motivation hätte ich sogar auf Umsatz verzichtet." Aber das musste er nicht.

> Sein Unternehmen macht heute mehr Umsatz und erzielt mehr Gewinn.
>
> Aus einem großen Wir-Gefühl im Team entsteht hohe Leistungsbereitschaft ohne Druck und Ansage.
>
> Die hohe Motivation erzeugt viel mehr Leistung, als durch die zwei Stunden, die weniger gearbeitet werden, verlorengeht.
>
> Die Kunden sind beeindruckt, wie modern und fortschrittlich sich der Dachdeckerbetrieb präsentiert. Von ihrer Seite gab es in den vergangenen drei Jahren keinen einzigen negativen Kommentar.

Mit Einführung der 4-Tage-Woche hat Sascha Rathje die Abwärtsbewegung in seinem Unternehmen gestoppt und ihm eine Zukunft geschenkt.[587]

„Donnerstags ist das ganze Team produktiver", berichtet Michael Heins von dem Wir-Gefühl in seiner H1 Engeneering GmbH in Harsefeld bei Hamburg:

„Ich hatte mit meinem kleinen Unternehmen fast keine andere Chance, als mit Freizeitwerten gegen die teils absurden Stundenlöhne der Industrie anzugehen. An 4 Tagen pro Woche sind meine Mitarbeiter jetzt aber auch viel motivierter, weil sie wissen, dass der Freitag frei ist. Dass donnerstags nichts gemacht wird, kann ich nicht bestätigen. Ich würde sogar sagen, der Tag ist produktiver geworden. Und Kunden, die auf dem Freitag bestehen, können gerne auch woanders hin gehen – am Ende liefere ich mit entspannten und motivierten Mitarbeitern von Montag bis Donnerstag besser ab als unentspannt von Montag bis Freitag."[588]

## GEWINNE – „DAS GEHT SICH AUS!"

Thomas Meyer ist einer der 4-Tage-Woche-Vorreiter. Den Erfolg beweist er seit mehreren Jahren. „Gewinne machen. Das geht sich bei 32 Stunden auch mit einem Vollzeitgehalt aus", sagt er in typisch österreichischer Wortwahl.

> „Viel arbeiten ist nicht geil.
> Wir sind nicht auf dieser Welt, um nur zu arbeiten."[589]

Trotzdem will auch der Gründer und Geschäftsführer mit seiner Wiener Marketing-Agentur „Büro für Interaktion" mit Arbeit Geld verdienen. Ihm ist ganz klar, dass er oberflächlich gesehen mit 32 Wochenstunden im Nachteil zur Konkurrenz ist: „Wir sind natürlich in einem gewissen Wettbewerbsdruck und müssen uns gegen andere Agenturen behaupten, die mindestens 40 Stunden arbeiten; wenn nicht sogar 45 bis 50 Stunden."[590] 8 Stunden weniger pro Mitarbeitenden und Woche entsprechen in seiner Firma mit 12 Kolleginnen und Kollegen 96 Stunden in der Woche und an die 400 Stunden im Monat – und das bei gleichem Gehalt. „Das ist auf den ersten Blick ein Batzen Geld, den wir da auf der Straße liegenlassen", sagt Meyer. „Aber es gibt wiederum Effekte, die sich positiv auf die Rechnung auswirken und unser Unternehmen rentabel machen: Kürzere Arbeitszeit heißt mehr

Qualität der Arbeit. Die Leute sind fitter und glücklicher. Das lässt sich sogar am Krankenstand messen, den wir de facto kaum haben. Und auch die Effizienz ist im Vergleich mit anderen Unternehmen höher. Wer in dem Modell der 32-Stunden-Woche arbeitet, will, dass es erhalten bleibt und tut daher auch alles dafür. Von meinen Mitarbeitenden will keiner mehr zurück zur 40-Stunden-Woche."

„Mehr Motivation gleich höhere Effizienz und Qualität", sagt Meyer. „Ich merke es: Die Leute gehen ganz anders an die Arbeit ran. Sie wissen zu schätzen, wie cool das ist, bei vollem Gehalt trotzdem weniger arbeiten zu können." [591] Sein Eindruck deckt sich mit den Bewertungen auf der Arbeitgeber-Bewertungsplattform Kununu. Beschäftigte und Ex-Angestellte bewerten dort Firmen. Fünf Sterne sind die höchstmögliche Bewertung, und Meyers „Büro für Interaktion" bekommt die sehr seltene Bestnote 5,0. Der Branchendurchschnitt auf Kununu liegt bei 3,7. Eine der Bewertungen hebt die kurzen Arbeitszeiten hervor: „32-h-Woche ist dort die Norm, interessantes Arbeitsumfeld, selbstständiges Arbeiten, abwechslungsreiche Aufgaben, offene Kommunikation, wertschätzender Umgang." [592] Wer sich für einen Beruf in der Branche interessiert, sieht auf Kununu den Unterschied zu vielen anderen Marketing-Agenturen.

Die Qualität seiner Agentur hängt an der Qualität der Kompetenzen und Leistungsfähigkeit im Team, und die gewinnt er mit besseren Arbeitsbedingungen. „In meinen Augen war die Entscheidung nicht mutig oder gar riskant, sondern ein logischer Schritt. Unsere Branche ist stark von Fachkräften abhängig – es gibt einen Kampf um die besten Talente. Ich habe ein Alleinstellungsmerkmal für mein Unternehmen gebraucht, was potenzielle Bewerberinnen und Bewerber von der Agentur als Arbeitgeber überzeugt."

Und was passiert, wenn die 4-Tage-Woche in den DACH-Ländern normal geworden ist? Dann war's das mit dem Wettbewerbsvorteil, oder? Meyer sieht die Sache in größerem Maßstab: „Durch eine flächendeckende 32-Stunden-Woche würden Österreich oder Deutschland als Wirtschaftsstandort für viele Fachkräfte aus dem Ausland extrem attraktiv werden. Wir hätten in meinen Augen innerhalb kürzester Zeit keinen Fachkräftemangel mehr. Flexiblere Arbeitsmodelle sind für mich in der heutigen Zeit ein klarer Standortvorteil, der viele gut ausgebildete Leute anlocken würde."[593] Thomas Meyer spielt das Spiel nach seinen Regeln und steigert so die Qualität der Arbeit.

## GEWINNE IN WENIGER ARBEITSZEIT

Auch bei Aflexio „geht es sich aus", in weniger Arbeitszeit Gewinne zu machen. Die Inhaberin Jana Koske kennst du aus Kapitel 1, ihre Firma berät Unternehmen bei der Planung und Einführung von Technologien für Lieferketten. Die 3-Tage-Freizeit bringt auch ihr als Chefin mehr Erholung und ermöglichen es ihr, gesund zu bleiben und in zehn und in zwanzig Jahren noch so kraftvoll arbeiten zu können wie heute. Doch bei einer von 40 auf 36 Stunden reduzierten Arbeitszeit und dem Ausfall von Freitags-Meetings mit Kunden würde die alte Art der Rechnungsstellung nach Stundenzahl definitiv zu einem Misserfolg führen, denn jede Stunde weniger Arbeit ist auch eine Stunde, die nicht in Rechnung gestellt werden kann. Der Umsatz würde zwangsläufig geringer ausfallen, denn eine Stunde bleibt eine Stunde; der Effekt, dass Mitarbeiter motivierter und leistungsfähiger werden, würde – was den Ertrag angeht – verpuffen.

Um in einer 4-Tage-Woche weiterhin wirtschaftlich erfolgreich zu sein, musste das Geschäftsmodell grundlegend verändert werden. Also stellte Jana Koske ihre Lieblingsfrage: „Tun wir etwas aus Gewohnheit oder weil es sinnvoll ist?" Sie erzählt, wie spannend der agenturinterne Prozess war, die laufenden Prozesse zu reflektieren und neu zu gestalten. Jana Koske, ihr Mitgründer Martin Pesch und das Team überlegten neu, welche Leistung sie auf welche Weise in Rechnung stellen.[594] Die 4-Tage-Woche stieß den Prozess an, neu zu definieren, was ihre Expertise wert ist. Hier einige der Ergebnisse:

Zwar wird nach wie vor nach Stunden abgerechnet, aber durch mehr Achtsamkeit wird stärker darauf geachtet, dass keine Zeiten in der Buchung verloren gehen.

Intern hat Aflexio die „Blockbildung" eingeführt. Dabei wird darauf geachtet, Themen/Projekte zu bündeln, um nicht ständig zwischen diesen zu wechseln und dadurch „Reindenkzeit" zu verhindern.

Ergebnisse werden besser dokumentiert und so deren Wiederverwendbarkeit sichergestellt.

Supportverträge wurden an den Leistungszeitraum von Montag bis Donnerstag angepasst. Natürlich gibt es Ausnahmen. Wenn der Kunde zum Beispiel am Wochenende ein wichtiges Software-Update braucht, wird auch am Wochenende gearbeitet.

Die finale Entscheidung, freitags nicht zu arbeiten und die neuen Spielregeln einzuführen, traf das Team in einem internen Workshop im Herbst 2021.[595] War die Veränderung bei Aflexio damit abgeschlossen? Die Entwicklung geht natürlich immer weiter. Abgleich von Soll und Ist, Überprüfen der Standards und vieles mehr – es bleibt viel zu tun. Jana Koske sagt sogar: „Was die Prozesse angeht, sind wir noch in einer Lernphase: Wie kann Arbeit aussehen, die wirtschaftlich erfolgreich ist und uns als Menschen gerecht wird?"[596]

Einen bestimmten Aufwand, den Aflexio vor der Einführung der 4-Tage-Woche betrieb, hätte sich das Unternehmen im Nachhinein gesehen sparen können: Das Team hatte Antworten auf alle möglichen kritischen Fragen der Kunden vorbereitet. Doch die erwartete Skepsis fiel aus. Genau das Gegenteil traf ein: Aflexio wird von Kunden für die Innovation gefeiert, und sie stehen wieder als Vorreiter da.[597] Ist es nicht sogar die beste Werbung für eine Firma, die Prozessberatung verkauft, wenn das Team auch die eigenen Prozesse erfolgreich verändern kann? „Uns wurde zugerufen: Das ist cool und unterstreicht euren innovativen Charakter. Ich war wirklich erstaunt angesichts dieses überwältigenden Zuspruchs unserer Kunden", sagt Jana Koske.

Und nun zum Ergebnis: Jana Koske und ihr Team erzielten 2022 den höchsten Umsatz in ihrer Firmengeschichte. Weil das Team stark gewachsen ist, fiel die Rendite etwas geringer aus als im Vorjahr. Doch die Transformation war erfolgreich: die Prozesse laufen, die Neuen im Team sind eingearbeitet, die Zukunftsaussichten sind hell. 2023 wird ein sehr gutes Jahr, ist sich Jana Koske sicher. Die 4-Tage-Woche hat sich also nicht als Wettbewerbsnachteil herausgestellt, sondern als Wettbewerbsvorteil. Im Wettbewerb mit anderen Arbeitgebern kann Aflexio punkten.

Besonders stolz ist Koske auf die 8 neuen Kolleginnen und Kollegen, die sie finden, begeistern, gewinnen und einstellen konnte; auch ein Azubi hat mit 36 Stunden angefangen. Sie sagt, dass keiner von ihnen ausschließlich wegen der 4-Tage-Woche gekommen ist. Dennoch wurde in den Bewerbungsgesprächen klar, wie wichtig allen ein gesunder Work-Life-Flow ist.

Allen Arbeitgebern gibt Jana Koske ein weiteres Thema mit auf den Weg: Dass Arbeitsplätze ergonomisch solide ausgestattet sind und die Mitarbeiter an jedem Arbeitsplatz Zugriff zu Software, Laptops, Smartphones und Cloud-Services haben, sind alles Selbstverständlichkeiten. Wirklich interessant ist aus ihrer Sicht die Büro- und Raumgestaltung insgesamt. Denn wenn Menschen nur für sich an bestimmten Aufgaben arbeiten wollen, können sie das im Homeoffice tun. Kommen sie ins Büro, dann weil sie sich miteinander austauschen wollen. Deshalb braucht es mehr Räume, die Treffen und Arbeiten in verschiedenen Konstellationen ermöglichen.[600] Für Jana Koske bleibt das Büro „die Heimat und Teil der Unternehmensidentität. Unsere Beraterinnen und Berater sind über ganz Deutschland verteilt und dennoch glaube ich nicht an ein hundertprozentiges Remote-Angebot. Ins Office zum Team zu reisen, fühlt sich für jeden von uns immer wieder wunderbar an."[601]

## SECHSSTELLIGE KOSTENERSPARNIS

Alle Handwerksbetriebe, die freitags nicht mehr auf Baustellen fahren, sparen Treibstoff-, Material- und Autoservicekosten. Die österreichische Baufirma Leithäusl mit 450 Mitarbeitenden hat die Einsparungen konkret ausgerechnet. Eingespart wurden 2022 durch die 4-Tage-Woche im Vergleich zu 2021 – TROMMELWIRBEL:

202.519 Kilometer Fahrwege
50.160,33 Euro Treibstoffkosten
109.360,26 Euro Abnutzung, Reifen, Servicekosten

Allein der Fuhrpark spart also insgesamt 159.520,59 Euro ein![602]

Auch die Wenzel Group GmbH & Co. KG berichtet, dass sie mittel- und langfristig Energie und damit Kosten spart, weil sowohl die Klimatisierung der Räume als auch die Produktionsmaschinen drei Tage lang runtergefahren werden.[603]

Von weniger Energiekosten erzählt auch Alfred Keller, Klempnermeister aus Überlingen am Bodensee. „Produktivität gesteigert, Kosten gespart."[604]

Marcel Neubauer ist Geschäftsführender Gesellschafter des Bremer Metallbau-Unternehmens Boetker Metall + Glas GmbH & Co. KG. Im November 2022 startete er die 4-Tage-Woche in einer Probephase und seit Februar 2023 ist sie dauerhaft eingeführt. Hier seine Kostensenkungen:

Strom- und Gaskosten werden reduziert, da im Winter nur noch 4 Tage geheizt und im Sommer nur noch 4 Tage gekühlt werden muss.

Für die Monteure auf den Baustellen fallen keine Übernachtungen von Donnerstag auf Freitag an.

Minderung der Krankheitsmeldungen der Angestellten; Arzttermine werden auf den freien Freitag verlegt.

Diverse Radioauftritte, Zeitungsartikel und Social-Media-Beiträge haben die Firma mit der 4-Tage-Woche präsentiert. Die Folge: mehr Bekanntheit in der Branche und bei potenziellen Bewerberinnen und Bewerbern, weniger Werbekosten.

Von Montag bis Donnerstag gibt es mehr Power und weniger Stress bei den Angestellten, es wird mehr geschafft. Es gibt kein schlechtes Feedback von Lieferanten und Kunden. Also alles in allem sehr positiv. Marcel Neubauers Tipp an alle Betriebe:

> „Prüfen, ob es in der Branche möglich ist."[605]

Umsatz erhöhen durch Einsparungen. Hier einige Potenziale:

Energiekosten Gebäude
Energiekosten Fahrzeuge
Materialkosten Fahrzeuge
Servicekosten Fahrzeuge
Personalkosten wegen geringerer Fluktuation
Personalkosten wegen weniger Kosten im Recruiting
Personalkosten durch geringeren Krankenstand
Arbeitskosten durch weniger Übernachtungen pro Mitarbeiter auf Montage

Der nächste Schritt heißt: Machen. Im nächsten Kapitel geht es um 15 Minuten Vorbereitung, mögliche Hürden, Entscheidungen im Team und Kommunikation mit Kunden.

# 13. TATKRAFT – EINFACH MACHEN!

Traust du dir und deinem Team die Umsetzung der 4-Tage-Woche zu? Oder siehst du große Hürden und wagst dich nicht so recht an die Sache heran? In diesem Fall hilft dir ein Blick auf die Menschen, die in der Umsetzung erprobt sind und bereits von mehr Produktivität, Bewerbungen, Umsatz, Freizeit, Gesundheit und Lebensqualität profitieren. Haben sie lange gezögert und sich in Planungen verloren? Oder haben sie es einfach mal ausprobiert? Hier kommen Beispiele von Unternehmen, die nicht lange gefackelt haben.

## IN 15 MINUTEN VORBEREITET

In Berlin fackelt die Seiffert Lüftungstechnik GmbH nicht länger und hat sich entschieden, ab Juli 2023 die 3-Tage-Freizeit anzubieten. „Für unsere Mitarbeiter bedeutet das 52 freie Freitage, mehr Freizeit, mehr Erholung, mehr Zeit für die Familie."[606]

„Wie lange habt ihr die Einführung vorbereitet?" – „15 Minuten", antwortet Martin Ritler, Inhaber der Ofenbaufirma Glutform Rüegg in Dietlikon bei Zürich in der Schweiz. Die Arbeitszeit der 50 Angestellten wurde von 41 auf 36 Stunden reduziert bei vollem Gehalt. Vorteile für die Firma: Weniger Ausfälle und Krankheitstage. Motiviertere Mitarbeiter. Herausfordernd ist es besonders in Wochen, in denen sehr viel los ist. Die Reduzierung um insgesamt 250 Wochenstunden im Team erschwert die Erledigungen aller Aufträge. Ein paar schlecht organisierte Mitarbeiter haben Mühe mit dem System. Doch die Vorteile überwiegen, die Firma hat viele neue, gute Fachkräfte gefunden. Dazu beigetragen hat die Präsenz in diversen Medien: Jobcloud hat ein langes Interview geführt.[607] Der Tagesanzeiger hat mehrfach berichtet und Martin Ritler war im Tessiner und im Westschweizer Fernsehen in der Tagesschau. Ziel erreicht.

> „Die Einführung haben wir nicht lange vorbereitet.
> Da waren wir relativ flott."[608]

Das schreibt Marcel Niebeling von Ihr Maler Ulm und ergänzt: „Wir haben das mit einigen Mitarbeitern besprochen, und der Chef hat das initiiert von einem Monat auf den anderen." Ihr Maler Ulm ist ein familiengeführter Malermeisterbetrieb in Ulm und Umgebung: „Wir wurden sehr positiv überrascht. Die Mitarbeiter sind motiviert mit großer Bereitschaft, sich in den 4 Tagen voll einzubringen. Sie fiebern auf den Donnerstagabend hin und kommen ausgeruhter aus dem langen Wochenende", berichtet Marcel Niebeling, Kundenbetreuung & Marketing.[609]

„Mein Tipp – ich habe nur einen: Einfach machen. Es steigert extrem die Lebensqualität, die Mitarbeiter können all ihre Termine am Freitag erledigen und unterm Strich ist man deutlich effektiver", schreibt Silvio Stolpe, Baubiologe in Elsenfeld zwischen Frankfurt/Main und Würzburg. Die Mitarbeiter sind wesentlich entspannter und die Produktivität ist gestiegen.[610]

René Schmids Start verlief so: „Meine Frau hat gesagt, andere Länder machen das auch. Mach es." Dies war sein Fahrplan:

> Prüfen, ob die 4-Tage-Woche zu den eigenen Werten passt.
> Starten und dabei flexibel bleiben. Austesten und anpassen.
> Vertrauen haben.
> Tu es.

Seine Mitarbeiter waren zuerst skeptisch. Nun will keiner zurück. Er bietet die 4-Tage-Woche mit 9 Stunden Arbeitszeit an. René Schmid, Geschäftsführer der Elektriker-Firma EO Elektro Oberland GmbH aus Bauma in der Schweiz erzählt: Alle sind ausgeruhter und motivierter. Er ist sich sicher:

> „3 freie Tage, das wird neuer Standard in der Arbeitswelt."[611]

## ZUKUNFT? DEFINITIV JA!

Viele Betriebe, die die 4-Tage-Woche bei reduzierter Arbeitszeit eingeführt haben, freuen sich über positive Effekte für die eigene Firma. Sind die neuen Arbeitszeitmodelle sogar zukunftsweisend für ganze Branchen?

Kürzere Arbeitszeiten bei angemessener Bezahlung sind die Zukunft der Branche – und ihre Rettung, sagt Hotelier Manuel Uguet.[612] Im Hotel Brunauer in Salzburg wird 36 Stunden bei Vollzeitlohn gearbeitet.

„4-Tage-Woche. Das Arbeitszeitmodell der Zukunft? Definitiv JA!"[613] Die Elektromas GmbH von Ilya Isaev in Lübeck arbeitet nach einem erfolgreichen Testlauf 2022 nun fest in einer 4-Tage-Woche mit einer wöchentlichen Arbeitszeit von 36 Stunden.

„Es sollten mehr Unternehmen über diese Modelle nachdenken", empfiehlt Marcel Niebeling, der die positive Wirkung im Betrieb Ihr Maler Ulm sieht.[614]

Auch Dachdecker- und Zimmerermeister Sascha Rathje hat eine Message: „Ich kann nur sagen, gerade die Unternehmerinnen und Unternehmer im Handwerk sollten keine Angst vor Veränderung haben."[615]

Auf meine Frage, welche Hürden es bei der Umsetzung der 4-Tage-Woche gegeben habe, antworteten meine Gesprächspartner:

> „Es gab keine Hürden." Christian Hömberg,
> Hofbäckerei Hömberg in Menden.

> „Hürden? Keine." Simon Bausewein,
> ETH Elektrotechnik Hacker & Hammerschmid GmbH.

> „Keine." Marcel Heinrichs,
> Geschäftsführer BFT Verpackungen GmbH, Berlin.

„Es gibt keine Hürden, die sind nur im Kopf", sagt Monika Leithäusl, Inhaberin der Baufirma Leithäusl in Österreich.[616]

Thomas Oberhuber, Chef der ofp kommunikation schließt sich an: „Hürden bei der Umsetzung gab es nicht."

„Bei uns im Betrieb gab es keine Hürden bei der Umsetzung", sagt Dachdecker- und Zimmerermeister Sascha Rathje.[617]

Auch Nadja Amireh, Gründerin der Wake up Communications in Düsseldorf, hat die Erfahrung gemacht: „Hürden bei der Umsetzung gab es nicht."[618]

„Hürden gab es im Endeffekt nicht, es ist *learning by doing*. Natürlich gibt es viele Punkte, die man beachten und genauer planen sollte. Am Ende liegt es an den Angestellten, ob es erfolgreich umgesetzt wird"[619], Marcel Neubauer, Boetker Metall + Glas GmbH in Bremen.

Auch Christoph Herzeg, Magistratsdirektor der Stadt Villach rät: „Keine Bedenken haben. Es ist nichts dabei. Einfach machen."

Dass „Einfach machen!" sogar im Öffentlichen Dienst möglich ist, beweist Christoph Herzeg in der Stadt Villach. Er ist Magistratsdirektor und stolzer Protagonist. Villach ist Vorreiter unter allen österreichischen Städten, die als Erste die 4-Tage-Woche im öffentlichen Dienst in Österreich umgesetzt hat. Im April 2022 sind sie ohne Hürden gestartet. 20 % der Angestellten wählen einen freien Tag für sich. Der freie Tag kann der Montag, Mittwoch oder Freitag sein. So ist das Amt weiterhin täglich besetzt. Alle zwei Wochen ist der gewählte Tag komplett frei, und die anderen zwei Wochen ist dieser Tag ein halber Arbeitstag. Die 40 Stunden werden reduziert auf 38 Stunden bei vollem Gehalt. Die Stadt ist nicht nur Vorreiter, sondern auch Vorbild.

Inzwischen machen es immer mehr Handwerksbetriebe in der Region. Und die Stadt Wels hat bereits angefragt, wie es geht.[620]

## 1, 2, 3 – PLAN UMGESETZT

Es gibt viele Wege, wie Unternehmen die 4-Tage-Wochen tatkräftig einführen können. Verschiedene Variablen sind im Spiel: In welcher Branche bist du tätig? Mit wie vielen Mitarbeiterinnen und Mitarbeitern arbeitest du? Wie ist die Stimmung im Team? Wie ticken die Führungskräfte? Wie sind die Arbeitsabläufe? Gibt es Maschinen in der Produktion, die laufen? Wird im Büro gearbeitet oder auf Baustellen? Gibt es einen Fahrzeugpool, der freitags Energie sparen kann? Oder Lastenräder? Es gibt nicht die eine einheitliche 4-Tage-Woche. Warum auch? Zur Anregung, wie du starten kannst:

**1. #4tagewoche abonnieren**
Abonniere jetzt die Hashtags #4tagewoche und #4dayweek auf Instagram, TikTok, LinkedIn oder einer anderen Social-Media-Plattform. So bekommst du ohne Aufwand täglich neue Inspirationen.

> Wenn dich ein Unternehmen interessiert,
> nimm Kontakt auf und stell deine Fragen.

> Wenn ein Betrieb in deiner Nähe ist,
> fahr vorbei und schau dir die Praxis an.

> Schreib alle Pro- und Contra-Argumente auf.
> Sind Themen offen? Das klärst du noch.

> Fang jetzt an, mit deinem Team zu reden.

Die 4-Tage-Woche ändert die Firma!

> Reden hilft am Anfang, mittendrin, und ein Ende gibt es nicht.

**2. Team einbinden**
Veränderung zu verordnen, ist kontraproduktiv. Menschen wollen wichtige Entscheidungen selbst treffen: Das können sie auch sehr gut, wenn sie genug Informationen und Freiraum für kritische Fragen bekommen.

„Binde das Team gut ein!", sagt Sascha Rathje, Dachdecker- und Zimmerermeister, und er rät anderen Menschen in Leitung: „Entscheiden Sie die Veränderung niemals allein, geben Sie den Mitarbeitern die Entscheidung in die Hand. Das schafft Vertrauen und gibt dem Mitarbeiter Wertschätzung."[621] Aus der Wertschätzung erwächst mehr, so erlebt es Sascha Rathje:

> „Werden die Mitarbeiter ein Bestandteil des Betriebes, dann kommt die Motivation ganz von allein."[622]

„Die Mitarbeiterschaft abstimmen lassen und den Betriebsrat frühzeitig in die Überlegungen und Planungen einbinden", ist Christoph Herzegs Tipp. So hat er die 4-Tage-Woche in der Stadtverwaltung Villach umgesetzt.

Auch im Unternehmen Elektro Kagerer in Pasching wurde abgestimmt, ob die 4-Tage-Woche eingeführt wird: 120 stimmten dafür, bei 3 Gegenstimmen. Ob im Büro oder auf den Baustellen, alle arbeiten nur noch 36 Stunden in der Woche und haben drei Tage frei. Dafür bekommen sie dasselbe Gehalt wie vorher mit der 5-Tage-Woche und 38,5 Stunden Arbeitszeit.[623]

Beim Sanitär- und Heizungsunternehmen Thiele in Gießen wurde die Einführung der 4-Tage-Woche ein halbes Jahr lang geplant und danach den Mitarbeitern von den Plänen erzählt. Die Monteure haben mit ihren Familien über die Änderung gesprochen, und dann haben alle für die Veränderung gestimmt, berichtet Geschäftsführer Joachim Thiele.[624]

„Locker bleiben. Und dabei nicht lockerlassen", sagt Paul Urchs, der Geschäftsführer des Hotels Adula, den du im 9. Kapitel kennengelernt hast. Eine wichtige Mitarbeiterin war anfangs strikt gegen die Einführung der 4-Tage-Woche. Nach ein paar Wochen führte sie von sich aus die FlexWork-Arbeitszeiten des Hotels in ihrem Team ein. Sie hatte erlebt, wie gut das neue Arbeitszeitmodell funktioniert. „Druck hätte da gar nichts bewirkt", sagt Paul Urchs. „Im Gegenteil. Sie musste sich erst selbst von den Vorteilen überzeugen." [625]

Auch Nadja Amireh, Gründerin der Wake up Communications in Düsseldorf, bewies Tatkraft. „Ich bin bei sowas schnell entschlossen", stellt sie fest. Zuerst checkte sie die Idee der 4-Tage-Woche, ob arbeitsrechtlich ein Problem bestehen könnte. Dann erst präsentierte sie gemeinsam mit der HR-Verantwortlichen das Projekt dem 14-köpfigen Team. Sie berichtet vom ersten Schreck und vom Happy End: „Anfangs waren die Kollegen etwas geschockt. Das kam wohl daher, weil sie damit nicht gerechnet hatten. Nach 1-2 Tagen war die Freude dann aber sehr groß." [626]

> „Meine Empfehlung lautet daher, dass man derartige Pläne gemeinsam mit dem Team entwickelt und es einbindet." [627]

Eine externe Arbeits- und Organisationspsychologin begleitete den Einführungsprozess. Es gab einen anonym auszufüllenden Fragebogen, der über Entwicklungen, Zufriedenheit und mögliche Probleme informierte. Und in den ersten sechs Monaten traf man sich alle vier Wochen zu einem Meeting, in dem über Erfahrungen und Learnings gesprochen wurde. So konnten auftauchende Probleme erst gar nicht aus dem Ruder laufen. „Wichtig sind in der 4-Tage-Woche die gute Planung, Organisation und teaminterne Absprachen", sagt Amireh. „Das ist notwendig, damit nichts untergeht und alle Bescheid wissen, was anliegt. Funktioniert sehr gut." [628]

In einer Betriebsversammlung 2022 stellte Nico Osenstätter, Firmenchef in Schongau das neue Modell mit der 3-Tage-Freizeit vor. Das Votum war eindeutig:

> „Kein einziger, den ich gefragt habe, war dagegen." [629]

Aktuell investiert die Firma Osenstätter Holz & Furnier rund 4,5 Millionen Euro in eine neue Sägehalle und eine neue Produktionshalle. „Ich könnte 20 bis 25 Maschinen aufzählen, die da reinkommen, alles, was man für die Holzverarbeitung braucht, das ist wie beim Schreiner, nur in groß", fasst der studierte Holztechniker und Betriebswirt zusammen.[630] Der Firma geht es richtig gut!

Du willst deinen Angestellten etwas richtig Gutes tun und dazu dein Unternehmen neu auf Kurs bringen? Sprich mit dem Team, beziehe alle in die Planung ein. Rede gezielt mit zwei offenen und zwei konservativen Kollegen, dann erlebst du ein breites Spektrum an möglichen Reaktionen. Höre zu! Wenn du Antworten nicht weißt, suche sie. Sammle die Vorteile und die Nachteile und messbare Kriterien wie aktuelle Krankentage, Neukunden, Umsatz, Gewinn, Zahl der Bewerber. Leg die Kriterien fest. Kommuniziere die Regeln. Geh auf Start. Probiere es aus.

> Menschen können nur dann mitspielen, wenn es verständliche Regeln gibt.

### 3. Passende Spielregeln

Montags, mittwochs oder freitags frei? Die gleiche Arbeitszeit oder reduziert auf 38, 36, 32 Stunden bei vollem Gehalt? Welchen Spielregeln gelten? Die 4-Tage-Woche ist auch ein Türöffner für die Debatte darüber, wie wir in Zukunft arbeiten wollen. Sie ist keine Bauanleitung, kein Malen-nach-Zahlen. Die Beispiele in diesem Buch zeigen, wie es in anderen Unternehmen funktioniert. Sie sollen dich inspirieren, wie du mit ganz individuellen Maßnahmen produktives und sinnvolles Arbeiten in deiner Firma umsetzen kannst. Nicht nur innerhalb der 4-Tage-Woche gibt es zahlreiche unterschiedliche Arbeitszeitmodelle, auch jenseits davon sind unendlich viele Formen der Zusammenarbeit möglich. Wie wäre es mit einer 3-Tage-Woche? Oder mit fünf 5-Stunden-Tagen wie bei Lasse Rheingans?[631]

---

Entscheidend ist, dass das Potenzial der Firma genutzt und ausgebaut wird.

---

Das geht so oder so und auch anders.

„Jeder Betrieb soll seine Möglichkeiten ausschöpfen. So wie es zum Betrieb passt", schreibt mir Guido Landert, Leiter HR & Administration bei der Bichler + Partner AG in Wattwil zwischen Zürich und St. Gallen.[632] Er hat viele Anfragen erhalten, ob andere Unternehmen ebenfalls eine 4-Tage-Woche einführen sollen. Aber das kann er nicht beantworten. Denn diese Entscheidung kann nur jedes Unternehmen für sich selbst treffen. „Wir sind davon überzeugt, dass unsere Variante am besten zu uns passt." Bei Bichler + Partner arbeiten alle 40 Stunden pro Woche. Die Mitarbeiterinnen und Mitarbeiter wählen, ob sie diese Zeit in 4 oder in 5 Tagen abarbeiten wollen. Wer keine Änderung wünscht, kann am bisherigen Modell festhalten. „Wir wollten unseren Mitarbeitenden kein Arbeitszeitmodell aufzwingen. Wir verstehen die 4-Tage-Woche als eine von verschiedenen Modellen, für die sich die Mitarbeitenden entscheiden können", sagt Landert. Auch wenn sich nur wenige für das 4-Tage-Modell entschieden haben, ist er doch von der internen Signalwirkung positiv überrascht. Denn die vielen Rückmeldungen aus der Belegschaft zeigen ihm, dass die Menschen diese Möglichkeit schätzen und es gut finden, dass ihr Arbeitgeber etwas unternimmt. Landert fällt auf, dass die Angestellten, die sich für dieses Modell entschieden haben, sehr motiviert sind und die entstandenen Vorzüge genießen.

---

„Wenn jeder Betrieb seine Möglichkeiten ausschöpfen würde, wäre schon viel bewirkt."[633]

---

Das sagt Guido Landert. Würde er heute etwas anders machen? „Der Planungsaufwand für die Einteilung der Mitarbeitenden muss frühzeitiger und leicht intensiver stattfinden. Ansonsten haben wir bis heute keine negativen Auswirkungen erkennen können", ist sein Resümee: „Wir haben von Anfang an versucht, den für uns passenden Weg zu finden."[634]

Wenn du jetzt loslegen willst, schau noch mal ins 4. Kapitel und lass dich inspirieren. Wähle dir eins der Modelle aus, kopiere das Rezept und ändere den Geschmack, bis es deinem Team schmeckt.

> „Schmeckt's"? Kommunikation ist der Dreh- und Angelpunkt – im Team und mit Kunden.

## TÜRÖFFNER KOMMUNIKATION

„Die Umsetzung ist gar nicht so schwer, wichtig ist es, die Kunden früh und gründlich zu informieren", schreibt Lena Geuer von vereda, einer Digitalagentur in Münster, die strategische Webseiten für B2B Unternehmen entwickelt. Seit August 2021 arbeitet das ganze Team an 4 Tagen 32 Stunden. Freitags ist für alle frei bei vollem Gehalt. Für Kunden gibt es freitags einen Notdienst. „Das ganze Team war einstimmig der Meinung, das Konzept auszuprobieren. Als ausbildender Betrieb haben wir die IHK rechtzeitig ins Boot geholt. Wir sind positiv überrascht, dass wir den gleichen Workload wie in einer 5-Tage-Woche schaffen. Wir arbeiten fokussierter und haben die Prioritäten neu definiert. Dazu haben wir regelmäßig reflektiert, wie es läuft."[635]

Das Magazin Perspective Daily berichtet über vereda: „Das Team ließ sich ein halbes Jahr Zeit, um das neue Modell vorzubereiten, holte sich professionelle Beratung, informierte Kunden und passte die Arbeitsverträge an.[636] Mitgründer Simon Janssen hebt zwei Vorteile hervor: „Alle sind deutlich produktiver geworden. Und die Kunden haben sehr positiv reagiert."[637]

> „Offen kommunizieren. Der wichtigste Erfolgsfaktor
> ist immer die Qualität der Kommunikation!"

Das sagt Johannes Breidenbach, Gründer von jo's büro für Gestaltung in Würzburg. Auf seiner Webseite schreibt er: „Ich stelle seit Jahren immer wieder fest, dass eine gute, ruhige und sachliche Kommunikation unerlässlich für langfristig zufriedenstellende Ergebnisse ist. So ist auch hier das A und O die genaue Absprache intern im Team, aber auch mit unseren Kunden und Partnern. Denn wir wollen keine Verwirrung stiften oder unzuverlässig wirken. Die Ergebnisse sind das Gold unseres Büros – damit diese glänzen, arbeiten wir jeden Tag hart an uns und unseren Projekten! Mit den richtigen Leuten um sich kann man eine Menge bewegen."[638] 36 Wochenstunden an 4 Tagen bei gleichem Gehalt – das Feedback im Team auf Breidenbachs ersten Vorschlag war nach einer kurzen Diskussion über Fragen und Vorbehalte zu fast 100 % positiv.[639] Gemeinsam entschied man sich für einen Testmonat. Das war im Mai 2020, heute ist das neue Arbeitszeitmodell längst etabliert.

> „Offene Kommunikation, was man will und was man nicht
> will. Klare Rechnung bringt gute Freunde!"[640]

Das ist der wichtigste Tipp von Thomas Oberhuber, Chef der ofp kommunikation GmbH in Kufstein. Im Unternehmen ist standardmäßig der Freitag frei, er kann aber bei Bedarf genutzt werden, um zu arbeiten. Oberhuber weiß, dass das nur an rund 5 % der Freitage vorkommt. Für ihn ist das ein Zeichen dafür, dass die 4-Tage-Woche gut funktioniert."[641]

Auch die Wenzel Group in Wiesthal zwischen Frankfurt/Main und Schweinfurt setzt auf „lückenlose Kommunikation und Offenheit." Anfang Dezember 2021 wurde die Idee zur 4-Tage-Woche geboren, einen Monat später war sie Realität. Das Projekt wurde ohne Plan B eingeführt, dafür gut geplant:

Das Konzept wird in einer Betriebsversammlung der gesamten Belegschaft vorgestellt. Die Reaktion: Anerkennung, gemischt mit ein wenig Verunsicherung.

Teamleiter bringen das Thema in ihre Teams und leisten kommunikativ Vorarbeit.

Die Personalabteilung geht auf alle individuellen Sorgen und Ängste ein.

So wird der Weg frei für die Einführung der 4-Tage-Woche. „Trotz aller Vorarbeit gehen die Mitarbeiterinnen und Mitarbeiter in den ersten Wochen des neuen Jahres donnerstags noch etwas verunsichert nach Hause. Ist da auch wirklich kein Haken? Darüber sprechen ist ja etwas anderes, als es auch wirklich zu leben. Aber die Sorge vor vielen Überstunden ist schon nach wenigen Wochen ausgeräumt."[642] Der Betriebsratsvorsitzende Heiko Reinosch, der auch Teamleiter in der Montage ist, sagt: „Ich male jetzt jeden Freitag einen Smiley in meinen Kalender."[643]

---

Für ihn fühlt es sich mittlerweile so an, als hätte es den Freitag nie als Arbeitstag gegeben.

---

Die Geschäftsführerin der Wenzel Group, Heike Wenzel sieht es als großen Vorteil des Mittelstands, dass im Betrieb starke Loyalität untereinander herrscht und Unternehmensführung und Belegschaft gemeinsam auf ein Ziel hinarbeiten. Ihre Devise lautet: „Einfach mal machen!"[644]

1, 2, 3 - umgesetzt.

Mach es wie Hempel Metallbau in Harsewinkel: „Wir starten 2023 in die 4-Tage-Woche! Was anderswo bereits funktioniert – testen wir ab Januar!"[645]

## WANN ENTSCHEIDEST DU DICH?

Hast du dich bereits entschieden oder überlegst du noch?

Willst du die 4-Tage-Woche jetzt, später oder nie?

Was hat dich in diesem Buch begeistert, gewonnen, überzeugt?

Welches Beispiel inspiriert dich am meisten?

Was schreckt dich ab und macht dich skeptisch?

Hast du genug Beispiele aus deiner Branche
als Vorbilder gefunden?

Machst du eine Liste mit Pro & Contra
für dein Unternehmen?

Nimmst du Kontakt auf zu Menschen,
die eine 4-Tage-Woche bereits eingeführt haben?

Mit wem kannst du dich in der Planungsphase austauschen?

Wie viel Zeit nimmst du dir, um alle Fragen zu klären?

Hast du alle Informationen, um in deinem Unternehmen
eine 4-Tage-Woche zu organisieren?

Wirst du eine bewährte Form wählen oder
ein eigenes Modell entwickeln?

Willst du Vorreiter in deiner Branche und/oder Region sein?

Mit wem kannst du dich in der Entscheidungsphase austauschen?

Welche Spielregeln definierst du, um sie zu etablieren?

Welcher freie Tag passt zu deiner Betriebskultur und zu deinem Markt?

Was wird der Mehrwert für deine Firma sein?

Welche Prozesse wirst du überprüfen?

Welche Abläufe lassen sich reduzieren, umdrehen, neu kombinieren, ersetzen?

Welche Aufgaben, Abläufe und Tools wirst du streichen?

Welche Hürden siehst du?

Was ist der Mehrwert für das Team?

Wie bindest du die Mitarbeiter und Mitarbeiterinnen mit ein?

Wie gewinnst du ihre Motivation, sich emotional und rational auf etwas Neues einzulassen?

Wer entscheidet, die Vorgesetzten oder alle?

Bleibt die 4-Tage-Woche freiwillig oder soll sie für alle gelten?

Welche Unterstützung brauchen alle Beteiligten
bei der Umsetzung?

Mit wie viel Vorlauf wirst du die Kunden informieren?

Was sind die Mehrwerte für die Kunden?

Werden sie weiterhin gut betreut sein?

Wird es eine Testphase geben?
Wenn ja, wie lang wird sie sein?

Welche Daten – Fluktuation, Kosten Recruiting,
Einsparungen, Ertrag – betrachtest du,
um den Erfolg oder Misserfolg zu messen?

Wie oft vergleichst du Soll- und Ist-Zahlen?

Mit wem kannst du dich in der Umsetzungsphase
austauschen?

Wann entscheidest du, ob die Testphase weiterläuft, beendet
wird oder die 4-Tage-Woche dauerhaft etabliert wird?

Was planst du in deiner freien Zeit?

Worauf freust du dich am meisten?

Wirst du konsequent am freien Tag nicht verfügbar sein
und wirklich frei machen?

Wie siehst du die kommende Veränderung?

Packst du die 4-Tage-Woche an?

Wie entscheidest du dich?

Wann startest du?

„Wir freuen uns, unseren Mitarbeitern einen Wunsch zu erfüllen und die Arbeitszeit unserer Monteure auf das gesamte Unternehmen zu übertragen." Auch mit 130 Jahren Tradition in Sachen Stahl-Metallbau, Leichtmetallbau und Baubronze kann sich ein Unternehmen für eine Neuerung entscheiden. Die Dörnhöfer Stahl-Metallbau GmbH & Co. KG aus Kulmbach bei Bayreuth sieht sich als Arbeitgeber, der auf seine Mitarbeiter achtet und deren Wünsche ernst nimmt. Was die Monteure bereits seit 3 Jahren kennen, gilt seit Januar 2023 einheitlich. Alle Mitarbeiter können sich alle zwei Wochen über einen freien Freitag freuen.[646]

Nach dem Spiel ist vor dem Spiel. Das Rad der Veränderung dreht sich weiter. Die 4-Tage-Woche ist eine Möglichkeit, Veränderung zu trainieren. Alle Firmen in diesem Buch sind resilienter, weil sie Veränderungen aufgreifen und neue Spielregeln gestalten.

„Als Unternehmer ist es mir wichtig, einen gewissen Weitblick zu entwickeln und immer wieder auf Neues einzugehen", schreibt Christoph Goll von der „Schneiderei" in Leonding bei Linz.[647] „Wie das Wort Unternehmer schon sagt: Wir sind auf einer Reise des Unternehmens, und da will man ja auch immer wieder Neues erleben. Ich denke, es ist sehr wichtig, verschiedene Modelle auf die jeweilige Firma abzustimmen. Es muss nicht immer sein, dass eine 4-Tage-Woche die perfekte Lösung ist. Ich glaube aber schon, dass sich in unserer schnelllebigen Welt immer mehr verändert, und jeder Einzelne sollte das immer im Auge haben."

# 14

# ERFOLGS-MAGNET
## 13 LECKERE ZUTATEN

Viele Menschen sind in diesem Buch zu Wort gekommen mit ihren Praxisbeispielen, offenen Fragen, mutigen Entscheidungen, spannenden Experimenten, aktiven Veränderungen und krisenfesten Betrieben. Hier ein Überblick über ihre wichtigsten Erkenntnisse zur 4-Tage-Woche:

Das Prinzip einer 4-Tage-Woche ist einfach:
3 freie Tage und volles Gehalt.

Ganz am Anfang aller Überlegungen stehen
die Menschen im Unternehmen.

Die Menschen in deinem Unternehmen sind es,
die für die Kunden einen guten Service bieten.
Die 4-Tage-Woche ist gut für ihre Leistungsfähigkeit.

Unternehmen, die verkürzte Arbeitszeiten eingeführt
haben, profitieren von erholten, gesunden und produktiven
Mitarbeiterinnen und Mitarbeitern.

Die 4-Tage-Woche ist ein wichtiger Baustein für
nachhaltiges Wirtschaften, denn sie fördert umweltfreundliches Freizeitverhalten und streicht einen
Tag Energiekosten im Betrieb.

Häufig steigen Umsatz und Gewinn des Unternehmens,
weil Prozesse ausgemistet und verbessert wurden.

Wird die Wochenarbeitszeit um einen Tag reduziert,
*müssen* alte Zöpfe abgeschnitten werden.
Das macht Betriebe zukunftsfit und krisensicher.

Neue Spielregeln strukturieren die neue Zusammenarbeit.
Im Experiment können sie getestet werden.

Für den Erfolg ist es entscheidend, dass die Beschäftigten an ihrem freien Tag wirklich frei haben. Müssen sie regelmäßig einspringen oder wird am freien Tag eine Antwort auf E-Mails erwartet, wird Vertrauen verspielt. Das wäre dann eine Bullshit-4-Tage-Woche.

So lange die 4-Tage-Woche noch eine Ausnahme ist, profitieren Vorreiter-Betriebe von medialer Aufmerksamkeit. Betriebe bekommen so viele gute Bewerbungen, dass sie auswählen können.

Mehr Erfolg durch weniger Arbeitszeit. Die Zutaten liegen vor dir. Mixen, rühren, kosten, würzen, kochen und backen kannst du nun selbst.

---

Zusammen sind die 13 Kapitel im Buch die Zutaten für ein Unternehmen als Erfolgsmagnet.

---

Und das auch buchstäblich: Alle 13 Anfangsbuchstaben setzen sich zum ERFOLGSMAGNET zusammen:

**E**rtrag
**R**ecruiting
**F**reizeit
**O**rganisation
**L**eistungsfähigkeit
**G**esundheit
**S**pielregeln
**M**enschen
**A**rbeitszeiten
**G**ehalt
**N**achhaltigkeit
**E**xperimente
**T**atkraft

Der Erfolgsmagnet 4-Tage-Woche verändert
die Unternehmenskultur von Grund auf.

## GESCHÄFTSKULTUR *UP TO DATE*

Viele Führungskräfte reden sich ihre Unternehmenskultur schön. Doch Kultur ist das, was im Betrieb tatsächlich passiert und nicht das, was man gerne hätte. Die Unternehmenskultur ist der Alltag. Kein Wunschkonzert. Kein Mission-Statement. Sondern das, was alle Beteiligten tagtäglich erleben

> die gute Stimmung genauso wie
> das grummelnde Augenrollen,
>
> der pünktliche Feierabend genauso wie
> unbezahlte Überstunden,
>
> transparente und faire Gehälter genauso wie
> Teilzeit-Gehälter und Altersarmut.

Alles, was erlebt wird, formt die Unternehmenskultur. Jeder Betrieb, jede Organisation, jede Stadtverwaltung, jede Behörde, jede Stiftung und jeder Verein hat sie, ob sie wollen oder nicht. Die Kultur wirkt bremsend oder fördernd. Die 4-Tage-Woche schenkt dem Miteinander im Betrieb positive Impulse. Verkürzte Arbeitszeiten prägen die Stimmung, Motivation und Leistungsfähigkeit.

> Gesunde Unternehmenskulturen besitzen Anziehungskraft,
> Menschen wollen Teil von ihnen sein.
>
> Bullshit-Unternehmenskulturen verlieren ihre Mitarbeiter
> und finden keine neuen.

Auch wenn das Buch so heißt und das Wort 4-Tage-Woche 593-mal in ihm steht, geht es im Grunde um viel mehr als nur um einen zusätzlichen freien Tag.

> Es geht um den Erfolg von Unternehmen mit erholten und gesunden Mitarbeiterinnen und Mitarbeitern, die motiviert und produktiv arbeiten und im Ergebnis zufriedene Kunden haben.

Entscheidend sind menschenfreundliche Spielregeln. Die 4-Tage-Woche ist eins von vielen möglichen Spielen, das aktuell sehr beliebt ist, weil es zum Beispiel im Handwerk einfach umzusetzen ist.

Ein Geschäftsmodell mit fitten, motivierten, gesunden Menschen in einem zukunftssicheren Unternehmen – klingt das nach einem Spiel, bei dem du gerne und engagiert mitspielst?

Arbeitsforscher Philipp Frey fasst die Debatte um verkürze Arbeitszeiten treffend zusammen: „Natürlich ist es erstmal kontraintuitiv zu sagen: In einer Lage, wo wir eher wenige Arbeitskräfte zur Verfügung haben, verkürzen wir jetzt die Arbeitszeit. Doch volkswirtschaftlich ist es definitiv möglich."[648] Studien verzeichnen eine steigende Produktivität bei Arbeitszeitverkürzung. Für Frey ist die verkürzte Arbeitszeit ein *must have* und lediglich eine Frage der Ausgestaltung. Sind die Abläufe *up to date*, steigt die Job-Sicherheit, und die Gefahr, in einem Bullshit-Job zu landen, sinkt.

> Ein Update für die Arbeitszeiten erfrischt und erneuert das ganze Unternehmen.

Die Concept Reitplatzbau GmbH & Co. KG aus Merzen nördlich von Osnabrück baut in ganz Deutschland Reitplätze. „Unsere Bautruppe ist die ganze Woche auf Montage. Daher funktioniert dort eine 4-Tage-Woche aus Logistikgründen nicht. Wir haben das 3-Wochen-Modell für uns entwickelt. Das heißt: 3 Wochen wird auf Montage voll gearbeitet, danach gibt es eine Woche komplett frei. Das Modell ist freiwillig. Jeder Mitarbeiter kann aussuchen, ob er es nutzen möchte oder nicht, denn das Motto in seiner Firma lautet: Arbeite wann du willst", berichtet mir der Geschäftsführer Daniel Dirkes in einer E-Mail an mich.[649]

Über die Wirkung erzählt er: „Unser Team fühlt sich freier und selbstbestimmter. Das ist mir als Unternehmer wichtig. Denn ich habe eine Betriebskultur, die auf Eigenverantwortung und Selbständigkeit abgestellt ist. Daher soll auch jeder die Möglichkeit haben, seinen Tag frei einzuteilen. Das kommt bei allen positiv an: bei Mitarbeitern mit Familie natürlich besonders. Ich selbst profitiere auch davon und nehme mir die Freiheit, nachmittags in den Garten zu gehen, wenn ich es für richtig halte. Ich kann absolut nichts Negatives feststellen. Die Kollegen sprechen sich untereinander ab und somit ist immer das Büro besetzt. Viele haben Angst davor, so radikale Modelle wie ‚Arbeite, wann du willst' einzuführen. Doch die Angst ist völlig unbegründet. Bei uns nutzt das keiner aus. Das ist in meinen Augen eine Frage der Betriebskultur. Wenn die nicht stimmt, wird das System auch nicht funktionieren. Aber dafür sind wir als Chefs ja selbst verantwortlich. Viele Kollegen arbeiten trotzdem immer zu fixen Zeiten. Doch sie freuen sich, dass sie anders könnten, wenn sie wollten. Am Anfang gab es einige wenige Kollegen, die mit dem Prinzip nicht klarkamen und psychischen Druck auf die ausübten, die die Freiheit für sich in Anspruch nahmen. Da muss man als Chef immer wieder eingreifen, Grenzen setzen, vermitteln und erklären. Das legt sich nach ein paar Monaten. Wichtig ist, am Ball zu bleiben. Sonst fliegt einem der gute Ansatz um die Ohren."[650]

Den Erfolg bestätigt auch die Zertifizierung seines Unternehmens als „Familienfreundlicher Arbeitgeber der Region Osnabrück". Seine Firma ist ein Magnet: „Der Zulauf an guten Bewerbungen ist deutlich. Wir haben mittlerweile eine Art Pipeline. Wenn eine Stelle neu besetzt werden muss, können wir schon auf bestehende Bewerbungen zurückgreifen. Noch mehr zählt für mich aber: Bei uns bewerben sich vorrangig Top-Leute. Hoch motiviert, oft schon jahrelang in anderen Unternehmen – aber heiß auf unsere Philosophie. Neben den flexiblen Arbeitszeiten zählt für die Menschen auch unsere Mission."[651]

> „Wir wollen mehr Herz in die Wirtschaft bringen."[652]

„Wer uns kennt, weiß, dass wir das ernst meinen und radikal umsetzen. Das findet unser Team einfach geil und ist auch deswegen mit 100 Prozent bei der Sache. Wir haben ein spezielles Modell entwickelt, bei dem unser Team direkt am Firmenerfolg beteiligt ist. Über eine stille Teilhaberschaft bekommt unser Team 10 Prozent vom Gewinn. Und das steuergünstig, da die Erträge als Dividende/Zins behandelt werden. Mir persönlich liegt es am Herzen, dass wir die soziale Schere wieder enger bekommen."[653]

> „Denn mal ehrlich: Wer wären wir denn ohne unsere Leute?"[654]

Allein können wir nichts ausrichten. Wir brauchen jeden im Team – von oben bis unten. Darum verteilen wir das Geld auch nicht nach Einkommen, Position oder ähnlichem. Bei uns wird durch Anzahl der Köpfe geteilt. Jeder bekommt das Gleiche, denn jeder ist für unseren Erfolg verantwortlich. Ich kann nur jedem Unternehmer empfehlen, eine Erfolgsbeteiligung einzuführen. Nicht nur, weil es sozial richtig ist. Es lohnt sich auch. Die Mitarbeiter sind motivierter, engagierter und zufriedener."[655]

In jedem Satz von Daniel Dirkes E-Mail schwingt seine Wertschätzung für die Mitarbeiterinnen und Mitarbeiter mit. Genau das – Wertschätzung von den Vorgesetzten und das Gefühl, ernst genommen zu werden – fehlt vielen Menschen bei ihren Arbeitgebern. Die 4-Tage-Woche funktioniert auch deswegen so gut, weil sie ein Signal ist. Wie ein Vorfahrtschild zeigt sie, dass Bedürfnisse von Menschen wichtig sind und ernst genommen werden. Diese Haltung zieht Menschen an.

## ENTSPANN DICH!

Die Mehrheit der Unternehmen, die wir heute erleben, wird in 20 Jahren verschwunden sein. Zwar gibt es auch sehr fitte Senioren wie die Firma Isabellenhütte Heusler GmbH in Dillenburg. Sie ist über 500 Jahre alt, und ihre Anfänge gehen auf eine Kupferhütte aus dem Jahr 1482 zurück.[656] Doch nach Berechnungen des Lehrstuhls für Statistik und Ökonometrie der Universität Rostock wird die Lebensdauer von Unternehmen immer kürzer.[657]

> Firmen in Deutschland werden durchschnittlich nur 8 bis 10 Jahre alt.[658]

Die durchschnittliche Lebensdauer von Firmen in Deutschland beträgt also 9 Jahre. In den USA kann grad noch so das 10. Jubiläum gefeiert werden, bevor geschlossen wird, meldet eine Studie des Santa Fe Institute, in der die Lebenszyklen von 25.000 US-Firmen der vergangen 70 Jahre ausgewertet wurden. Das Ergebnis: In den USA hält sich eine Firma rund zehn Jahre auf dem Markt.[659]

Hättest du das gedacht? Für mich lassen diese Zahlen einen Schluss zu:

Entspann dich!

Denn es ist gar nicht so tragisch, wenn Firmen wieder verschwinden. Es ist normal. Wer keine Kunden findet, geht unter. Fachkräftemangel betrifft vor allem Betriebe, die unsichtbar und unbekannt sind und in der Personalgewinnung stehen bleiben. Wer keine Mitarbeiterinnen und Mitarbeiter findet, wird die Türen irgendwann schließen. Wer keine Nachfolge für den Betrieb findet, hört auf. Unrentable Geschäftsmodelle enden in der Insolvenz.

Das sind alles keine neuen Phänomene. Ist das dramatisch? Menschlich ja, denn jede Unternehmerin und jeder Unternehmer hängt an der eigenen Firma, und für loyale Belegschaften ist es auch hart, wenn persönliches

Herzblut den Bach runtergeht. Jede Pleite tut existenziell weh. Doch gesamtgesellschaftlich gesehen ist das nicht tragisch. Erwerbstätige finden neue Jobs. Und neue Firmen wachsen nach.

Also entspann dich!

Jeder Mensch hat seinen Charakter. Städte, Organisationen und auch Firmen haben einen Charakter. Welcher Charaktertyp – menschlich und unternehmerisch, welche Spielregeln, Arbeitszeiten und Geschäftskultur passen zu dir? Das ist dein Ding. Wie bei Kleidung, die passt. Es ist dein Geschmack. Eine Unternehmenskultur muss niemandem passen – außer dir und den anderen, die mitspielen. Mit gesunder, produktiver Leistungsfähigkeit macht Arbeit Spaß und tut gut!

Also entspann dich!

Du traust dich nicht, mit der Idee einer 4-Tage-Woche loszugehen? Was kann schon passieren? Macht als Team ein Experiment wie die Vorreiter in diesem Buch. Erlebt beim Ausprobieren, wie es läuft.

Malermeister Marc Kecker aus Essen und seine 4 Gesellen und 2 Auszubildenden arbeiten mit nachhaltigen Baustoffen und Farben.[660] Sein Fazit bringt dieses Buch auf den Punkt:

„Drei Tage Wochenende ist sexy."[661]

# NACHWORT – DAS DREAMTEAM

Auf dem Camino de Santiago herrscht ein vielfältiges Kommen und Gehen – und auch ein Bleiben. Immer mehr Menschen leben nach dem Pilgern dort, Paare lernen sich auf dem Camino kennen und verlieben sich. In unserer Familie sagen wir zum Pilgern und zum Leben: „Immer heiter weiter." Das gilt auch fürs Entwickeln von Büchern. Schreiben ist Wandern durch ein Thema, ohne den Weg zu kennen. Gespräche öffnen den Blick, und Fragen nähern sich dem Unbekannten. Das Bild wird bunter und vielfältiger, gleichzeitig werden Zusammenhänge immer klarer.

Alles hat eine Wirkung, und die der 4-Tage-Woche überrascht auf vielen Ebenen. Schreibend erzähle ich die Geschichten, die mich berühren und bewegen.

Mitte Oktober 2022 entschied ich mich innerhalb von 24 Stunden, dieses Buch zu schreiben. Kurz zuvor hatte ich mit Monika Leithäusl und Andreas Hüttner gesprochen, wie sie die 4-Tage-Woche mit 450 Mitarbeitenden in der Baubranche umgesetzt haben. Zeitgleich bekam ein alter Xing-Insider-Artikel von mir 65.000 Views mit kontroversen Kommentaren. Das Thema meines Artikels vom Februar 2022: Die 4-Tage-Woche. Als ich dann noch auf Instagram Hunderte Handwerksbetriebe mit einer 4-Tage-Woche entdeckte, war für mich klar – das Thema bietet Stoff für ein ganzes Buch.

1, 2, 3 – einfach machen!

Auch ich nehme diesen Satz mit Tatkraft beim Wort.

Ich bin ganz beseelt von den Menschen, die ich beim Schreiben kennengelernt habe, um von den Profis die Details zur 4-Tage-Woche zu erfahren.

> Es gibt sehr viele menschenfreundliche Firmen mit dem echten Anliegen, die Geschäftskultur zu verbessern, damit alle Beteiligten besser arbeiten können. Danke!

Ja, diese Unternehmen gibt es, und deshalb bekommen sie in diesem Buch auch den meisten Platz. Arbeitsmarkttheorien sind spannend, und noch spannender sind Betriebe, die es einfach mit Tatkraft machen, die 3-Tage-Freizeit umsetzen und zum Erfolgsmagnet werden.

Wenn du diese Themen öffentlich diskutierst und mich markierst, bringe ich gerne meine Meinung ein. Wenn du Feedback zum Buch – über das ich mich immer sehr freue – oder Fragen hast, schreib mir auf LinkedIn, Xing, Instagram, Twitter, Facebook. Wenn ich die Antwort weiß, antworte ich gerne. Und wenn nicht, dann stelle ich 44 Fragen. Jeder Mensch kann von jedem Menschen etwas lernen.

> Wenn dir das Buch gefallen hat, liegt das auch an meinem Dreamteam.

Dr. Bettina Burchardt bringt Ordnung ins Chaos meiner Ideen. Sie kürzt und streicht, sie sortiert und verbindet, was ich als Gedankenbrocken hinwerfe. Mit ihrer Textberatung und ihrem Lektorat holt sie das Beste aus den Texten heraus und schleift sie rund. Liebevoll und wortgewandt verstärkt sie, was ich vermitteln will. Da ich immer bis eine Minute vor Redaktionsschluss noch Geschichten ergänze, gibt es im Buch ein paar holprige Wege und Schlaglöcher. Die gehen alle auf mein Konto. Und auch das erträgst du mit Gelassenheit und Humor. Danke Bettina!

Damit das Buch deinen Augen schmeckt, macht Martin Zech sich ans Meisterwerk. Er schenkt den Worten eine dynamische Typografie und die Kapitel verziert er locker und gekonnt. Ideen wie die Übersichtskarte zum Einstieg schüttelt er aus dem Ärmel, und der Ärmel ist endlos weit. Inspiration ist sein Ding – genauso wie Präzision. Was er anfasst, sitzt. So verteilt er alles perfekt zwischen den Buchdeckeln, die er auch gestaltet hat. Sein Cover bringt das Thema zum Strahlen. Danke Martin!

Neu im Team ist Henner Knabenreich, Mr. Personalmarketing2null & Master of Karriere-Websites. Wir lachen gerne in Podcasts und machen Headbanging zum Fachkräftemangel. Er findet meine Bücher spannender als Krimis, und da er ein sehr gründlicher Ermittler ist, spürt er auch jeden Fehler im Buch auf. Der letzte Schliff kommt diesmal von dir. Danke Henner!

Meinen Testleserinnen und Testlesern darf ich zu jeder Tages- und Nachtzeit meine Textideen schicken und ausprobieren. Mit der Resonanz erlebe ich die Wirkung. Manche Worte verwerfe ich schnell, und bei anderen Sätzen merke ich, dass die Idee zündet. Danke für euren respektvollen, wertschätzenden Umgang mit Ideen!

Das Dreamteam von Tredition.de beantwortet jede Frage im Support und im Marketing schnell, kompetent und freundlich. Die Magie beginnt, sobald ich ein PDF bei Tredition hochlade. Ein Klick mit großer Wirkung, wenige Minuten später ist mein Buch dort bestellbar. Und noch viel besser: Nach ein paar Tagen kann das Buch in jeder Buchhandlung lokal bei dir vor Ort und in allen Online-Portalen der Welt bestellt werden. Am 24. Februar 2023 schreibe ich gerade diesen Satz. Und im März 2023 kannst du das Buch bereits lesen. Aktueller geht es nicht. Danke Tredition!

Auch du gehörst zum Dreamteam. Dein Lese-Erlebnis macht das Buch zu einem wunderbaren Start, Inhalte zu vertiefen, Fragen zu stellen und Antworten zu finden. Danke liebe Leserin und lieber Leser!

In diesem Sinne, immer heiter weiter.
Bleib lernfröhlich und veränderungsmutig,

Martin Gaedt

# KEYNOTES UND WORKSHOPS

Seit 2014 habe ich in rund 650 Keynotes und Workshops weit mehr als 100.000 Menschen inspiriert.

Mein Motto Provotainment bedeutet, dass die Bühnenshow ein Erlebnis schafft. Überraschende Inhalte werden provokant und unterhaltsam vermittelt.

Themen in der Personalgewinnung:

- 4-Tage-Woche
- Rock Your Recruiting
- Mythos Fachkräftemangel
- Fachkräfte-Reichtum mit Erfolgsmagnet
- Wisst ihr, wer sich nicht bei euch bewirbt?
- 8 Milliarden Wege führen zu 8 Milliarden Menschen

Themen in der Ideenentwicklung und Innovation:

- Rock Your Idea
- Rock Your Work
- WaBriMiDa – die eine Frage
- 44 Fragen an jeder roten Ampel
- Wilde 18 – das innovative Handwerk
- Willst du Schmetterlinge, tritt nicht auf Raupen

# QUELLEN

1 Das Jahr der 4-Tage-Woche https://www.derstandard.at/story/2000142561297/das-jahr-der-viertagewoche

2 4-Tage-Woche, Sanitärhandwerk https://www.si-shk.de/die-4-tage-woche-im-handwerk-48338

3 Marcus Gaßner https://www.deutsche-handwerks-zeitung.de/4-tage-woche-im-shk-betrieb-ist-das-die-schoene-neue-arbeitswelt-162216

4 Menschen mit einem Leben, Video https://www.youtube.com/watch?v=psS9gOhmI0w

5 Gaßner auf 15 Mitarbeiterinnen und Mitarbeiter gewachsen https://www.instagram.com/p/CnjPrWLtboG/?igshid=MDJmNzVkMjY%3D

6 Wohlfühlen wichtig https://www.merkur.de/wirtschaft/die-vier-tage-woche-wunschdenken-oder-realistisches-modell-zr-91864804.html

7 Extra Tag Erholung https://www.deutsche-handwerks-zeitung.de/4-tage-woche-im-shk-betrieb-ist-das-die-schoene-neue-arbeitswelt-162216

8 Lorenz Illing. 4-Tage-Woche für alle? Nein Danke https://www.strive-magazine.de/post/4-tage-woche-fuer-alle

9 Videokonferenz mit Jana Koske, Aflexio und Martin Gaedt im November 2022

10 Andreas Schollmeier Steuerberater auf Linkedin https://www.linkedin.com/feed/update/urn:li:activity:7024050757024796672?commentUrn=urn%3Ali%3Acomment%3A%28activity%3A7024050757024796672%2C7024056993812242433%29&dashCommentUrn=urn%3Ali%3Afsd_comment%3A%287024056993812242433%2Curn%3Ali%3Aactivity%3A7024050757024796672%29

11 pb+ Ingenieurgruppe AG https://www.instagram.com/p/CeQx6vHqfzS

12 Zitate aus 5000 Jahren zur Jugend https://bildungswissenschaftler.de/5000-jahre-kritik-an-jugendlichen-eine-sichere-konstante-in-der-gesellschaft-und-arbeitswelt/

13 Kommentar zur Jugend, Christina Peters 2018 https://www.welt.de/wissenschaft/article178647276/Soziologie-Warum-die-Jugend-von-heute-immer-die-schlechteste-ist.html

14 Bildungstrends Viertklässler https://deutsches-schulportal.de/bildungswesen/viertklaessler-fallen-iniqb-bildungstrend-allen-kompetenzbereichen-ab

15 Schüler ohne Hauptschulabschluss https://www.bpb.de/kurz-knapp/zahlen-und-fakten/soziale-situation-in-deutschland/61653/bevoelkerung-ohne-abschluss

16 Buch „Mehr Bewerber" Truchseß, Nicole und Brandl, Markus, Wiley 2020, Seite 43

17 Hannes Zacher, Professor an der Universität Leipzig 16.10.2022
https://www.lvz.de/lokales/leipzig/leipziger-professor-fuer-arbeitspsychologie-vier-tage-woche-kann-burnout-verhindern-LX2EZQ2YHEOEEJD3TYXADY4E4Q.html

18 75% wollen 4-Tage-Woche https://www.srf.ch/news/wirtschaft/weniger-arbeiten-viertagewoche-das-arbeitsmodell-der-zukunft

19 71% wollen 4-Tage-Woche https://www.sueddeutsche.de/wirtschaft/vier-tage-woche-arbeitszeit-1.5533070

20 Studie HDI Deutschland zu Arbeitszeiten https://www.hdi.de/ueber-uns/presse/hdiberufestudie-2022/

21 75% wollen 4-Tage-Woche https://www.focus.de/finanzen/4-tage-woche-7-grafiken-zeigen-wie-deutsche-in-zukunft-arbeiten-wollen_id_154704180.html

22 77% wollen 4-Tage-Woche https://www.focus.de/finanzen/karriere/vier-tage-woche-als-trend-diese-argumente-ueberzeugen-ihren-chef_id_180437084.html

23 94% wollen 4-Tage-Woche, Story zum Artikel https://www.instagram.com/p/CmEnAZssVJj/

24 96% wollen 4-Tage-Woche https://www.radiobrocken.de/service/Erste-Firmen-in-Sachsen-Anhalt-erm%C3%B6glichen-die-4-Tage-Woche-id777788.html

25 Teresa Bücker zu ihrem Buch "Alle Zeit" https://www.businessinsider.de/karriere/teresa-buecker-wie-zeit-macht-bei-der-arbeit-zusammenhaengen/

26 40-Stunden-Woche abschaffen https://www.blick.ch/life/job/publizistin-teresa-buecker-38-fordert-mehr-freie-zeit-wir-muessen-die-40-stunden-woche-abschaffen-id18003294.html

27 Nico Osenstätter https://www.merkur.de/lokales/schongau/schongau-ort29421/firma-macht-den-traum-wahr-bei-uns-ist-jeder-freitag-ein-frei-tag-91670274.html

28 Sebastian Peters zum Warum? https://www.facebook.com/watch/?v=2881087255516649

29 Gründung von Sebastian Peters https://sebastianpeters-gmbh.de/unternehmen

30 Gedert Möbelwerkstatt https://www.dds-online.de/betrieb/marketing-betriebsfuehrung/wo-die-vier-tage-woche-lockt

31 fütterer metall- und stahlbau https://www.oberpfalzecho.de/beitrag/vier-tage-woche-so-gewinnen-firmen-ihre-fachkraefte

32 Telefonat Patrick Lüders, Hoteldirektor Upstalsboom Wyk auf Föhr mit Martin Gaedt 28. November 2022

33 Südstrand OpenAir Föhr https://www.resort-suedstrand-foehr.de/openair.html

34 Telefonat Patrick Lüders, Hoteldirektor Upstalsboom Wyk auf Föhr mit Martin Gaedt 28. November 2022

35 Was Menschen glücklich macht https://www.derstandard.at/story/2000142991328/jahrzehntelange-studie-enthuellt-was-uns-wirklich-gluecklich-macht

36 Atmosphäre ist der Erfolgsfaktor https://www.atmospheric-art.com/umfragen-belegen-atmosphaere-ist-erfolgsfaktor-nummer-1

37 Studie Junge Deutsche 2019 https://jungedeutsche.de/junge-deutsche-2019/

38 Studienergebnisse Junge Deutsche 2019 https://simon-schnetzer.com/studienergebnisse-junge-deutsche-2019/

39 Maler Frohmuth https://www.frohmuth-maler.de/frohmuth

40 Maler Frohmuth Wohlfühlfaktor https://www.instagram.com/p/ClnhAVajyyb

41 Buch „Der Change Code", Dieter Lederer, Wiley 2022, Seite 79

42 „Schöne neue Arbeitswelt" https://www.britta-redmann.de/schoene-neue-arbeitswelt-nur-nicht-fuer-fuehrungskraefte/

43 „Ohne Vertrauen kein New Work" https://www.heise.de/news/heise-meets-Ohne-Vertrauen-kein-New-Work-7334988.html

44 Bullshit Jobs auf Wikipedia https://de.wikipedia.org/wiki/Bullshit_Jobs

45 Finnische Ministerpräsidentin 2019 https://kontrast.at/finnische-regierungschefin-marin-6-stunden-tag-4-tage-woche

46 Haarwerk GmbH https://www.haar-werk.net/friseur-in

47 Magdeburger Treuhand Steuerberatungsgesellschaft mbH https://www.mdth.de/karriere.html

48 Magdeburger Treuhand Steuerberatungsgesellschaft mbH https://www.instagram.com/p/Cod_u1UKU9p

49 Bausprenglerei Windisch https://www.instagram.com/p/CjqLLlUv7Ae

50 Versa, Geschäftsführerin

https://www.focus.de/finanzen/news/drei-tage-frei-weniger-arbeit-mehr-umsatz-australische-firma-verdreifacht-mit-4-tage-woche-ihren-gewinn_id_12855100.html

51 4-Tage-Woche, Versa – https://corporate-rebels.com/no-work-wednesdays

52 Versa, Geschäftsführerin

https://www.focus.de/finanzen/news/drei-tage-frei-weniger-arbeit-mehr-umsatz-australische-firma-verdreifacht-mit-4-tage-woche-ihren-gewinn_id_12855100.html

53 Freizeitnutzung Bruns MSR-Technik GmbH https://www.handwerk.com/4-tage-woche-wie-ein-handwerksbetrieb-davon-profitiert https://www.bruns-gmbh.de/karriere

54 Was würdest du mit der freien Zeit tun? Story zum Artikel https://www.instagram.com/p/CmEnAZssVJj/

55 Reiten am freien Tag https://www.bild.de/regional/frankfurt/frankfurt-aktuell/immer-freitag-bis-sonntag-frei-wir-haben-die-4-tage-woche-81070266.bild.html

56 LÉGÈRE Hotelgroup https://www.inside-hotelmagazin.de/artikel/4-tage-woche-fuer-legere-hotelgroup.html

57 Mittwochs Tennis https://www.stern.de/wirtschaft/news/mittwochs-ist-immer-frei--so-setzte-eine-firma-die-4-tage-woche-um-8814464.html

58 JustOn GmbH Hobby Basketball https://www.youtube.com/watch?v=i_URuyONdiw

59 E-Mail von Tanja Nöth/NSI-Technik an Martin Gaedt am 4.11.2022

60 E-Mail von Benedikt Anagnostopoulos, Anthojo an Martin Gaedt am 3. November 2022

61 Buchhandlung Heyn montags geschlossen https://www.meinbezirk.at/klagenfurt/c-lokales/4-werktage-woche-und-bücherautomat-bei-heyn_a5317066

62 Umstellung bei Heyn https://kaernten.orf.at/stories/3155503/

63 E-Mail von Lena Geuer, vereda an Martin Gaedt 29. Novmver 2022

64 Thiele Heizung und Sanitär https://www.giessener-allgemeine.de/giessen/giessener-handwerksbetrieb-will-mit-vier-tage-woche-fachkraefte-gewinnen-92033521.html

65 Bericht über Recruiting Now, früher hieß die Firma „Lokale Stimme" https://www.youtube.com/watch?v=sQTVCHHs5JE

66 Handwerker gesucht https://www.wiwo.de/my/erfolg/beruf/traditionelle-branche-handwerker-gesucht-biete-4-tage-woche-bei-vollem-gehalt/28552460.html

67 Rocco Funke im MDR https://www.youtube.com/watch?v=8C6luhm9znM

68 Mehr Lebensqualität. Rocco Funkes Kommentar zum Artikel https://www.xing.com/news/insiders/articles/mehr-lebensqualitat-mit-drei-tagen-wochenende-und-vier-tagen-arbeit-4591458

69 Wirtschaftsminister von Thüringen in Hundeshagen https://www.facebook.com/photo/?fbid=530741449059627

70 Bericht von thueringen.de auf Instagram https://www.instagram.com/p/ClorEvxIMJy

71 Mehr Lebensqualität mit Rocco Funkes Kommentar https://www.xing.com/news/insiders/articles/mehr-lebensqualitat-mit-drei-tagen-wochenende-und-vier-tagen-arbeit-4591458

72 Buch „Der Change Code", Dieter Lederer, Wiley 2022, Seite 10

73 Friseursalon Anita https://imsalon.de/inspiration/inspiration-detailseite/marco-steiner-mit-der-4-tage-woche-punkten-wir0

74 Werbung auf Instagram für die 4-Tage-Woche https://www.instagram.com/p/Cj47j0TNrNX/

75 Webseite Hoffelner Metalltechnik https://hoffelner-metalltechnik.at/

76 Von der Gestalterei: Relaxen statt flexen https://www.gestalterei.at/hoffelner-metalltechnik/

77 Teamspirit Augenhöhe bei Hoffelner Metalltechnik https://hoffelner-metalltechnik.at/team/

78 Arbeitsklima-Index Österreich https://www.moment.at/story/Arbeitszeit-5-Tage-Woche-killen

79 Teilzeit-Gap von Frauen https://www.moment.at/story/teilzeit-frauen-einkommen-zurueckwirft

80 Vollzeit Teilzeit Schweiz https://www.plattformagenda2030.ch/rettet-die-vier-tage-woche-unseren-planeten

81 66% Frauen zu 7% Männer https://www.destatis.de/DE/Presse/Pressemitteilungen/2022/03/PD22_N012_12.html

82 Tagungsbericht der Akademie für Politische Bildung Tutzing.

https://www.apb-tutzing.de/news/2022-11-16/vier-tage-woche-arbeitszeitverkuerzung-32-stunden-woche-work-life-balance-produktivitaet

83 E-Mail von Hanna Jones an Martin Gaedt November 2022

84 Die Wahrheit über Fußball https://www.youtube.com/watch?v=cuyeQ1mJcPo

85 Ehrenamt in Deutschland https://www.zeit.de/sport/2019-07/soziales-engagement-ehrenamt-honorierung-ansatz

86 Videokonferenz Timo Gökeler und Martin Gaedt am 29.11.2022

87 GOEKELER macht die Woche kürzer https://www.teckbote.de/nachrichten/lokalnachrichten-lenninger-tal_artikel,-goekeler-macht-die-woche-kuerzer-_arid,254639.html

88 Videokonferenz Timo Gökeler und Martin Gaedt am 29.11.2022

89 Top 3 der Branche, GOEKELER https://www.teckbote.de/nachrichten/lokalnachrichten-lenninger-tal_artikel,-goekeler-macht-die-woche-kuerzer-_arid,254639.html

90 Philosophie GOEKELER, stolz aufs Ehrenamt vor Ort https://goekeler.com/unternehmen

91 Bürgermeister im Ehrenamt https://kommunal.de/Buergermeister-Verdienst

92 Engagement für Geflüchtete ab 2015 https://www.bmfsfj.de/bmfsfj/studie-zeigt-viele-menschen-engagieren-sich-freiwillig-fuer-fluechtlinge-121758

93 Engagement 16-25-jährige https://www.faz.net/aktuell/gesellschaft/menschen/tag-des-ehrenamts-viele-junge-menschen-engagieren-sich-18509702.html

94 Junge Menschen wollen mehr Freizeit https://www.watson.de/leben/exklusiv/544163751-umfrage-junge-menschen-wollen-mehr-freizeit-statt-mehr-arbeit-und-mehr-geld

95 Telefonat Grit Paulig und Martin Gaedt November 2022

96 Teresa Bücker im Interview zu Zeit https://www.businessinsider.de/karriere/teresa-buecker-wie-zeit-macht-bei-der-arbeit-zusammenhaengen

97 E-Mail von Christoph Goll, Schneiderei an Martin Gaedt 30. Oktober 2022

98 Direct Message 25.01.2023 an Martin Gaedt von Rolladen Kutsch https://www.instagram.com/rolladen_kutsch

99 Handwerksbetrieb stellt auf 4-Tage-Woche um https://bottroper-zeitung.de/bottroper-handwerksbetrieb-stellt-auf-4-tage-woche-um

100 4-Tage-Woche in der Produktion https://www.wenzel-group.com/news/4-tage-woche

QUELLEN

101 Bezahlte und unbezahlte Überstunden https://politik.watson.de/deutschland/analyse/744104009-vier-tage-woche-wie-realistisch-ist-das-in-deutschland-und-wie-gut

102 Überstunden in Deutschland https://www.welt.de/wirtschaft/plus242063781/Ueberstunden-Fuer-9-von-10-Deutschen-gehoert-Mehrarbeit-zum-Alltag.html

103 Stress im Job steigt https://persoblogger.de/2020/10/01/25-stunden-woche-nur-3-tage-arbeit-bei-vollem-gehalt

104 Stress und psychische Belastung – https://persoblogger.de/2021/06/21/stress-psychische-belastungen-was-arbeitgeber-tun-koennen

105 Frühzeitige Rente
https://www.deutsche-rentenversicherung.de/Bund/DE/Presse/Pressemitteilungen/pressemitteilungen_archive/2021/2021_11_30_psych_erkrankungen_erwerbsminderung.html

106 Höchster Krankenstand im Dezember 2022 https://www.tk.de/presse/themen/praevention/gesundheitsstudien/hoechster-krankenstand-in-bayern-2143850

107 Zu viel Arbeit killt https://www.moment.at/story/Arbeitszeit-5-Tage-Woche-killen

108 Überstunden keine Antwort auf Fachkräftemangel https://www.businessinsider.de/karriere/teresa-buecker-wie-zeit-macht-bei-der-arbeit-zusammenhaengen

109 Hannes Zacher, Professor an der Universität Leipzig.
https://www.lvz.de/lokales/leipzig/leipziger-professor-fuer-arbeitspsychologie-vier-tage-woche-kann-burnout-verhindern-LX2EZQ2YHEOEEJD3TYXADY4E4Q.html

110 Burnout https://focus-arztsuche.de/magazin/ratgeber/burn-out-die-wichtigsten-fruehwarnzeichen

111 Schlafmangel, Burnout https://www.focus.de/gesundheit/news/stressforschung_aid_88954.html

112 Schlaf verdrängt https://www.riffreporter.de/de/wissen/trotz-corona-winterblues-besser-schlafen-mehr-licht-zeit

113 Schlaf und Demenz https://www.tagesspiegel.de/wissen/schutz-vor-demenz-guter-schlaf-ist-wichtig/26885302.html

114 Im Schlaf besser werden https://www.radsport-rennrad.de/training/schlaf-regeneration-leistung/

115 Schlaf und Training, Wirkung https://www.mckinsey.com/business-functions/organization/our-insights/the-organizational-cost-of-insufficient-sleep

116 Schlafmangel, Bill Clinton https://www.mckinsey.com/business-functions/organization/our-insights/the-organizational-cost-of-insufficient-sleep

117 Mittagsschlaf https://www.mckinsey.com/business-functions/organization/our-insights/the-organizational-cost-of-insufficient-sleep

118 Schlafmangel, wirtschaftlicher Schaden https://www.aerzteblatt.de/nachrichten/71754/Schlafmangel-kostet-deutsche-Wirtschaft-jaehrlich-60-Milliarden-Euro

119 Pendler, steigende Anzahl https://www.faz.net/aktuell/wirtschaft/schneller-schlau/deutsche-pendler-sind-eine-woche-im-jahr-nur-unterwegs-16155976.html

120 Hannes Zacher, Professor an der Universität Leipzig.
https://www.lvz.de/lokales/leipzig/leipziger-professor-fuer-arbeitspsychologie-vier-tage-woche-kann-burnout-verhindern-LX2EZQ2YHEOEEJD3TYXADY4E4Q.html

121 Studie Böckler Stiftung Arbeitszeitverlängerung https://www.boeckler.de/de/faust-detail.htm?produkt=HBS-008384

122 Studie „Was besser hilft als Arbeitszeitverlängerung" https://www.boeckler.de/de/pressemitteilungen-2675-sicherung-von-fachkraftebasis-und-sozialkassen-43038.htm

123 Studie 2020 Universität Erfurt https://www.uni-erfurt.de/forschung/aktuelles/forschungsblog-motwelder/vier-tage-woche-mehr-lebensqualitaet-oder-mehr-arbeitsdruck

124 Vier Tipps zur Einführung 4-Tage-Woche https://www.strive-magazine.de/post/4-tage-woche-einf%C3%BChren-so-klappt-s

125 Arbeitszeit und Gesundheit https://www.quarks.de/gesellschaft/sollte-wir-alle-weniger-arbeiten/

126 4-Tage-Woche, Gesundheit https://www.gq-magazin.de/lifestyle/artikel/vier-tage-woche-was-bringt-das-arbeitsmodell-wirklich-studie

127 Rushhour, CO2 http://ideas.ted.com/how-working-less-could-solve-all-our-problems-really/

128 ETH Elektrotechnik https://www.info-eth.de

129 Telefonat Simon Bausewein ETH mit Martin Gaedt 4. November 2022

130 Wiener Büro für Interaktion https://www.moment.at/story/firmenchef-viel-arbeiten-ist-nicht-geil

131 Telefonat Grit Pauling 25hours Köln mit Martin Gaedt 1. November 2022

132 Bauelemente Meier https://www.gehalt.de/news/vier-tage-woche-die-vor-und-nachteile

133 Krankentage bei Schmauser gen Null https://www.wiwo.de/my/erfolg/beruf/arbeitszeit-deswegen-ist-die-viertagewoche-bei-uns-standard/28682280.html

134 Maschinenbaubetrieb Wenzel Group https://www.xing.com/news/articles/mittelstandler-fuhrt-vier-tage-woche-in-der-produktion-ein-das-ist-phanomenal-gut-5430345

135 Less is more. Softwarefirma Our Communiy

https://www.theage.com.au/business/workplace/less-is-more-staff-all-for-making-four-day-working-week-permanent-at-melbourne-firm-20221116-p5byol.html

136 Island: mehr Regeneration, weniger Fehlzeiten https://www.gq-magazin.de/lifestyle/artikel/vier-tage-woche-was-bringt-das-arbeitsmodell-wirklich-studie

137 4-Tage-Woche, Produktion

https://www.spiegel.de/wirtschaft/soziales/4-tage-woche-wie-island-die-arbeitszeit-verkuerzte-und-so-die-produktivitaet-erhoehte-a-563307d5-755f-4cb4-8118-aabec76c822b

138 Irland, USA 2022 https://www.watson.ch/wirtschaft/international/279055898-4-tage-woche-neuste-erkenntnisse-projekte-und-der-stand-in-der-schweiz

139 Wirtschafts- und Steuerkanzlei Rose & Partner https://www.spiegel.de/karriere/vier-tage-woche-freitags-arbeiten-wir-nicht-a-1b1dd115-3fa6-41cc-9208-6e9963b0e97e

140 bhatti.pro Steuerberatungsgesellschaft mbH in Kiel. https://bhatti.pro

141 Videokonferenz von Nadim Bhatti und Martin Gaedt am 8. November 2022

142 Schweizer Rekord Arbeitsausfälle psychischer Stress https://www.srf.ch/news/schweiz/neue-krankheitsbilder-deutlicher-anstieg-von-psychischer-arbeitsunfaehigkeit

143 Reduzierung Arbeitszeit https://politik.watson.de/deutschland/analyse/744104009-vier-tage-woche-wie-realistisch-ist-das-in-deutschland-und-wie-gut

144 Mentale Gesundheit vor Umsatz und Gewinn" https://www.hoffentlich-brauchen-sie-uns-nie.de/4-tage-woche/index.html

145 Rocco Funke auf Instagram https://www.instagram.com/elbs.rocco.funke

146 Gorgas Leinetaler Headquarter auf Instagram https://www.instagram.com/p/ChhpcPq0Vs

147 Karriereseite Gorgas und Leinetaler https://gorgas-leinetaler.de/karriere

148 2023 4-Tage-Woche bei Leinetaler Hochbau & Dachdeckerei Gorgas https://www.radiobrocken.de/service/Erste-Firmen-in-Sachsen-Anhalt-erm%C3%B6glichen-die-4-Tage-Woche-id777788.html

149 Telefonat Christopher Erdinger mit Martin Gaedt am 8. November 2022

150 Schornsteinfeger Rostock Lastenrad https://www.transportrad-mv.de/blogbeitrag/bullitt-rostock-transportfahrrad-gewerberad-dienstfahrrad-nutzfahrrad-lastenrad-schornsteinfeger-nutzfahrzeug.html

151 Schornsteinfeger Berlin Lastenrad https://twitter.com/clnpstgns/status/8477976404274462 73

152 Handwerker mit Lastenrad https://www.handwerk.de/praxisbericht-lastenrad-im-handwerk-diese-unternehmer-radeln-zum-kunden

153 Potenzial 23 Prozent der Handwerksbetriebe https://www.lastenradtest.de

154 5,4 Millionen Beschäftigte Handwerk https://www.destatis.de/DE/Presse/Pressemitteilungen/2022/09/PD22_412_53211.html

155 51 Prozent Lieferung in Städte per Lastenrad https://www.theguardian.com/world/2021/aug/05/cargo-bikes-deliver-faster-and-cleaner-than-vans-study-finds

156 Studie Lastenräder Emission und Lieferzeiten https://static1.squarespace.com/static/5d30896202a18c0001b49180/t/61091edc3acfda2f4af7d97f/1627987694676/The+Promise+of+Low-Carbon+Freight.pdf

157 Sarg Dublin auf Lastenrad https://www.irishtimes.com/news/ireland/irish-news/bicycle-drawn-hearse-brings-cycling-advocate-on-his-last-journey-1.4535349

158 Lastenrad Verwaltung Dresden https://twitter.com/EvaJaehn/status/1429692571262103553

159 XXL-Lastenräder DB Schenker https://www.mopo.de/hamburg/mopo-bike/dieses-xxl-lastenrad-kann-7-5-tonner-in-der-city-ersetzen

160 Thomas Morus Vision 1516 Utopia https://hrtoday.ch/de/article/work-life-balance-vier-arbeitstage-sind-genug

161 Die 90-Stunden-Woche, Katharina Grimm https://www.stern.de/wirtschaft/job/arbeitzeit--16-stunden-pro-tag--als-wir-wie-maschinen-schufteten-8624588.html

162 Arbeitszeiten 1800 bis 1870, Seite 2 http://library.fes.de/gmh/main/pdf-files/gmh/1984/1984-02-a-077.pdf

163 Arbeitszeit im Kaiserreich https://www.gehalt.de/news/vier-tage-woche-die-vor-und-nachteile

164 5-Tage-Woche in den USA ab 1908 https://www.gruender.de/hr-office/4-tage-woche-vs-5-tage-woche/

165 8-Stunden-Tag bei Ford https://www.focus.de/auto/news/jubilaeum-in-detroit-100-jahre-autos-am-laufenden-band_id_3546969.html

QUELLEN

166 8-Stunden-Tag in Deutschland https://politik.watson.de/deutschland/analyse/744104009-vier-tage-woche-wie-realistisch-ist-das-in-deutschland-und-wie-gut

167 Samstags gehört Vati mir https://jungwild.io/blog/die-vier-tage-woche-funktioniert-nicht-32/

168 5-Tage-Woche 1965 https://www.bundesarchiv.de/cocoon/barch/0100/k/k1965k/kap1_2/kap2_15/para3_6.html

169 Seit 1975 40-Stunden in Österreich https://www.timetac.com/de/blog/die-4-tage-woche-als-modell-der-zukunft/

170 4-Tage-Woche steigende Produktivität https://t3n.de/news/4-tage-woche-experiment-island-1389822/

171 Arbeitsmarktforscher Philipp Frey https://www.swr.de/swraktuell/baden-wuerttemberg/karlsruhe/interview-arbeitsmarktforscher-4-tage-woche-100.html

172 Arbeitszeitverkürzungen zeigen Fortschritt https://www.moment.at/story/Arbeitszeit-5-Tage-Woche-killen

173 100 Clubs in Berlin https://www.berlin.de/clubs-und-party/clubguide/a-z/

174 Telefonat Grit Pauling mit Martin Gaedt 1. November 2022 https://www.25hours-hotels.com/hotels/koeln/the-circle

175 4-Tage-Woche, Hotel in Sachsen https://www.hogapage.de/nachrichten/wirtschaft/hotellerie/4-tage-woche-im-carolaschloesschen/

176 Carolaschlösken 4-Tage-Woche https://www.saechsische.de/dresden/lokales/dresden-vier-tage-woche-gastronomie-carolaschloesschen-5532020-plus.html

177 Deutschlandfunk Nova auf Insagram https://www.instagram.com/p/CjlDEGpqWjr/?igshid=MDJmNzVkMjY%3D

178 E-Mail von Christoph Goll, Schneiderei an Martin Gaedt 30. Oktober 2022

179 Buchhandlung Heyn https://www.meinbezirk.at/klagenfurt/c-lokales/4-werktage-woche-und-buecherautomat-bei-heyn_a5317066

180 Öffnungszeiten Brotpuristen https://diebrotpuristen.de

181 Marcus Gaßner https://www.haustec.de/management/betriebsfuehrung/4-tage-woche-im-handwerk-machbar-oder-spinnerei

182 Bauelemente Meier https://www.idowa.de/inhalt.arbeitsmodell-in-flossenbuerg-firmenchef-erfolgreich-mit-vier-tage-woche.a1319c5d-fc46-4bc0-bf64-2bcbe2b2b41a.html

183 Montags und freitags bei ringlighs GmbH, Kommentar auf LinkedIn https://www.linkedin.com/feed/update/urn:li:activity:6960884457364951040?commentUrn=urn%3Ali%3Acomment%3A%28activity%3A6960884457364951040%2C6961257857476395008%29&dashCommentUrn=urn%3Ali%3Afsd_comment%3A%286961257857476395008%2Curn%3Ali%3Aactivity%3A6960884457364951040%29

184 Heinz Meyer GmbH zu 4-Tage-Woche https://www.instagram.com/p/Cki6QEzOQPQ

185 4-Tage-Woche, Versa – https://corporate-rebels.com/no-work-wednesdays

186 Mittwochs frei Tobit Software GmbH https://tobit.software/tobitsoftware/join#Einzigartiger--Arbeitsplatz

187 DVZ News über Cargo Truck Direct https://www.instagram.com/p/CoB0psHK744/?igshid=MDJmNzVkMjY%3D

188 Thiele Heizung und Sanitär https://www.thiele-giessen.de/4-tage-woche

189 Belgien führt Recht auf 4-Tage-Woche ein https://www.stern.de/politik/ausland/belgien-fuehrt-das-recht-auf-eine-vier-tage-woche-ein-31630432.html

190 Alfred Keller https://www.tagesschau.de/wirtschaft/unternehmen/arbeitgeber-arbeitszeitmodelle-viertagewoche-101.html

191 E-Mail von Benedikt Anagnostopoulos, Anthojo an Martin Gaedt am 3. November 2022

192 Koller + BVT https://www.bvt-koller.at/de/karriere/karriere-bvt

193 Start bei Koller https://www.meinbezirk.at/bruck-an-der-mur/c-wirtschaft/vier-tage-woche-bei-maschinenbau-koller_a4977976

194 Schmauser https://www.wiwo.de/my/erfolg/beruf/arbeitszeit-deswegen-ist-die-viertagewoche-bei-uns-standard/28682280.html

195 Seeger AG https://www.steger.ag/elementor-1844

196 Arbeitszeit Osenstätter https://www.merkur.de/lokales/schongau/schongau-ort29421/firma-macht-den-traum-wahr-bei-uns-ist-jeder-freitag-ein-frei-tag-91670274.html

197 Weinzetl https://www.instagram.com/p/Cd5UtahlkRM

198 KlimaShop GmbH https://jobs.klimashop.de

199 Wiener Linien https://www.instagram.com/p/Cgl8gPoKk2T/

200 Marcus Gaßner 4-Tage-Vorreiter https://www.haustec.de/management/betriebsfuehrung/4-tage-woche-im-handwerk-machbar-oder-spinnerei

201 E-Mail von Dirk Salzseder Hoteldirektor an Martin Gaedt am 3. November 2022

202 E-Mails von Johannes Breidenbach an Martin Gaedt im November 2022 und Februar 2023

203 E-Mail von Thomas Lehmkuhl an Martin Gaedt 8. November 2022

204 4-Tage-Woche und unbegrenzter Urlaub https://fundscene.com/cds-4-tage-woche

205 Prosis GmbH https://www.prosis.de/de/4-tage-woche

206 Komfortbau Hunger 4-Tage-Woche https://www.komfortbau-hunger.de

207 Wirtschafts- und Steuerkanzlei Rose & Partner https://www.spiegel.de/karriere/vier-tage-woche-freitags-arbeiten-wir-nicht-a-1b1dd115-3fa6-41cc-9208-6e9963b0e97e

208 Dr. Eberhard GmbH Kahla https://www.ardmediathek.de/video/mdr-um-zwei/thueringer-familienbetrieb-fuehrt-vier-tage-woche-ein/mdr-fernsehen/Y3JpZDovL21kci5kZS9iZWl0cmFnL2Ntcy81MzMyNDczZi1mMWM4LTRlOTQtYWNiYi1MzU0Y2M1MDA0MGQ

209 Videokonferenz von Nadim Bhatti und Martin Gaedt am 8. November 2022

210 E-Mail von Mona Zimmermann, Artwork Hairdresser an Martin Gaedt November 2022

211 Ontec AG Wien https://brutkasten.com/mehr-urlaub-oder-4-tage-woche-ontec-macht-die-arbeitswelt-wie-sie-mitarbeiterinnen-gefaellt

212 Dück Malerbetrieb wirbt mit 35 Sunden https://www.instagram.com/p/CoK2pTQs5rh

213 Steuerlotsen 35 Stunden https://die-steuerlotsen.de/kanzlei/karriere

214 Mailingmanufaktur https://www.nordkurier.de/mueritz/erste-betriebe-in-mv-fuehren-vier-tage-woche-ein-2650484511.html

215 Tractive in Oberösterreich https://www.moment.at/story/arbeitszeitverkuerzung-4-tage-woche-tractive-kampelmueller

216 Cyberhouse Linz https://www.cyberhouse.at/blog/beitrag/fridays4you-arbeit-neu-gedacht

217 Betterplace Lab https://www.betterplace-lab.org/wir-steigen-um-auf-die-4-tage-woche

218 Betterplace Lab https://www.instagram.com/p/Cny8zzHpEqS

219 Rocco Funkes Kommentar zum Artikel https://www.xing.com/news/insiders/articles/mehr-lebensqualitat-mit-drei-tagen-wochenende-und-vier-tagen-arbeit-4591458

220 moinAI zur Einführung der 4-Tage-Woche https://www.moin.ai/uber-uns

221 NDR-Bericht mit moinAI https://www.ndr.de/fernsehen/sendungen/kulturjournal/Wie-wollen-wir-arbeiten-Das-Modell-Vier-Tage-Woche,kulturjournal9074.html

222 Büro für Interaktion Wien 32 Stunden https://www.trendingtopics.eu/thomas-meyer-der-wiener-chef-der-die-32-stunden-woche-eingefuehrt-hat

223 Büro für Interaktion Wien wächst mit 32 Wochenstunden https://www.moment.at/story/Arbeitszeit-5-Tage-Woche-killen

224 Büro für Interaktion Wien 32 Stunden https://www.trendingtopics.eu/thomas-meyer-der-wiener-chef-der-die-32-stunden-woche-eingefuehrt-hat

225 Gespräch in Wien mit Geschäftsführer der agencylife Alex Kucera und Martin Gaedt 1. Dezember 2022

226 Videokonferenz Jubin Honarfar von whatchado und Martin Gaedt am 27. Oktober 2022

227 F&P GmbH 4–32–100-Formel https://www.onlinehaendler-news.de/online-handel/haendler/137595-32-neue-40-firma-4-tage-woche

228 vereda strich Meetings. Nicht mehr Stress https://perspective-daily.de/article/2299-hier-ist-die-4-tage-woche-keine-utopie-mehr

229 Agentur ringlights https://ringlights.de

230 e-dox zur 4-Tage- und 32-Stunden-Woche https://www.e-dox.ag/tipps/wie-gestaltet-man-die-32-stunden-woche

231 unite Software Development https://kontrast.at/32-stunden-woche

232 Bilbee GmbH die glücklichsten Mitarbeiter https://www.greatplacetowork.de/events-and-great-blog/blog/bilbee-30-stunden-woche

233 30 Stunden an 4 oder 5 Tagen bei eMagnetix https://kontrast.at/emagnetix-30-stunden-woche

QUELLEN

234 5-Stunden-Tag, Rheingans – https://www.fintropolis.de/article/vier-tage-woche , https://www.zeit.de/arbeit/2019-08/arbeitszeit-work-life-balance-teilzeit-lasse-rheingans

235 Drei Tage Arbeit, 25 Stunden, Vollzeit https://steuerberater-buero.de/25h-woche

236 15 Minuten Podcast mit Erich Erichsen https://open.spotify.com/episode/6csG8zdy83WgzuXD2t4u9S

237 5-Stunden-Tag – https://www.facebook.com/rtlwest/posts/3452476808136625/

238 E-Mail von Sascha Rathje an Martin Gaedt am 17. November 2022

239 e-koris 3-4-5-Tage-Woche https://faktor-a.arbeitsagentur.de/arbeitswelt-gestalten/innovationspreis-vereinbarkeit-2022

240 3-4-5 bei e-koris https://faktor-a.arbeitsagentur.de/arbeitswelt-gestalten/innovationspreis-vereinbarkeit-2022

241 Nachricht von Pia Tischer, Coveto ATS an Martin Gaedt auf LinkedIn am 14. Februar 2023

242 Nachricht von Pia Tischer, Coveto ATS an Martin Gaedt auf LinkedIn am 14. Februar 2023

243 Britta Redmann live beim WSXD von Migosens in Essen 25. Oktober 2022

244 Für Rechtssicherheit im agilen Arbeiten: Britta Redmann https://www.britta-redmann.de

245 TK-Gesundheitsreport Juni 2022 https://www.tk.de/presse/themen/praevention/gesundheitsstudien/pflegekraefte-haeufiger-krank-als-andere-berufsgruppen-2128344

246 300.00 bis 660.00 Pflegekräfte zurück in die Pflege https://www.instagram.com/p/CkbCj8tNbDb/?igshid=MDJmNzVkMjY=

247 3+3-Modell Schweden https://www.aerztezeitung.de/Wirtschaft/Innovative-Konzepte-aus-Skandinavien-308791.html

248 Teresa Bücker zu 30 Stunden Vollzeit in der Pflege https://www.businessinsider.de/karriere/teresa-buecker-wie-zeit-macht-bei-der-arbeit-zusammenhaengen

249 Rocco Funke 25 % mehr Lohn/Stunde https://www.wiwo.de/my/erfolg/beruf/traditionelle-branche-handwerker-gesucht-biete-4-tage-woche-bei-vollem-gehalt/28552460.html

250 Osenstätter Veränderung https://www.bauhandwerk.de/news/osenstaetter-fuehrt-die-vier-tage-woche-ein-3823525.html

251 Gender Pay Gap, EU und Deutschland https://ec.europa.eu/eurostat/statistics-explained/index.php?title=Gender_pay_gap_statistics

252 Gender Lifetime Earning Gap, Deutschland https://www.tagesschau.de/inland/gehaltsluecke-maenner-frauen-103.html

253 Mindestlohn $70.000 https://metro.co.uk/2021/07/30/ceo-takes-90-pay-cut-to-raise-staffs-minimum-salary-to-50000-15013042

254 Roboterdichte 2022 https://www.produktion.de/wirtschaft/in-diesen-laendern-arbeiten-die-meisten-roboter-812.html

255 Franz Rönnau Metall ums Haus https://www.zdf.de/nachrichten/drehscheibe/unternehmen-mitarbeiter-4tagewoche-108.html

256 Metallbaufirma Hessen https://www.hessenschau.de/wirtschaft/warum-zwei-nordhessische-unternehmen-auf-die-vier-tage-woche-setzen,vier-tage-woche-104.html

257 Testlauf bei Franz Rönnau https://www.deutsche-handwerks-zeitung.de/handwerksbetriebe-experimentieren-mit-vier-tage-woche-265221

258 Metallbaufirma Hessen https://www.hessenschau.de/wirtschaft/warum-zwei-nordhessische-unternehmen-auf-die-vier-tage-woche-setzen,vier-tage-woche-104.html

259 Monte Nero Productions GmbH https://www.instagram.com/p/CiMs2-SN618

260 Testlauf seerow https://www.inside-it.ch/post/webagentur-seerow-testet-4-tage-woche-20210803

261 Muskelaufbau

https://www.rbb-online.de/rbbpraxis/rbb_praxis_service/herz-kreislauf-lunge/muskeln-training-fitness-kraft-aufbau-abbau-schwinden-alter-eiweiss-fasern-saeure-schmerz-spannung-aufbau.html

262 Cyberhouse Linz https://www.cyberhouse.at/blog/beitrag/fridays4you-arbeit-neu-gedacht

263 Bewegung beim Sitzen https://www.deutsche-handwerks-zeitung.de/sport-und-bewegung-in-den-arbeitsalltag-integrieren-so-klappts-148070

264 Fitness-Anlagen in Deutschland https://de.statista.com/statistik/daten/studie/6231/umfrage/anzahl-der-anlagen-in-der-fitness-branche

265 Mitglieder Fitnessstudios https://de.statista.com/statistik/daten/studie/5966/umfrage/mitglieder-der-deutschen-fitnessclubs

266 Neue Mitglieder 2022 Fitnessstudios https://www.merkur.de/wirtschaft/fitnessstudios-280-000-neue-mitglieder-im-ersten-halbjahr-91715386.html

267 Pilotprojekt UK Fokus auf Leistung https://goodnews-magazin.de/vier-tage-woche-in-gb

268 Körperliche Leistungsfähigkeit https://de.wikipedia.org/wiki/K%C3%B6rperliche_Leistungsf%C3%A4higkeit

269 Lernfabrik Festo https://www.festo.com/de/e/journal/lernraeume-in-der-fabrik-id_28674

270 Kognitiv https://www.gesundheit.gv.at/lexikon/K/lexikon-kognitiv.html

271 Kognitive Fähigkeiten https://de.wikipedia.org/wiki/Kognition

272 Kognition basierend auf Werner Stangl: Kognition. In: Online Lexikon für Psychologie und Pädagogik. Werner Stangl, 2018, abgerufen am 29. Juli 2018.

   https://de.wikipedia.org/wiki/Kognition

273 Lernplattform Masterplan https://masterplan.com

274 Coachhub https://www.handelsblatt.com/technik/it-internet/start-up-check-coaching-fuer-jeden-mitarbeiter-coachhub-will-zum-globalen-marktfuehrer-werden/28878342.html

275 Sicherheit erhöhen https://www.presseportal.de/pm/127378/4146434

276 Züge reparieren mit Augmented Reality https://www.presseportal.de/pm/127378/4146434

277 1,7Milliarden Augmented Reality Geräte 2024 https://www.3spin-learning.com/en

278 AR Würth-Gruppe https://www.handwerksblatt.de/themen-specials/augmented-reality-und-virtual-reality-im-handwerk/berufsschule-aus-kornwestheim-unterrichtet-

   kaufmaennische-auszubildende-in-virtual-reality-im-metaversum-der-wuerth-industrie-service

279 AR und VR Projekte im Handwerk

   https://www.handwerksblatt.de/themen-specials/augmented-reality-und-virtual-reality-im-handwerk/augmented-reality-duerfte-dem-handwerk-zunaechst-die-groessten-chancen-bieten

280 KI braut Bier Schweiz https://blog.drinktec.com/de/bier/ki-bier-kuenstliche-intelligenz-braut-bier

281 KI braut Craftbeer USA https://t3n.de/news/ki-bier-new-orleans-deep-impact-1480350

282 Deep Liquids https://www.deepliquid.ai

283 KI-basierte Medizin https://healthcare-in-europe.com/de/news/die-bedeutung-von-ki-fuer-die-krebsmedizin.html

284 KI hilft heilen https://www.zdf.de/nachrichten/digitales/computer-medizin-kuenstliche-intelligenz-plan-b-100.html

285 KI komponiert https://t3n.de/news/ki-musik-kompositionen-songs-ai-1515936

286 Drehbücher von KI https://root-nation.com/de/ua/news-ua/it-news-ua/ua-noviy-ai-instrument-vid-deepmind-pishe-chornovi-stsenarii-dlya-kino-ta-teatru

287 ChatGPT Rekord https://www.golem.de/news/kuenstliche-intelligenz-chatgpt-stellt-rekord-fuer-schnellwachsende-nutzerzahlen-auf-2302-171634.html

288 Bild-Urheberrechte https://www.heise.de/hintergrund/KI-spuckt-Bilder-echter-Menschen-und-urheberrechtlich-geschuetzte-Inhalte-aus-7486123.html

289 Telefonat Simon Bausewein ETH mit Martin Gaedt 4. November 2022

290 Der Dantler GmbH in München www.derdantler.de

291 Bayrisch Deli in Der Dantler https://www.in-muenchen.de/gastro/restaurants/dantler-muenchen-bayerisch-kritik-9111077.html

292 E-Mail von Max Süber und Jochen Kreppel/Der Dantler an Martin Gaedt 27.10.2022

293 Der Dantler Google Bewertungen https://www.google.com/maps/place/Der+Dantler/@48.1192956,11.5783843,14z/data=!3m1!5s0x479ddf731be0b7b7:0x699e35f83af7a7a6!4m8!3m7!1s0x479ddf731

   bc9dfb7:0x7942dffbeb5f5f3!8m2!3d48.1154281!4d11.5828781!9m1!1b1!16s%2Fg%2F11cfj6r48

294 Freitags immer frei. Hempfling https://www.hempfling-solar.de

295 Hempfling Elektro/Solar https://www.merkur.de/bayern/4-tage-woche-nachteile-vorteile-prebitz-bayern-personalmangel-wochenende-stress-produktiv-91472010.html

296 Hempfling Elektro/Solar https://www.merkur.de/bayern/4-tage-woche-nachteile-vorteile-prebitz-bayern-personalmangel-wochenende-stress-produktiv-91472010.html

297 Hempfling bekommt viele Bewerbungen https://www.br.de/mediathek/video/work-life-balance-4-tage-woche-im-handwerk-av:6247364bb70b860008e37c6b

298 32 statt 64 Löcher gebohrt mit demselben Ergebnis https://www.youtube.com/watch?v=8C6iuhm9znM

QUELLEN

299 Mark Schmitz Sanitär https://marcschmitz-shkprofi.de

300 Ferri Heizung Sanitär https://www.instagram.com/p/CmReomTA9m_

301 Ferri Technologie + Weiterentwicklung https://ferri-heizung-sanitaer.de/unternehmen/jobs-ausbildung

302 Parkinsonsche Gesetz https://karrierebibel.de/parkinsonsche-gesetz

303 Job in Versicherung https://www.audimax.de/naturwissenschaften/branchen/mathematik/mathematiker-in-banken-und-versicherungen

304 Hochbegabte Mitarbeiter – https://www.e-fellows.net/Studium/Studienwissen/Studium-aktuell/Hochbegabung-schlauer-als-der-Chef

305 Persönliches Gespräch Michael Kapst und Martin Gaedt 2018

306 Graspointner Robert GmbH https://www.graspointner.com/4-tage-woche-bei-graspointner

307 Klimaschutz durch reduzierte Arbeitszeit – https://www.nd-aktuell.de/artikel/1161629.lasst-uns-arbeitszeit-verlieren.html

308 Überschwemmungen Pakistan https://de.wikipedia.org/wiki/%C3%9Cberschwemmungskatastrophe_in_Pakistan_2022

309 Brände in Chile 2023 https://www.stern.de/panorama/weltgeschehen/chile--waldbraende-ausser-kontrolle---zahlreiche-tote-und-verletzte-33168196.html

310 Feinstaub EU https://www.tagesschau.de/ausland/europa/tote-luftverschmutzung-101.html

311 Hitzetote Europa 2022 https://www.zdf.de/nachrichten/panorama/who-hitzetote-europa-2022-100.html

312 Klima-Risiko-Index https://www.spiegel.de/wissenschaft/natur/klima-risiko-index-deutschland-bei-wetterextremen-weltweit-unter-top-20-a-72d2af95-6e53-4280-989d-04d9b90efe77

313 Verband der Versicherer warnt https://www.versicherungsbote.de/id/4905314/Versicherer-warnen-Bestimmte-Klimarisiken-bald-nicht-mehr-versicherbar

314 Saubere Umwelt wird Menschenrecht https://goodnews-magazin.de/vereinte-nationen-ernennen-saubere-umwelt-zum-menschenrecht

315 Bernd Ritter Hair & Fashion https://www.westfalen-blatt.de/owl/kreis-herford/loehne/friseur-fuhrt-vier-tage-woche-ein-989677

316 E-Mail von Andreas Hüttner, Leithäusl an Martin Gaedt 09. Januar 2023

317 GEG Österreich gesparte Fahrten https://www.meinbezirk.at/voecklabruck/c-wirtschaft/stern-gruppe-setzt-auf-klimaschutz_a3496386

318 GEG 25 Tonnen $CO_2$ https://geg.co.at/aktuelle_news/die-geg-mit-e-mobilitaetsexpertise/

319 Großbritannien 20% weniger $CO_2$ https://www.energieleben.at/vier-tage-woche-als-nachhaltiger-ansatz-fuer-unser-klima

320 Luplow + Karge Metallbau https://www.instagram.com/reel/Ckl3iT3jw8I

321 Betrieb Schmauser spart Spritkoten https://www.tagesschau.de/wirtschaft/unternehmen/betriebe-vier-tage-woche-101.html

322 Fünf Effekte aus internationalen Studien https://kontrast.at/4-tage-woche-klima

323 Fünf Effekte aus internationalen Studien https://kontrast.at/4-tage-woche-klima

324 Weniger Arbeit weniger $CO_2$ https://www.focus.de/perspektiven/arbeit-und-leben/4-tage-woche-fuer-alle-und-so-das-klima-retten-das-steckt-hinter-der-idee_id_11564884.html

325 Weniger Arbeit weniger $CO_2$ https://www.focus.de/perspektiven/arbeit-und-leben/4-tage-woche-fuer-alle-und-so-das-klima-retten-das-steckt-hinter-der-idee_id_11564884.html

326 Philipp Frey https://kontrast.at/4-tage-woche-klima

327 Weltklimarat zur Arbeitszeitverkürzung https://kontrast.at/4-tage-woche-klima

328 Fahrtwege zur Arbeit https://www.destatis.de/DE/Themen/Arbeit/Arbeitsmarkt/Erwerbstaetigkeit/im-Fokus-Pendler.html

329 Arbeitswege https://www.spiegel.de/karriere/pendeln-in-deutschland-nehmen-immer-mehr-menschen-lange-wege-zum-arbeitsplatz-in-kauf-a-085c2c3a-36ef-4aeb-b807-6fbc70e5d95d

330 Pendel-Nation Deutschland https://www.wiwo.de/erfolg/beruf/arbeitsweg-pendler-betruegen-sich-selbst/20560038-all.html

331 CO2 Straßenverkehr EU https://www.destatis.de/Europa/DE/Thema/Umwelt-Energie/CO2_Strassenverkehr.html

332 CO2-Ausstoß seit 1750 https://www.n-tv.de/politik/Worum-es-bei-der-Billionen-Klima-Rechnung-geht-article23727526.html

333 Wünsche von Menschen – https://www.rnd.de/politik/klima-deutsche-wollen-umweltschutz-ohne-moralischen-zeigefinger-NNKHVUQK6O5K3BGOUVBTYSRREE.html

334 Verlierer Nachhaltigkeit https://extrajournal.net/2023/01/25/nachhaltigkeit-ist-derzeit-krisenverlierer-nr-1

335 Wünsche und Erwartungen Jugendlicher – https://www.vodafone-stiftung.de/jugendstudie-2022

336 Liste aller abgebaggerten Ortschaften https://de.wikipedia.org/wiki/Liste_abgebaggerter_Ortschaften

337 120.000 Menschen umgesiedelt https://www.bund-nrw.de/themen/braunkohle/hintergruende-und-publikationen/verheizte-heimat/verschwindende-doerfer

338 Gewinne Öl-Konzerne 202 https://www.focus.de/finanzen/oel-und-gasmultis-krise-befeuert-profite-von-energiekonzernen-verbraucher-bleiben-auf-der-strecke_id_184721632.html

339 100 Unternehmen 70 Prozent $CO_2$ https://kontrast.at/corona-klima/

340 Arbeit lassen https://www.zeit.de/2020/04/viertagewoche-arbeitszeitverkuerzung-lohnausgleich-klimawandel-nachhaltigkeit

341 Think Tank Autonomy https://www.focus.de/perspektiven/arbeit-und-leben/4-tage-woche-fuer-alle-und-so-das-klima-retten-das-steckt-hinter-der-idee_id_11564884.html

342 60.000 Parkplätze weniger https://orf.at/stories/3176995

343 Pariser Bürgermeisterin https://www.srf.ch/news/international/umbau-der-hauptstadt-paris-baut-70-000-parkplaetze-ab

344 Schreinerei Mayr 4-Tage-Woche https://www.instagram.com/p/Cfv2QbDDJfU

345 Schreinerei Mayr Nachhaltigkeit https://www.schreinerei-mayr.de

346 Energieeffiziente Prozesse https://www.ingenieur.de/technik/fachbereiche/umwelt/industrie-mit-mehr-effizienz-zu-mehr-klimaschutz

347 Gasverbrauch Deutschland 2022 https://www.bundesnetzagentur.de/DE/Gasversorgung/aktuelle_gasversorgung/Rueckblick/start.html

348 Versuch Anbaumethoden https://www.derstandard.de/story/2000129618804/biolandwirtschaft-ist-trotz-geringerer-ertraege-wirtschaftlicher-als-konventioneller-anbau

349 Zahlen landwirtschaftliche Betriebe https://www.destatis.de/DE/Presse/Pressemitteilungen/2021/07/PD21_N046_41.html

350 Erdmiete bauen https://www.mdr.de/mdr-garten/geniessen/erdmiete-bauen-gemuese-obst-lagern-winter-100.html

351 Benedikt Bösel, Landwirt 2022 https://www.rbb-online.de/studio3/videos/20230118_1845.html

352 80% Fläche für 11% Kalorien https://taz.de/Ernaehrung-der-Zukunft/!5883736

353 Viel Fläche wenig Beitrag zur Ernährung https://www.vegan.at/flaeche

354 Ein Drittel Verschwendung https://taz.de/Ernaehrung-der-Zukunft/!5883736

355 17 globale Ziele https://www.bundesregierung.de/breg-de/themen/nachhaltigkeitspolitik/nachhaltigkeitsziele-erklaert-232174

356 Arbeit und UN-Nachhaltigkeitsziele https://www.plattformagenda2030.ch/rettet-die-vier-tage-woche-unseren-planeten

357 Sustainable Natives https://www.haufe.de/personal/hr-management/sustainable-natives-stellen-forderungen-an-hr_80_572986.html

358 Grüne Startups https://www.borderstep.de/green-startup-monitor-2021-zahlen-und-fakten

359 Bäckerei Schwedt mit Solardach https://www.bz-berlin.de/brandenburg/solar-baecker-schaepe-hat-jetzt-gut-lachen

360 Roland Schüren https://rolandschueren.de

361 Bäckerei Hilden mit Solardach https://taz.de/Unternehmer-mit-Oeko-Passion/!5781295

362 Nachhaltigkeit Osenstätter https://www.osenstaetter-holz.de/denken-und-handeln

363 Osenstätter Veränderung https://www.bauhandwerk.de/news/osenstaetter-fuehrt-die-vier-tage-woche-ein-3823525.html

364 b2 Werbeagentur mit G'spür https://www.instagram.com/p/CjXj2e3NOPe

365 b2 Werbeagentur Nachhaltigkeit www.bzwei.at/nachhaltigkeit

366 Dr. Eberhardt GmbH https://www.mdr.de/nachrichten/thueringen/ost-thueringen/saale-holzland/vier-tage-woche-arbeitszeit-kahla-100.html

367 Isermann Metzgerei und Partyservice https://www.instagram.com/p/Cn1TMl9NGHk

368 Isermann Tradition und Innovation https://www.isermann-buffet.de/ueber-uns

QUELLEN

369 ECA Innsbruck Steuerberatung https://innsbruck.eca.at/aenderung-oeffnungszeiten-umstellung-auf-4-tage-woche

370 Alte Zöpfe abschneiden https://www.geo.de/geolino/redewendungen/4272-rtkl-redewendung-alte-zoepfe-abschneiden

371 4-Tage-Woche im Salon Rosi Titzmann https://www.youtube.com/watch?v=bz1h3QNsJMA

372 Salon Hairz https://www.instagram.com/p/CopMqGgK6Q5

373 Hairgott in Graz https://www.meinbezirk.at/graz/c-wirtschaft/der-hairgott-wagt-4-tage-woche_a4948594

374 Bernd Ritter Hair & Fashion https://www.westfalen-blatt.de/owl/kreis-herford/loehne/friseur-fuhrt-vier-tage-woche-ein-989677

375 Rudnik Einzelhandel Aurich https://www.textilwirtschaft.de/business/news/new-work-im-handel-4-tage-woche-fuer-vollzeitkraefte-wir-wollten-was-ganz-tolles-fuer-unsere-mitarbeiter-machen-236839

376 Ludwig Rudnick erste Bilanz https://www.nwzonline.de/landkreis-aurich/vier-tage-woche-bei-auricher-unternehmen-rudnick-zieht-positives-fazit_a_51,10,1276087114.html

377 Hannes Bericht aus jo`s büro für Gestaltung https://jos-buero.de/bericht-von-Hannes

378 Dmytro Sonkin, SKS https://www.sks-stb.de/sks-steuerberatung/das-team/dmytro-sonkin/

379 Planungssoftware igentis https://www.ingentis.com/

380 Telefonat von Dmytro Sonkin, SKS mit Martin Gaedt 11. November 2022

381 Buch „Spielregeln für Game Changer" Kerstin Friedrich, Gabal 2020, Seite 11 und Seite 21

382 Moder Holzindustrie 100 Mitarbeiter https://www.moser-holzindustrie.at/unternehmen

383 Moser Holzindustrie am Montag https://www.instagram.com/p/CjiPsqns4NC

384 Moser Holzindustrie. Team gibt alles https://www.instagram.com/p/CoxWh8-g2II

385 Autohaus Markötter https://www.markoetter.de/ab-januar-2023-wir-fuehren-die-4-tage-woche-ein

386 Restaurant Fahr https://www.tagblatt.ch/aargau/baden/kuenten-fachkraeftemangel-in-der-gastronomie-so-reagiert-das-beste-restaurant-im-aargau-ld.2292889

387 Öffnungszeiten Restaurant Fahr https://fahr-sulz.ch/kontakt-reservation

388 Attraktive Arbeitsplätze Restaurant Fahr https://www.instagram.com/p/Cgg5ThqqKqd

389 Telefonat Christopher Edringer mit Martin Gaedt am 8. November 2022

390 Prozesse verkürzen https://www.focus.de/finanzen/karriere/die-32-stunden-woche-ist-kein-linker-unsinn-sondern-kann-den-fachkraeftemangel-loesen_id_115620901.html

391 Videokonferenz Geschäftsführer whatchado Jubin Honarfar mit Martin Gaedt 27. Oktober 2022

392 32 statt 64 Löcher gebohrt mit demselben Ergebnis https://www.youtube.com/watch?v=8C6iuhm9znM

393 Handwerker gesucht https://www.wiwo.de/my/erfolg/beruf/traditionelle-branche-handwerker-gesucht-biete-4-tage-woche-bei-vollem-gehalt/28552460.html

394 Rocco Funke 25 % mehr Lohn/Stunde https://www.wiwo.de/my/erfolg/beruf/traditionelle-branche-handwerker-gesucht-biete-4-tage-woche-bei-vollem-gehalt/28552460.html

395 Bericht über Rocco Funke in der Eichsfelder Allgemeinen https://www.instagram.com/p/Cjo_lP_Mhpl

396 Naschmarkt in Wien https://www.wien.info/de/einkaufen-essen-trinken/maerkte/naschmarkt-353540

397 Gespräch in Wien bei agencylife mit Geschäftsführer Alex Kucera und Martin Gaedt am 1. Dezember 2022

398 Bericht aus der Tischlerei von Jannek Schrick per Sprachnachricht https://www.instagram.com/jannek_schrick/

399 Ineffiziente Freitage Bruns MSR-Technik GmbH https://www.handwerk.com/4-tage-woche-wie-ein-handwerksbetrieb-davon-profitiert
https://www.bruns-gmbh.de/karriere/

400 Bruns MSR Technik https://www.haustec.de/management/betriebsfuehrung/4-tage-woche-im-handwerk-machbar-oder-spinnerei

401 Telefonat mit Simon Bausewein von ETH und Martin Gaedt im November 2022

402 Helmut Lakenbrink und Sohn Nachf. GmbH https://www.lakenbrink.de/ueber-uns

403 Bottroper Handwerksbetrieb 4-Tage-Woche https://bottroper-zeitung.de/bottroper-handwerksbetrieb-stellt-auf-4-tage-woche-um

404 Rathaus Gerasdorf https://kurier.at/chronik/niederoesterreich/gerasdorf-fuehrt-vier-tage-woche-im-rathaus-ein/402261642

405 Haarwerk Braunschweig https://www.fmfm.de/4-tage-woche-bei-voller-kohle-salon-haarwerk-zeigt-wies-geht-4925

406 beko GmbH Monheim https://www.beko-group.de/aktuelles/4-tage-woche

407 Sanitärbetrieb Schmauser auf Instagram https://www.instagram.com/ts_thomasschmauser/

408 Heizungs- und Sanitärfirma aus Hilpoltstein https://www.br.de/mediathek/video/gegen-den-fachkraeftemangel-mit-der-4-tage-woche-zu-mehr-produktivitaet-av:62e414150a979f0009c36654

409 Schmausers Kunden zufrieden https://www.wiwo.de/my/erfolg/beruf/arbeitszeit-deswegen-ist-die-viertagewoche-bei-uns-standard/28682280.html

410 Schmauser Sanitär https://www.tagesschau.de/wirtschaft/unternehmen/betriebe-vier-tage-woche-101.html

411 Schmauser Sanitär https://www.tagesschau.de/wirtschaft/unternehmen/betriebe-vier-tage-woche-101.html

412 Zufriedene Kunden Bruns MSR-Technik GmbH https://www.handwerk.com/4-tage-woche-wie-ein-handwerksbetrieb-davon-profitiert

https://www.bruns-gmbh.de/karriere/

413 Schneiderei in Leonding www.schneiderei-friseure.at

414 Film Beitrag Alfred Keller 4-Tage-Woche https://www.youtube.com/watch?v=Mt1Li3_gYKg

415 Videokonferenz mit Jana Koske, Aflexio und Marin Gaedt

416 Dienstagsbuch Buchhandlung Heyn auf Instagram https://www.instagram.com/heyn_buchhandlung

417 E-Mail von Christian Hömberg an Martin Gaedt November 2022

418 Die Brotpuristen öffnen vier Tage ab mittags https://www.youtube.com/watch?v=HG2gCdu12h4

419 Wirtschafts- und Steuerkanzlei Rose & Partner https://www.spiegel.de/karriere/vier-tage-woche-freitags-arbeiten-wir-nicht-a-1b1dd115-3fa6-41cc-9208-6e9963b0e97e

420 Rede von Martin Luther King https://www.ideastream.org/news/martin-luther-king-jr-s-powerful-message-to-cleveland-students

421 Martin Luther King und FBI 1963 https://www.fastcompany.com/90594683/the-damning-mlk-fbi-doc-shows-how-poorly-martin-luther-king-jr-was-treated-in-his-time

422 Kinderarbeit in Schornsteinen https://twitter.com/drguidoknapp/status/1389854564392833024

423 Arme Tessiner Kinder als Schornsteinfeger https://www.boersenblatt.net/archiv/148487.html

424 Forderung 42 Stunden zu arbeiten https://www.mdr.de/brisant/zweiundvierzig-stunden-woche-fachkraefte-rente-100.html

425 Restaurant & Hotel Hohenzollern https://www.hotelhohenzollern.com/restaurant

426 Sous Chef (m/w/d) gesucht https://www.instagram.com/p/Ce6uWuRK7TN

427 Samt & Seidel zum Durchatmen https://www.samt-seidel.com/portfolio-item/4-tage-woche-bei-samtseidel

428 Hairgott Graz https://www.meinbezirk.at/graz/c-wirtschaft/der-hairgott-wagt-4-tage-woche_a4948594

429 Telefonalt von Paul Urchs, Hotel Adula mi Martin Gaedt 08. November 2022

430 Telefonalt von Paul Urchs, Hotel Adula mi Martin Gaedt 08. November 2022

431 Telefonalt von Paul Urchs, Hotel Adula mi Martin Gaedt 08. November 2022

432 Repositionierung Adula mit veganen und vegetarischen Gerichten https://adula.ch/news/von-osaka-nach-films/

433 Telefonalt von Paul Urchs, Hotel Adula mi Martin Gaedt 08. November 2022

434 Telefonalt von Paul Urchs, Hotel Adula mi Martin Gaedt 08. November 2022

435 Tweet Thomas Dettling zur Führung https://twitter.com/thomas_dettling/status/1594644689457643525

436 Telefonat Sandro Rende mit Martin Gaedt Januar 2023

437 E-Mail von Tanja Nöth/NSI-Technik an Martin Gaedt am 4.11.2022

438 E-Mail von Tanja Nöth/NSI-Technik an Martin Gaedt am 4.11.2022

439 Eiche Malerbetrieb https://wirtschaft.eifel.info/2022/11/28/erster-betrieb-aus-dueren-startet-bei-der-arbeitgebermarke-eifel

440 Eiche Malerbetrieb https://wirtschaft.eifel.info/2022/11/28/erster-betrieb-aus-dueren-startet-bei-der-arbeitgebermarke-eifel

441 Elmar Elektrobranche https://www.elektrowirtschaft.de/and-the-elmar-goes-to

442 Mai + Mosbach Wertschätzung + Benefits https://www.instagram.com/p/Cnzo2ieMPlF

443 Mai + Mosbach Wertschätzung + Benefits https://www.instagram.com/p/Cnzo2ieMPlF

444 Schieferer Bau Leistungen für Mitarbeiter https://transporte-schieferer.at/offene-stellen

445 Billig GmbH https://www.billig-gmbh.de/karriere

446 Hildmann Bad & Heizung https://www.hildmann24.de/

447 Telefonat von Peer Hildmann mit Martin Gaedt am 3. November 2022

448 Telefonat von Peer Hildmann mit Martin Gaedt am 3. November 2022

449 Telefonat von Peer Hildmann mit Martin Gaedt am 3. November 2022

450 Effektivste Solarzelle

https://www.ise.fraunhofer.de/de/presse-und-medien/presseinformationen/2022/fraunhofer-ise-entwickelt-effizienteste-solarzelle-der-welt-mit-47-komma-6-prozent-wirkungsgrad.html

451 KTM https://www.derstandard.at/story/2000143414402/die-viertagewoche-darf-nicht-zu-laengeren-arbeitstagen-fuehren

452 E-Mails von Stefan Herbeck, Geschäftsführer der consult24 an Martin Gaedt Januar und Februar 2023

453 Bitwings 2021 https://www.nordbayern.de/wirtschaft/vier-tage-woche-wie-zwei-unternehmen-aus-der-region-eine-kurze-woche-umsetzen-1.11273652

454 Bitwings 2022 https://www.br.de/nachrichten/bayern/4-tage-woche-neumarkter-firma-verlaengert-testphase,SyAP5eP

455 E-Mail von Christian Hömberg an Martin Gaedt November 2022

456 DVZ News über Cargo Truck Direct https://www.instagram.com/p/CoB0psHK744/?igshid=MDJmNzVkMjY%3D

457 Cargo Truck Direct https://www.logistik-watchblog.de/unternehmen/3821-logistiker-testet-4-tage-woche.html

458 David Pohlmann über 30 tunden https://getremote.de/ortsunabhaengig-arbeiten-bei-billbee

459 0% Fluktuation bei Billbee GmbH https://www.greatplacetowork.de/events-and-great-blog/blog/billbee-30-stunden-woche/

460 Bericht aus der Tischlerei von Jannek Schrick per Sprachnachricht https://www.instagram.com/jannek_schrick/

461 Bericht aus der Tischlerei von Jannek Schrick per Sprachnachricht https://www.instagram.com/jannek_schrick/

462 Sascha Rathje hat selbst getestet https://www.handwerk-magazin.de/doppelt-gewinnen-mit-mehr-flexibilitaet-184377

463 Nett Metallbau auf Instagram https://www.instagram.com/p/ClO3c27MdHH/

464 TripAdvisor https://www.tripadvisor.at/Restaurant_Review-g190432-d4586641-Reviews-Dreizehn_by_Gauster-Graz_Styria.html

465 E-Mail von Annemarie Gauster, Dreizehn by Gauster an Martin Gaedt 24. November 2022

466 E-Mail von Annemarie Gauster, Dreizehn by Gauster an Martin Gaedt 24. November 2022

467 E-Mail von Annemarie Gauster, Dreizehn by Gauster an Martin Gaedt 24. November 2022

468 Testlauf seerow https://www.inside-it.ch/post/webagentur-seerow-testet-4-tage-woche-20210803

469 Adito Piloprojekt https://www.adito.de/news/detail/4-tage-woche.html

470 Virpy Richter Awin AG https://www.strive-magazine.de/post/4-tage-woche-einf%C3%BChren-so-klappt-s

471 Island 2015 – 2019 https://wirtschaftspsychologie-aktuell.de/magazin/leben/4-tage-woche-foerdert-wohlbefinden-und-leistungsfaehigkeit

472 Neuseeland 2019 https://editionf.com/vier-tage-woche-pilotstudie-neuseeland-mitarbeiter-zufriedener-produktiver

473 Spanien 2020 + 2021 https://www.capital.de/wirtschaft-politik/vier-tage-woche-weniger-fehlzeiten-hoeheres-engagement

474 Spanien 2021 – 2023 https://www.spiegel.de/wirtschaft/spanischer-staat-foerdert-verkuerzte-arbeitszeiten-a-ec3f13b0-10ad-4efa-b0a1-04bb8419a172

475 Spanien 2021 https://www.stern.de/wirtschaft/spanien-will-vier-tage-woche-testweise-einfuehren---als-erstes-land-weltweit-30434684.html

476 Belgien 2022 https://happierjobs.org/neuigkeiten/4-Tage-Woche-Hier-gilt-sie-schon

477 Belgien 2022 https://www.galileo.tv/life/weniger-arbeit-fuer-alle-das-spricht-fuer-und-gegen-eine-4-tage-woche

478 Großbritannien 2022 https://www.derstandard.de/story/2000136590791/viertagewoche-was-halten-sie-von-diesem-arbeitsmodell

479 Irland und USA 2022 https://www.derstandard.at/story/2000141385280/grosse-zustimmung-zu-vier-tage-woche-nach-pilotprojekt

480 Südafrika 2022 https://www.citizen.co.za/business/sa-firm-4-day-work-week/

481 Portugal 2023 https://www.theportugalnews.com/de/nachrichten/2022-11-01/4-tage-woche-bedeutet-eine-zusatzliche-stunde-pro-tag/71697

482 Island 2021 https://www.personalwirtschaft.de/news/hr-organisation/vier-tage-woche-studien-island-arbeitszeitreduzierung-96535

483 Island Ergebnisse 2021 https://www.n-tv.de/wirtschaft/Islands-Viertagewoche-ist-ein-voller-Erfolg-article22667819.html 07.07.2021

484 Island 2015-2019, Auswertung 2021 https://www.zdf.de/nachrichten/panorama/island-vier-tage-woche-100.html

485 Test 2022 mit vorab Coaching https://www.merkur.de/wirtschaft/studie-vier-tage-woche-besser-fuenf-tage-woche-arbeitgeber-arbeitnehmer-vorteile-zr-92061233.html

486 Test 6 Monate 2022 https://www.derstandard.at/story/2000141385280/grosse-zustimmung-zu-vier-tage-woche-nach-pilotprojekt

487 Großbritannien Auswertung 2023
https://www.spiegel.de/wissenschaft/mensch/studie-zur-viertagewoche-warum-sie-sich-fuer-beschaeftigte-und-unternehmen-lohnt-a-ebb77ab7-ea66-4a38-8751-472826dc5e3c

488 Großbritannien Auswertung 2023 https://orf.at/stories/3305924/

489 Großbritannien Rückgang Kranmeldungen https://www.n-tv.de/wirtschaft/Vier-Tage-Woche-ueberzeugt-britische-Firmen-article23932281.html

490 Umsatzsteigerung Großbritannien 2022 https://www.zdf.de/nachrichten/wirtschaft/viert-tage-woche-pilotprojekt-100.html

491 E-Mail von Christoph Goll an Martin Gaedt 30. Oktober 2022 www.schneiderei-friseure.at

492 Videokonferenz mit Monika Leithäusl, Andreas Hüttner und Martin Gaedt am 11. Oktober 2022

493 Videokonferenz mit Monika Leithäusl, Andreas Hüttner und Martin Gaedt am 11. Oktober 2022

494 E-Mail von Andreas Hüttner, Leithäusl an Martin Gaedt 09. Januar 2023

495 E-Mail von Andreas Hüttner, Leithäusl mit allen Ergebnissen an Martin Gaedt 14. Dezember 2022

496 Umfrage Leithäusl unter Mitarbeitern https://www.instagram.com/p/Cl3U_OkKMyu

497 Masterarbeit Pelzmann „Unterschiede zwischen einer 4- und einer 5-Tage-Woche in Bezug auf die Arbeitszufriedenheit"

498 Masterarbeit Pelzmann „Unterschiede zwischen einer 4- und einer 5-Tage-Woche in Bezug auf die Arbeitszufriedenheit"

499 Interpretation des Interaktionsdiagramm der 1. Moderationsanalyse, Masterarbeit Pelzmann, Seite 53/54

500 Masterarbeit Pelzmann „Unterschiede zwischen einer 4- und einer 5-Tage-Woche in Bezug auf die Arbeitszufriedenheit"

501 45,9 Mio. erwerbstätig Deutschland 12/2022 https://www.destatis.de/DE/Themen/Arbeit/Arbeitsmarkt/Erwerbstaetigkeit/_inhalt.html

502 4,49 Mio. erwerbstätig Österreich 3. Quartal 2022 https://de.statista.com/statistik/daten/studie/708059/umfrage/erwerbstaetige-in-oesterreich-nach-quartalen

503 5,151 Mio. erwerbstätig Schweiz 3. Quartal 2022 https://www.bfs.admin.ch/bfs/de/home/statistiken/arbeit-erwerb/erwerbstaetigkeit-arbeitszeit/erwerbsbevoelkerung/arbeitsmarktstatus.html

504 Analyse Millionen Stellenanzeigen von Index Anzeigendaten https://anzeigendaten.index.de/

QUELLEN

505 Tischlerei Grimm https://www.ndr.de/nachrichten/info/Fachkraeftemangel-Tischlermeister-will-neue-Wege-gehen,handwerk402.html

506 Maler Lehmkuhl aus Lübeck https://www.maler-lehmkuhl.de/

507 E-Mail von Thomas Lehmkuhl an Martin Gaedt 8. November 2022

508 Friseursalon Anita https://imsalon.de/inspiration/inspiration-detailseite/marco-steiner-mit-der-4-tage-woche-punkten-wir0

509 Friseursalon Anita https://imsalon.de/inspiration/inspiration-detailseite/marco-steiner-mit-der-4-tage-woche-punkten-wir0

510 4-Tage-Woche, Tischlerei Steiermark https://www.kleinezeitung.at/steiermark/murtal/6047144/Steirische-Tischlerei_VierTageWoche-beworben_Ploetzlich-50-statt

511 Tischlerei Schneider https://www.kleinezeitung.at/steiermark/murtal/6197511/New-Work-in-MurtalMurau_Ich-kann-ueber-die-VierTageWoche-nichts

512 Video-Konferenz von Nadim Bhatti und Martin Gaedt am 8. November 2022

513 „Andere reden, wir handeln." 4-Tage-Woche bei Aflexio https://consultantcareerlounge.com/2022/03/29/andere-reden-wir-handeln-supply-chain-beratung-aflexio-hat-die-4-tage-woche-bereits-eingefueh

514 „Andere reden, wir handeln." 4-Tage-Woche bei Aflexio https://consultantcareerlounge.com/2022/03/29/andere-reden-wir-handeln-supply-chain-beratung-aflexio-hat-die-4-tage-woche-bereits-eingefueh

515 E-Mail vom Geschäftsführer Marcel Heinrichs an Martin Gaedt im November 2022

516 E-Mail vom Geschäftsführer Marcel Heinrichs an Martin Gaedt im November 2022

517 Fachkräftemangel bei uns gestrichen https://www.bild.de/bild-plus/regional/hamburg/hamburg-aktuell/20-angestellte-und-25-auf-der-warteliste-malermeisterin-jessica-verraet-wie-sie-81690488.bild.ht

518 Am fünften Tag ruhen

https://www.berliner-zeitung.de/wirtschaft-verantwortung/new-work-flexible-arbeitszeitmodelle-start-up-einhorn-berlin-belgien-island-am-fuenften-tage-ruhen-funktioniert-die-vier-tage-woche-li.3030

519 4-Tage-Woche. Bewerber sehen Schlange https://www.handwerk.com/fachkraeftemangel-4-tage-woche-brachte-die-wende

520 Das bietet Jessica Hansen für die Mitarbeit https://www.lifepr.de/pressemitteilung/die-malerin-jessica-hansen/4-Tage-Woche-Fahrkostenzuschuss-und-gute-Perspektiven/boxid/897380

521 4-Tage-Woche. Malermeisterin geht neue Wege https://www.ndr.de/nachrichten/schleswig-holstein/Vier-Tage-Woche-Eine-Malermeisterin-geht-neue-Wege,malermeisterin100.html

522 4-Tage-Woche. Bewerber stehen Schlange https://www.handwerk.com/fachkraeftemangel-4-tage-woche-brachte-die-wende

523 Arbeiten im Handwerk – attraktiver als gedacht https://www.lifepr.de/pressemitteilung/die-malerin-jessica-hansen/4-Tage-Woche-Fahrkostenzuschuss-und-gute-Perspektiven/boxid/897380

524 „Lehrstellen bleiben Leerstellen" Tagesspiegel, 2008 https://www.tagesspiegel.de/berlin/lehrstellen-bleiben-leerstellen-1682848.html

525 Beliebte Ausbildungen https://die-deutsche-wirtschaft.de/diese-berufe-werden-bei-jugendlichen-in-der-ausbildung-immer-beliebter

526 Ausbildung Garten- und Landschaftsbau https://bi-medien.de/fachzeitschriften/galabau/nachrichten/gartenbau-statistik-ausbildungszahlen-im-gartenbau-in-folge-steigend-g14111

527 Ausbildung Bau https://www.nachrichten-handwerk.de/2022/07/19/bauhauptgewerbe-zahl-der-lehrlinge-steigt-fuenftes-jahr-in-folge

528 Lehre bei Abiturienten beliebt https://www.tagesschau.de/wirtschaft/unternehmen/abitur-hauptschule-ausbildung-chancen-101.html

529 Telefonat von Peer Hildmann mit Martin Gaedt am 3. November 2022

530 Keller muss 10 Azubis absagen https://www.suedkurier.de/region/bodenseekreis/ueberlingen/bei-diesem-betrieb-stehen-die-azubis-schlange;art372495,11350437

531 Wenn schon freitags Wochenende ist https://www.tagesschau.de/wirtschaft/unternehmen/arbeitgeber-arbeitszeitmodelle-viertagewoche-101.html

532 Duales Studium im Sanitärbetrieb Alfred Keller https://www.swr.de/swraktuell/ausbildungsbetrieb-mit-vier-tage-woche-mehr-bewerber-als-stellen-100.html

533 Der Blaue Reiter im Superior Hotel Magazin https://www.superior-hotel.net/news/newsdetail/news/show/News/neues-arbeitszeitmodell/

534 E-Mail von Svenja Dischler, Marketingleitung Hotel Blauer Reiter an Martin Gaedt 8. November 2022

535 Der Blaue Reiter im Magazin Startklar https://hotelderblauereiter.de/wp-content/uploads/2022/02/Startklar-Februar-2022-12.02.202213031.pdf

536 Der Blaue Reiter im First-Class Magazin https://hotelderblauereiter.de/wp-content/uploads/2022/02/First-Class-Magazin-Report.pdf

537 Der Blaue Reiter im Fachmagazin Küche https://hotelderblauereiter.de/wp-content/uploads/2022/02/KU%CC%88CHE_01-02_22_Interview_Marcus-Fra%CC%88nkle.pdf

538 E-Mail von Svenja Dischler, Marketingleitung Hotel Blauer Reiter an Martin Gaedt 8. November 2022

539 200-fache Bewerbungen https://www.hogapage.ch/nachrichten/arbeitswelt/personal/25hours-hotels-fuehren-vier-tage-woche-ein

540 Kathrin Gollubits, 25hours Hotel https://www.capital.de/karriere/warum-die-hotelkette-25hours-die-4-tage-woche-einfuehrt

541 Übersicht 12 Artikel Adesso Hair Design https://www.adessohairdesign.ch/4-tage-woche

542 Übersicht 12 Artikel Amici Hair Design https://www.amicihairdesign.ch/4-tage-woche

543 Adesso und Amici Hair Design auf 20min.ch https://www.20min.ch/story/mehr-umsatz-und-zufriedene-mitarbeiter-coiffeur-fuehrt-viertagewoche-ein-342542528617

544 Neue Wege Friseurkette https://www.fm1today.ch/ostschweiz/stgallen/vier-tage-arbeiten-fuer-fuenf-tage-lohn-st-galler-coiffeur-testet-neue-strategie-145628225

545 Amici Hair Design auf nau.ch https://www.nau.ch/ort/altstatten/vier-tage-arbeiten-funf-tage-kassieren-wie-soll-das-gehen-66121330

546 Schweizer Friseur im Südkurier https://www.suedkurier.de/schweiz/vier-tage-arbeiten-bei-voller-bezahlung-ein-schweizer-frisoer-revolutioniert-die-arbeitswelt;art1371848,11134614

547 80% Arbeit 100% Lohn Züritoday https://www.zueritoday.ch/zuerich/kanton-zuerich/warum-dieser-zuercher-coiffeur-die-viertagewoche-anbietet-148257936

548 E-Mail der Geschäftsleitung Adesso Hair Design/ Amici Hair Design an Martin Gaedt 18. November 2022

549 eMagnetix https://kontrast.at/4-tage-woche-unternehmen-oesterreich

550 eMagnetix ohne Gender Pay Gap https://www.derstandard.at/story/2000140619193/kuerzere-arbeitszeit-gegen-den-fachkraeftemangel-sind-30-stunden-die-loesung

551 Was Firmen gegen den Fachkräftemangel in der Region Trier tun https://www.swr.de/swraktuell/rheinland-pfalz/trier/fachkraeftemangel-wie-betriebe-in-region-trier-damit-umgehen-100.html

552 Handwerker gesucht https://www.wiwo.de/my/erfolg/beruf/traditionelle-branche-handwerker-gesucht-biete-4-tage-woche-bei-vollem-gehalt/28552460.html

553 Telefonat von Dmytro Sonkin, SKS mit Martin Gaedt 11. November 2022

554 Phoenix Contact https://www.phoenixcontact.com/de-de/ueber-uns

555 Buch „Unternehmenserfolg durch Unternehmenskultur" Gunther Olesch, Haufe 2022, Seite 159

556 Mitarbeiterbindung Bruns MSR Technik https://www.handwerk.com/4-tage-woche-wie-ein-handwerksbetrieb-davon-profitiert

557 4-Tage-Woche, Hotel in der Schweiz – https://www.nzz.ch/wirtschaft/vier-tage-arbeiten-und-den-rest-der-woche-frei-haben-warum-firmen-auf-die-vier-tage-woche-setzen-ld.1661781

558 Philipp Albrecht Park Hotel Winterthur https://www.youtube.com/watch?v=NftFuZ9JE4A

559 Fördergut-Service Groß https://www.wiwo.de/my/erfolg/beruf/arbeitszeit-deswegen-ist-die-viertagewoche-bei-uns-standard/28682280.html

560 Gutes Umfeld für Mitarbeiter https://www.auf-kurs.de/motivierte-mitarbeiter/

561 E-Mail von Christoph Goll, Schneiderei an Martin Gaedt 30. Oktober 2022

562 Kommentar auf Xing – https://www.xing.com/news/insiders/articles/uberraschung-home-office-bringt-mehr-schlaf-und-damit-gesundheit-3852291

563 Bürohunde am Arbeitsplatz https://magazin.dak.de/vier-pfoten-fuer-ein-gesundes-buero

564 Katharina Zander im Podcast Feuer & Flamme https://open.spotify.com/episode/6usFtELseB4c2sbp8D2npT?si=oTqgiDRJS2SJWKHidLILOg

565 F&P GmbH 4-32-100-Formel https://www.onlinehaendler-news.de/online-handel/haendler/137595-32-neue-40-firma-4-tage-woche

566 Nachricht auf LinkedIn von Katharina Zander F&P an Marin Gaedt 5. Dezember 2022

567 Ingmar Ackermann F&P https://www.onlinehaendler-news.de/online-handel/haendler/137595-32-neue-40-firma-4-tage-woche

568 Parkhotel Brunauer https://www.moment.at/story/4-tage-woche-parkhotel-brunauer-salzburg

569 Parkhotel Brunauer https://kontrast.at/4-tage-woche-unternehmen-oesterreich/

570 Parkhotel Brunauer https://www.moment.at/story/4-tage-woche-parkhotel-brunauer-salzburg

571 Bericht von Andreas Hüttner, Leithäusl an Martin Gaedt 14. Dezember 2022

572 E-Mail von Frank Wegner, gevekom GmbH an Martin Gaedt November 2022

573 E-Mail von Dirk Salzseder, Waldhotel Tannenhäuschen an Martin Gaedt 3. November 2022

QUELLEN

574 Philipp Frey https://www.swr.de/swraktuell/baden-wuerttemberg/karlsruhe/interview-arbeitsmarktforscher-4-tage-woche-100.html

575 Tischler Kapune – https://www.handwerk.com/kunden-empfehlen-mitarbeiter

576 die schreinerei Matthias Stader https://www.zdf.de/nachrichten/video/panorama-vier-tage-woche-100.html

577 E-Mail von Mona Zimmermann, Artwork Hairdresser an Martin Gaedt November 2022

578 Rohen Friseur mit Café https://www.inhaarstudio.at

579 Rothen Haarstudio Umsatz gestiegen https://kontrast.at/friseur-4-tage-woche

580 Friseursalon Anita https://imsalon.de/inspiration/inspiration-detailseite/marco-steiner-mit-der-4-tage-woche-punkten-wird/

581 E-Mail von Thomas Lehmkuhl an Martin Gaedt 8. November 2022

582 Unterweger Osttirol https://www.karrieretipps.de/karriere/vier-tage-woche-wie-produktiv-ist-das-arbeitsmodell-wirklich.html

583 E-Mail von Christian Hömberg an Martin Gaedt November 2022

584 Rocco Funke über Umsatz https://www.wiwo.de/my/erfolg/beruf/traditionelle-branche-handwerker-gesucht-biete-4-tage-woche-bei-vollem-gehalt/28552460.html

585 Tipps von Virpy Richter, AWIN https://www.strive-magazine.de/post/4-tage-woche-einf%C3%BChren-so-klappt-s

586 E-Mail von Sascha Rathje an Martin Gaedt am 17. November 2022

587 E-Mail von Sascha Rathje an Martin Gaedt am 17. November 2022

588 Kommentar von Michael Heins H1 Engineering https://www.xing.com/news/insiders/articles/mehr-lebensqualitat-mit-drei-tagen-wochenende-und-vier-tagen-arbeit-4591458

589 Büro der Ineraktion Wien wächst mit 32 Wochenstunden https://www.moment.at/story/Arbeitszeit-5-Tage-Woche-killen

590 Weniger Stunden, mehr Qualität https://www.focus.de/finanzen/karriere/die-32-stunden-woche-ist-kein-linker-unsinn-sondern-kann-den-fachkraeftemangel-loesen_id_115620901.html

591 Motivation Büro für Interaktion https://www.moment.at/story/firmenchef-viel-arbeiten-ist-nicht-geil

592 Büro für Interaktion auf kununu https://www.kununu.com/at/buero-fuer-interaktion

593 Flächendeckend 32-Stundenwoche gegen Fachkräftemangel

https://www.focus.de/finanzen/karriere/die-32-stunden-woche-ist-kein-linker-unsinn-sondern-kann-den-fachkraeftemangel-loesen_id_115620901.html

594 Videokonferenz Jana Koske, Aflexio mit Matin Gaedt 3. November 2022

595 Videokonferenz Jana Koske, Aflexio mit Matin Gaedt 3. November 2022

596 Arbeit die Menschen gerecht wird. Aflexio https://www.computerwoche.de/a/das-passiert-wenn-die-5-tage-woche-faellt,3553419

597 Videokonferenz Jana Koske, Aflexio mit Matin Gaedt 3. November 2022

598 Interview Jana Koske und Martin Pesch https://consultantcareerlounge.com/2022/03/29/andere-reden-wir-handeln-supply-chain-beratung-aflexio-hat-die-4-tage-woche-bereits-eingefuehrt/

599 Videokonferenz Jana Koske, Aflexio mit Matin Gaedt 3. November 2022

600 Aflexio, Anforderungen an Büros https://www.it-zoom.de/it-director/e/alles-laeuft-wie-es-soll-30601/

601 Die Rolle des Büros bei Aflexio https://consultantcareerlounge.com/2022/03/29/andere-reden-wir-handeln-supply-chain-beratung-aflexio-hat-die-4-tage-woche-bereits-eingefuehrt

602 E-Mail von Andreas Hüttner, Leithäusl an Martin Gaedt 09. Januar 2023

603 WENZEL Group GmbH spart Geld https://www.xing.com/news/articles/mittelstandler-fuhrt-vier-tage-woche-in-der-produktion-ein-das-ist-phanomenal-gut-5430345

604 Alfred Keller im Interview mit Deutsche Welle https://www.youtube.com/watch?v=Mt1Ll3_gYKg

605 E-Mails von Marcel Neubauer Boetker Metall+Glas GmbH an Martin Gaedt 7. November 2022 und 7. Februar 2023

606 Seiffert Lüftungstechnik https://www.instagram.com/p/CoUVlEdjWq1

607 Jobcloud interviewt Martin Ritler https://www.jobcloud.ch/c/de-ch/blog/2022/03/innovatives-arbeitsmodell-die-4-tage-woche

608 E-Mail von Marcel Niebeling, Ihr Maler Ulm an Martin Gaedt November 2022

609 E-Mail von Marcel Niebeling, Ihr Maler Ulm an Martin Gaedt November 2022

610 E-Mail von Silvio Stolpe an Martin Gaedt November 2022

611 Videokonferenz René Schmid und Martin Gaedt am 6. Dezember 2022

612 Parkhotel Brunauer https://www.moment.at/story/4-tage-woche-parkhotel-brunauer-salzburg

613 Elektromas GmbH auf Instagram https://www.instagram.com/p/Clg46lPsQmn

614 E-Mail von Marcel Niebeling Ihr Maler Ulm an Martin Gaedt November 2022

615 E-Mail von Sascha Rathje an Martin Gaedt am 17. November 2022

616 Videokonferenz mit Monika Leithäusl, Andreas Hüttner und Martin Gaedt am 11. Oktober 2022

617 E-Mail von Sascha Rathje an Martin Gaedt am 17. November 2022

618 E-Mail von Nadja Amireh, Wake up Communications an Martin Gaedt am 8. November 2022

619 E-Mails von Marcel Neubauer Boetker Metall+Glas GmbH an Martin Gaedt 7. November 2022 und 7. Februar 2023

620 Telefonat Christoph Herzeg, Magistratsdirektor Stadt Villach mit Martin Gaedt Oktober 2022

621 E-Mail von Sascha Rathje an Martin Gaedt am 17. November 2022

622 E-Mail von Sascha Rathje an Martin Gaedt am 17. November 2022

623 Elektro Kagerer https://www.moment.at/story/4-tage-woche-arbeitszeitverkuerzung-elektro-kagerer

624 Thiele Heizung und Sanitär https://www.giessener-allgemeine.de/giessen/giessener-handwerksbetrieb-will-mit-vier-tage-woche-fachkraefte-gewinnen-92033521.html

625 Telefonalt von Paul Urchs, Hotel Adula mi Martin Gaedt 08. November 2022

626 E-Mail von Nadja Amireh, Wake up Communications an Martin Gaedt November 20

627 E-Mail von Nadja Amireh, Wake up Communications an Martin Gaedt November 20

628 E-Mail von Nadja Amireh, Wake up Communications an Martin Gaedt November 20

629 Nico Osenstätter https://www.merkur.de/lokales/schongau/schongau-ort29421/firma-macht-den-traum-wahr-bei-uns-ist-jeder-freitag-ein-frei-tag-91670274.html

630 Osenstätter Holz & Furnier investiert https://www.merkur.de/lokales/schongau/schongau-ort29421/schongau-holz-furnier-osenstaetter-investiert-in-die-zukunft-erweiterung-millionen-91950934.html

631 5-Stunden-Revolution https://www.amazon.de/Die-5-Stunden-Revolution-Erfolg-Arbeit-denken/dp/3593510723

632 E-Mail von Guido Landert Leiter HR Bichler + Partner AG an Martin Gaedt Oktober 2022

633 E-Mail von Guido Landert Leiter HR Bichler + Partner AG an Martin Gaedt Oktober 2022

634 E-Mail von Guido Landert Leiter HR Bichler + Partner AG an Martin Gaedt Oktober 2022

635 E-Mail von Lena Geuer, vereda an Martin Gaedt 29. Novemver 2022

636 Bericht über vereda in Perspective Daily https://perspective-daily.de/article/2299-hier-ist-die-4-tage-woche-keine-utopie-mehr

637 Simon Janssen vereda im WDR https://www1.wdr.de/nachrichten/westfalen-lippe/vier-tage-woche-funktioniert-100.html

638 Johannes Beidenbach zum Start 4-Tage-Woche https://jos-buero.de/wie-wollen-wir-arbeiten-teil-2

639 Johannes Breidenbach zur Idee https://jos-buero.de/wie-wollen-wir-arbeiten-teil-1

640 E-Mail von Stephan Bannach, Account Management ofp kommunikation GmbH an Martin Gaedt November 2022

641 E-Mail von Stephan Bannach, Account Management ofp kommunikation GmbH an Martin Gaedt November 2022

642 Bericht Einführung bei der Wenzel Group https://www.xing.com/news/articles/mittelstandler-fuhrt-vier-tage-woche-in-der-produktion-ein-das-ist-phanomenal-gut-5430345

643 Bericht Einführung bei der Wenzel Group https://www.xing.com/news/articles/mittelstandler-fuhrt-vier-tage-woche-in-der-produktion-ein-das-ist-phanomenal-gut-5430245

644 Bericht Einführung bei der Wenzel Group https://www.xing.com/news/articles/mittelstandler-fuhrt-vier-tage-woche-in-der-produktion-ein-das-ist-phanomenal-gut-5430245

645 Metallbau Hempel Harsewinkel https://www.instagram.com/p/Cl8kV1LqgCu

646 Dörnhöfer Stahl-Metallbau https://doernhoefer.de/doernhoefer/main/unternehmen/news/wir-erweitern-die-4-tage-woche-auf-das-gesamte-unternehmen-685

647 E-Mail von Christoph Goll an Martin Gaedt 30. Oktober 2022 www.schneiderei-friseure.at

648 Philipp Frey zur Studienlage https://www.n-tv.de/wirtschaft/Forscher-Vier-Tage-Woche-ist-definitiv-moeglich-article23665999.html

649 E-Mail von Daniel Dirkes an Martin Gaedt 9. November 2022

650 E-Mail von Daniel Dirkes an Martin Gaedt 9. November 2022

651 E-Mail von Daniel Dirkes an Martin Gaedt 9. November 2022

652 E-Mail von Daniel Dirkes an Martin Gaedt 9. November 2022

653 E-Mail von Daniel Dirkes an Martin Gaedt 9. November 2022

654 E-Mail von Daniel Dirkes an Martin Gaedt 9. November 2022

655 E-Mail von Daniel Dirkes an Martin Gaedt 9. November 2022

656 Isabellenhütte https://de.wikipedia.org/wiki/Isabellenh%C3%BCtte_Heusler

657 Unternehmen nur 9 Jahre alt https://www.wirtschaftskurier.de/artikel/unternehmen-werden-im-schnitt-nur-9-jahre-alt.html

658 Unternehmen nur 9 Jahre alt https://www.wirtschaftskurier.de/artikel/unternehmen-werden-im-schnitt-nur-9-jahre-alt.html

659 Unternehmen nur 9 Jahre alt https://www.wirtschaftskurier.de/artikel/unternehmen-werden-im-schnitt-nur-9-jahre-alt.html

660 Malermeister Kecker https://www.kecker-raumgestaltung.de/karriere

661 „Ist sexy" https://www.radioessen.de/artikel/malerbetrieb-in-essen-setzt-auf-vier-tage-woche-andere-bleiben-vorsichtig-1336245.html